Roteiro de Estudos das Obras de André Luiz

Estudos, comentários e resumos da série: "A Vida no Mundo Espiritual"

Eurípedes Kühl

6ª edição
Do 10.100º ao 10.200º milheiro
100 exemplares
Maio/2024

Capa
Direção de arte
Francisco do Espírito Santo Neto
Designer
Tutano Design Editorial

Diagramação
Mariana Lachi

Revisão
Mariana Lachi
Cláudia Rocha

Coordenação Editorial
Ronaldo A. Sperdutti

Impressão
Renovagraf

O autor doou os direitos autorais para que todo o
produto da venda desta obra seja destinado à
manutenção das atividades assistenciais da
Sociedade Espírita Boa Nova, de Catanduva,SP.

1ª edição: Janeiro de 2014 - 3.000 exemplares

Roteiro de Estudos das Obras de André Luiz

Instituto Beneficente Boa Nova
Entidade coligada à Sociedade Espírita Boa Nova
Av. Porto Ferreira, 1031 | Parque Iracema
Catanduva - SP | CEP 15809-020
www.boanova.net | boanova@boanova.net
Fone: (17) 3531-4444

Dados Internacionais de Catalogação na Publicação (CIP)
(Câmara Brasileira do Livro, SP, Brasil)

Kühl, Eurípedes
    Roteiro de estudos das obras de André Luiz /
Eurípedes Kühl. -- Catanduva, SP : Boa Nova
Editora, 2013.

    ISBN: 978-85-99772-94-2

    1. Doutrina espírita 2. Espiritismo
3. Espiritismo - Estudo e ensino 4. Luiz, André
(Espírito) 5. Mediunidade 6. Vida espiritual
I. Título. II. Série.

14-00015   CDD-133.907

            Índices para catálogo sistemático:

    1. Luiz, André : Obras : Estudos : Espiritismo
       133.907

SUMÁRIO

AGRADECIMENTOS

1. O autor e a Editora Boa Nova agradecem à Federação Espírita Brasileira pela autorização datada de 11 de Janeiro de 2010, para a publicação da presente obra.

2. A Editora Boa Nova se congratula com a Sociedade Espírita Allan Kardec — Rua Monte Alverne, 667, Vila Tibério, Ribeirão Preto/SP —, que realizou o estudo de toda a coleção, de 2000 a 2007, observando os respectivos resumos ora apresentados e ofertados pelo seu elaborador, o Sr. Eurípedes Kühl.

3. Também queremos agradecer de maneira muito especial ao Sr. Aluízio Antônio Nogueira, que emprestou sua voz à narração das sinopses e das preces. Nossa gratidão ainda ao Sr. Itajara Dias, que cedeu as músicas de fundo.

Acesse e ouça as preces e mensagens da série.

FEDERAÇÃO ESPÍRITA BRASILEIRA
Departamento Editorial e Gráfico
CNPJ: 33.644.857/0002-84 Inscr. Est.: 81.600.503
Rua Souza Valente, 17 – São Cristóvão
CEP 20941-040 – Rio de Janeiro (RJ)
Tel.: (21) 2187-8282 FAX: (21) 2187-8298
www.febnet.org.br   e-mail: feb@febrasil.org.br

Rio de Janeiro, 11 de janeiro de 2010.

Ilmo. Sr.
EURÍPEDES KÜHL
Rua Prof. Hoehne, 91
Sumarezinho
<u>14055-276</u> – Ribeirão Preto – SP

Prezado Senhor:

  Comunicamos-lhe que o Conselho Diretor desta Federação, em atendimento à solicitação contida em seu e-mail de 18 de agosto de 2006, não se opõe a que a obra de sua iniciativa seja divulgada pelos meios de sua opção, desde que seja substituída a expressão *sinopse* por *estudos e comentários* (ou expressões semelhantes) sobre a Coleção *A vida no mundo espiritual*, psicografia de Francisco Cândido Xavier, ditada pelo Espírito André Luiz.

  Segundo opinião unânime dos membros do Conselho, o uso do termo *sinopse* não seria tecnicamente aplicável ao caso, uma vez que o autor acrescenta comentários, não se limitando, portanto, a realizar uma síntese das obras.

  Formulando nossos votos de paz, subscrevemo-nos fraternalmente.

Ilcio Bianchi
Vice-presidente

Construamos a Paz, Promovendo o Bem!

BOA NOVA APRESENTA:

ROTEIRO DE ESTUDOS DAS OBRAS DE ANDRÉ LUIZ

ELABORAÇÃO DE EURÍPEDES KÜHL

COLEÇÃO ANDRÉ LUIZ: A VIDA NO MUNDO ESPIRITUAL
— Estudos, comentários e resumos —

1. NOSSO LAR (1944)
2. OS MENSAGEIROS (1944)
3. MISSIONÁRIOS DA LUZ (1945)
4. OBREIROS DA VIDA ETERNA (1946)
5. NO MUNDO MAIOR (1947)
6. LIBERTAÇÃO (1949)
7. ENTRE A TERRA E O CÉU (1954)
8. NOS DOMÍNIOS DA MEDIUNIDADE (1955)
9. AÇÃO E REAÇÃO (1957)
10. EVOLUÇÃO EM DOIS MUNDOS (1958)
11. MECANISMOS DA MEDIUNIDADE (1960)
12. SEXO E DESTINO (1965)
13. E A VIDA CONTINUA... (1968)

(Psicografia: Francisco Cândido Xavier – Waldo Vieira)

Em: "O Livro dos Espíritos"

A cepa (ramo de parreira) acima foi desenhada pelos Espíritos que arrimaram Allan Kardec na codificação do Espiritismo, quando lhe disseram:

– (...) Porás no cabeçalho do livro a cepa que te desenhamos, porque é o emblema do trabalho do Criador. (...) Reúne todos os princípios materiais que melhor podem representar o corpo e o espírito. O corpo é a cepa; o espírito é o licor; a alma ou espírito ligado à matéria é o grão (cada fruto do cacho de uvas).

O AUTOR
ESPIRITUAL

ANDRÉ LUIZ – é o Autor Espiritual da abençoada coleção "A Vida no Mundo Espiritual", composta por 13 (treze) obras. Ao desencarnar, André Luiz permaneceu no Umbral (região densa do Plano espiritual, habitada por Espíritos infelizes) durante oito anos. Neste livro, reporta como foi recolhido ao "Nosso Lar", Cidade Espiritual situada na psicosfera da cidade do Rio de Janeiro, por interferência de sua mãe desencarnada.

Graças à sua abnegação e trabalhos incansáveis de auxílio ao próximo, alguns anos mais tarde conquistou a faculdade da volitação. Depois de algum tempo, por seus méritos, obteve permissão para repassar para o plano físico os aprendizados que colheu.

E assim, sob a tutela do Espírito Emmanuel e outros benfeitores espirituais, aproximou-se do médium Francisco Cândido Xavier (em algumas das obras da coleção houve parceria mediúnica com Waldo Vieira). Daí, iniciou sublime apostolado.

André Luiz é um exemplo dignificante de autorreforma e de como a consequente evolução espiritual traz intensos e multiplicados momentos felizes para todo aquele que ajuda ao próximo.

As obras da coleção
"A VIDA NO MUNDO ESPIRITUAL"

1º livro: "NOSSO LAR" (1944) – Obra literária que inicia fecunda série. Neste livro, o autor reporta como foi recolhido à Instituição Espiritual "Nosso Lar" (situada na psicosfera da cidade do Rio de Janeiro), por interferência de sua mãe.

Com impressionante ineditismo, o livro narra particularidades do Plano Espiritual.

Graças à abnegação e trabalhos incansáveis de auxílio ao próximo, alguns anos mais tarde André Luiz conquistou a faculdade da volitação.

Informa o autor, no fim do livro, que recebeu a comenda de "Cidadão de Nosso Lar".

2º livro: "OS MENSAGEIROS" (1944) – Reporta o autor os vários aprendizados que alcançou junto à equipe de auxiliares-aprendizes, no "Centro de Mensageiros", quando, após estágio e uma viagem à Crosta, teve oportunidade de pôr em prática as lições recebidas.

3º livro: "MISSIONÁRIOS DA LUZ" (1945) – André Luiz aprimora os conhecimentos até então auferidos. Estagia com o Instrutor ALEXANDRE em um recinto terrestre, onde se desenrolam inúmeras atividades mediúnicas. Há impressionante narração da reencarnação de um Espírito (a partir do respectivo programa reencarnatório), sendo detalhadas tanto a fecundação quanto a gestação, e, por fim, o nascimento para uma nova existência terrena.

4º livro: "OBREIROS DA VIDA ETERNA" (1946) –

O autor registra que é a primeira vez que integra uma equipe socorrista (de auxílio à desencarnações), pois até então fora estudante/aprendiz.

5º livro: "NO MUNDO MAIOR" (1947) – Agora André Luiz focaliza aspectos da vida no mundo espiritual e do intercâmbio entre desencarnados e encarnados, especialmente durante o repouso físico.

6º livro: "LIBERTAÇÃO" (1949) – Contém lição inesquecível: um dos maiores equívocos do ser humano é o de arvorar-se em juiz, e, na verdade, quem assim procede, via de regra, está projetando em outrem aquilo que denigre seu próprio comportamento. Ao que sofre, já basta o aguilhão da culpa.

7º livro: "ENTRE A TERRA E O CÉU" (1954) – Obra de grande singeleza, mostra o poder da prece diante dos descaminhos humanos (ciúme, suicídio, vingança, obsessão) que provocam desarmonia e sofrimento em um grupo familiar. Pela caridade de Jesus, Benfeitores espirituais conseguem reordenar procedimentos morais, acalmar impulsos negativos e implantar a fraternidade entre todos.

8º livro: "NOS DOMÍNIOS DA MEDIUNIDADE" (1954) – As várias nuanças da mediunidade são expostas de forma singela, mas com profundidade filosófica, posto que as consequências de como os médiuns exercem tal atividade são fotografadas diretamente da vida espiritual para a terrena.

9º livro: "AÇÃO E REAÇÃO" (1957) – André Luiz e seu amigo Hilário, com o abençoado fito de aprenderem as várias diretrizes da Lei de Causa e Efeito (Justiça Divina), vão às sombrias regiões umbralinas, onde colhem as lições que enfeixam esta obra. Todos os capítulos encerram preciosas lições, por isso não se pode destacar esse ou aquele. Apenas como mostra, relacionamos alguns: "dívida agravada" / "débito estacionário" / "resgate interrompido" / "débito aliviado" / "dívida expirante" / "resgates coletivos".

10º livro: "EVOLUÇÃO EM DOIS MUNDOS" (1958) – Temos aqui o feliz casamento da Ciência com o Cristianismo, o qual, em particular, apresenta-se focado nos ensinamentos de Jesus, consoante os esclarecimentos dos Espíritos Siderais registrados por Allan Kardec. Física, Biologia, evolução e hereditariedade; evolução e sexo; simbioses espirituais — tudo é radiografado, conceituado, à luz da ciência terrena e com a moldura sublime da Espiritualidade.

11º livro: "MECANISMOS DA MEDIUNIDADE" (1960) – A mediunidade é comparada pelo autor aos postulados da eletricidade, da eletrônica e do eletromagnetismo, inclusive utilizando citações de Física Quântica e Química Nuclear.

Alguns assuntos enfocados: energia, átomo, onda mental, reflexos condicionados, ideoplastia, psicometria e obsessão.

12º livro: "SEXO E DESTINO" (1965) – O sexo é tratado com o mais profundo respeito, eis que decisivamente é bênção inapreciada – inigualável ferramenta auxiliar da evolução espiritual, contendo em si mesma energia criadora. Os compromissos assumidos pelo Espírito, quase todos quando prestes a reencarnar, espelham sua necessidade evolutiva tanto na roupagem carnal, quanto no emprego que fará das alcandoradas oportunidades que o sexo oferta: família, responsabilidade, compromisso, disciplina – amor, sobretudo.

13º livro: "E A VIDA CONTINUA" (1968) – Com muita leveza, serenidade e harmonia, o autor espiritual nos brinda com este romance que envolve personagens reais, dos quais, muitos de nós, encontraremos nas esquinas da vida...

Dois seres que compartilham as mesmas dificuldades quando encarnados, com agradável surpresa se encontram ao serem transferidos de volta à Espiritualidade, ambos desconhecendo que deixaram a vestimenta física... Esses dois seres, uma mulher e um homem, frequentam todos os capítulos desta obra tão delicada e envolvente, mostrando-nos a grande verdade que os Espíritos não se cansam de proclamar: a vida continua!

AOS CENTROS ESPÍRITAS OU GRUPOS DE ESTUDOS DO ESPIRITISMO:

A coleção de livros de autoria do Espírito ANDRÉ LUIZ, psicografada pelo médium Francisco Cândido Xavier (algumas obras em parceria com Waldo Vieira), constitui um abençoado acervo de ensinamentos.

A título de sugestão, o estudo sistematizado e seriado (por ordem cronológica de edição) dessas obras pode se desenvolver com um livro por semestre, em aulas semanais. A última aula de cada mês poderá destinar-se a debates das lições verificadas naquele mês, entre frequentadores ou visitantes. Dessa forma, o estudo de cada livro demandará aproximadamente um semestre.

Para facilitar o acompanhamento das aulas, a Editora Boa Nova realizou a presente edição que contém os resumos de todos os livros da coleção.

Os estudos e comentários dos livros Evolução em Dois Mundos e Mecanismos da Mediunidade, que não contêm personagens, história ou cronologia, nem narração de atividades espirituais ou doutrinárias, foram elaborados com a forma de resumos, capítulo a capítulo, item a item.

A critério do responsável pelo grupo de estudos do C.E., o resumo de cada obra estudada poderá ser distribuído aos frequentadores no início do estudo.

Deve ser recomendado aos frequentadores do Curso que leiam em casa, na obra original e no resumo, o tema a ser tratado em cada aula semanal, a fim de facilitar o entendimento e como forma de participação.

Sugerimos que o cronograma das exposições e o nome dos respectivos expositores onde é realizado o curso sejam afixados no "Quadro de Avisos" do C.E., se houver. O citado cronograma, em forma de agenda, poderá ser elaborado e divulgado a cada bimestre.

Ainda como sugestão e visando maior participação dos interessados, num mês poderão ser convidados palestrantes para ministrar as aulas e, no mês seguinte, o estudo ser feito pelos próprios frequentadores. Na prática, essa alternância mensal das aulas demonstra maior interesse e resulta na otimização do aproveitamento.

Antes do início do estudo de cada obra deve ser feito e divulgado (quadro de avisos, se houver) o respectivo "CONVITE", segundo modelo sugerido em cada resumo da presente edição.

A título de exemplo e colaboração inserimos nos resumos modelo de agendamento das aulas. As datas constantes desses agendamentos referem-se aos estudos já realizados na Sociedade Espírita Allan Kardec, de Ribeirão Preto/SP, onde os presentes resumos foram elaborados.

PERSONAGENS E TERMOS POUCO USADOS

A título de colaboração, logo abaixo de cada capítulo de cada obra estão registrados os nomes dos personagens ali citados, sendo informada inclusive a página onde são mencionados pela primeira vez, e a seguir, entre parênteses: (d) – desencarnado; (e) – encarnado, acrescentando pequenas notas biográficas.

Também logo abaixo do respectivo capítulo, e ainda

como colaboração, há o significado ou origem de alguns termos pouco usados, que eventualmente ali aparecem, inclusive menção da(s) respectiva(s) página(s).

NOSSO LAR

"Nosso Lar" é o nome da Colônia Espiritual que André Luiz nos apresenta neste primeiro livro da coleção de sua lavra (treze livros: "A VIDA NO MUNDO ESPIRITUAL").

Em narrativa vibrante, o autor nos transmite suas observações e descobertas sobre a vida no Mundo Espiritual, atuando como um repórter que registra as próprias experiências.

Revela-nos um mundo palpitante, pleno de vida e atividades, organizado de forma exemplar, onde Espíritos desencarnados passam por estágios de recuperação e educação espiritual supervisionados por Espíritos Superiores.

"Nosso Lar" nos permite antever o Mundo Espiritual que nos aguarda, quando deixarmos o corpo carnal pela morte física.

```
┌─────────────────────────────────────────┐
│              CONVITE                      │
│                                           │
│  ESTUDO SISTEMATIZADO DE ESPIRITISMO      │
│                                           │
│  A PARTIR DE ................./20.....    │
│  --- 5ªS FEIRAS – 20 ÀS 21 H ---          │
│                                           │
│     INÍCIO DOS ESTUDOS DO LIVRO:          │
│  "NOSSO LAR" – (ANDRÉ LUIZ/ FRANCISCO     │
│   CÂNDIDO XAVIER)                         │
└─────────────────────────────────────────┘
```

"– Jesus afirmou: Na casa de meu pai há muitas moradas" (João, 14:2).

– André Luiz, após desencarnar, inicialmente perambulou por sombrios arrabaldes do Plano Espiritual (o Umbral).

Oito anos depois, sendo socorrido, foi levado para a área de refazimento e aprendizado, encontrando harmonia e o caminho do progresso: "hospedou-se" numa cidade espiritual denominada "Nosso Lar" — certamente uma das moradas aludidas por Jesus.

Nos anos seguintes, em abençoada série de reportagens (livros) que repassou para Francisco Cândido Xavier (algumas obras são resultantes de parceria mediúnica com Waldo Vieira), ofertou-nos detalhes absolutamente inéditos do Plano Espiritual .

Começou por "Nosso Lar".

ESTUDO SISTEMATIZADO DE ESPIRITISMO

PROGRAMA: Março a Agosto/ 2000
Livro: "Nosso Lar" (André Luiz/ Francisco Cândido Xavier)

Aulas Semanais	Assunto	Expositor/a
1ª – 02. Mar. 2000	Abertura dos estudos Comentários sobre a obra Comentários sobre Prefácio e Introdução Distribuição do resumo aos presentes Cap. 1 – Nas zonas inferiores	
2ª – 09. Mar. 2000	Cap. 2 – CLARÊNCIO Cap. 3 – A oração coletiva	
3ª – 16. Mar. 2000	Cap. 4 – O médico espiritual Cap. 5 – Recebendo assistência Cap. 6 – Precioso aviso	
4ª – 23. Mar. 2000	Cap. 7 – Explicações de LÍSIAS Cap. 8 – Organização de serviços	
30. Mar. 2000	RECAPITULAÇÃO: Temas do mês: Perguntas e respostas	

Aulas Semanais	Assunto	Expositor/a
5ª – 06. Abr. 2000	Cap. 9 – Problema de alimentação Cap. 10 – No bosque das águas Cap. 11 – Notícias do plano	Estudo em grupo
6ª – 13. Abr. 2000	Cap. 12 – O Umbral	Idem
7ª – 20. Abr. 2000	Cap. 13 – No gabinete do ministro Cap. 14 – Elucidações de CLARÊNCIO	Idem
27. Abr. 2000	RECAPITULAÇÃO: Temas do mês: Perguntas e respostas	Os presentes
8ª – 04. Mai. 2000	Cap. 15 – A visita materna Cap. 16 – Confidências Cap. 17 – Em casa de LÍSIAS	
9ª – 11. Mai. 2000	Cap. 18 – Amor, alimento das almas Cap. 19 – A jovem desencarnada	
10ª – 18. Mai. 2000	Cap. 20 – Noções de lar Cap. 21 – Continuando a palestra Cap. 22 – O bônus/hora	

Aulas Semanais	Assunto	Expositor/a
25. Mai. 2000	RECAPITULAÇÃO: Temas do mês: Perguntas e respostas	Os presentes
11ª – 01. Jun. 2000	Cap. 23 – Saber ouvir Cap. 24 – O impressionante apelo Cap. 25 – Generoso alvitre	Estudo em grupo
12ª – 08. Jun. 2000	Cap. 26 – Novas perspectivas Cap. 27 – O trabalho, enfim Cap. 28 – Em serviço	Idem
13ª – 15. Jun. 2000	Cap. 29 – A visão de FRANCISCO Cap. 30 – Herança e eutanásia	Idem
14ª – 22. Jun. 2000	Cap. 31 – Vampiro Cap. 32 – Notícias de Veneranda Cap. 33 – Curiosas observações	
29. Jun. 2000	RECAPITULAÇÃO: Temas do mês: Perguntas e respostas	Os presentes
15ª – 06. Jul. 2000	Cap. 34 – Com os recém-chegados do Umbral Cap. 35 – Encontro singular Cap. 36 – O sonho	

Aulas Semanais	Assunto	Expositor/a
16ª – 13. Jul. 2000	Cap. 37 – A preleção da ministra Cap. 38 – O caso TOBIAS Cap. 39 – Ouvindo a senhora LAURA	
17ª – 20. Jul. 2000	Cap. 40 – Quem semeia colherá Cap. 41 – Convocados à luta Cap. 42 – A palavra do GOVERNADOR	
27. Jul. 2000	RECAPITULAÇÃO: Temas do mês: Perguntas e respostas	Os presentes
18ª – 03. Ago. 2000	Cap. 43 – Em conversação Cap. 44 – As trevas Cap. 45 – No campo da música	Estudo em grupo
19ª – 10. Ago. 2000	Cap. 46 – Sacrifício de mulher Cap. 47 – A volta de LAURA Cap. 48 – Culto familiar	Idem
20ª – 17. Ago. 2000	Cap. 49 – Regressando a casa Cap. 50 – Cidadão de "NOSSO LAR"	Idem

Aulas Semanais	Assunto	Expositor/a
24. Ago. 2000	RECAPITULAÇÃO: Temas do mês: Perguntas e respostas	Idem
31. Ago. 2000	Reflexão sobre toda a obra: Livro "NOSSO LAR"	Idem

OBSERVAÇÕES:

1. Os nomes dos Expositores(as) serão divulgados a cada bimestre.

2. Resumo do Livro "NOSSO LAR":

– Entregue no início dos estudos aos participantes.

– Os interessados retardatários deverão solicitar cópia ao responsável pelo estudo.

3. Por tratar-se de estudo sistematizado de obra específica, rogamos aos expositores que, em suas apresentações, seja enfatizado o capítulo em foco.

(Local e data)

_____

(Responsável pelo Estudo)

ESTUDO SISTEMATIZADO DE ESPIRITISMO

Coleção "ANDRÉ LUIZ"
Livro: "NOSSO LAR" (André Luiz/ Francisco Cândido Xavier)

IDENTIFICAÇÃO

TÍTULO: "NOSSO LAR" – (50 CAPÍTULOS – 281 PÁGINAS)

AUTOR: Espírito ANDRÉ LUIZ (pseudônimo espiritual de um consagrado médico que exerceu a Medicina no Rio de Janeiro)

PSICOGRAFIA: FRANCISCO CÂNDIDO XAVIER (concluída em 1943)

EDIÇÃO: Primeira edição em 1944, pela Federação Espírita Brasileira (Rio de Janeiro/RJ).

Para desenvolver este trabalho consultamos a 48ª edição/1998. Em 2006 foi lançada a 56ª edição, do 1.531º ao 1.560º milheiro de exemplares.

NOTA: Em 2003, na Bienal do Livro do Rio de Janeiro, a FEB anunciou que esta obra alcançou a expressiva marca de 1,5 milhão de exemplares (!).

Comemorando tão expressiva marca, a Federação Espírita Brasileira reeditou, com nova diagramação e capa, a coleção dos 13 (treze) livros de André Luiz com psicografia de Francisco Cândido Xavier e Waldo Vieira, tratando de "A Vida no Mundo Espiritual"!

O presente livro teve essa 1ª edição especial (2003) de 10.000 exemplares.

PREFÁCIO: Espírito EMMANUEL.

INTRODUÇÃO: Do próprio Autor Espiritual (ANDRÉ LUIZ).

FUNDAÇÃO: No século XVI, por portugueses distintos, desencarnados no Brasil.

LOCALIZAÇÃO: Sobre a cidade do Rio de Janeiro.

GOVERNADOR: a Governadoria está num edifício, de torres soberanas que se perdem no céu.

MINISTÉRIOS: 6 (seis), a saber: Ministério da Regeneração, do Auxílio, da Comunicação, do Esclarecimento, da Elevação e da União Divina.

MINISTROS: cada Ministério é administrado por 12 (doze) Ministros.

POPULAÇÃO: homens e mulheres, jovens e adultos (desencarnados), em número de um milhão, segundo dados fornecidos pelo autor, em 1943.

Construções, dependências e lugares especiais: Grande muralha protetora da cidade, com baterias de proteção magnética, conjuntos habitacionais, praça central (que acomoda até um milhão de pessoas), fontes luminosas, jardins, parques arborizados, o Bosque das Águas, o Rio Azul, o Campo da Música, a Câmara de Retificação (para enfermos), etc.

(Umbral – região com várias escalas morais, sendo a mais infeliz denominada "Trevas").

CITAÇÕES ESPECIAIS

AÉROBUS: veículo de transporte de grande comprimento com deslocamento veloz e aéreo.

CORAL: 2.000 vozes (Hinos: "Sempre Contigo, Senhor Jesus", "A Ti, Senhor, Nossas Vidas").

GLOBO DE CRISTAL: de 2 metros de altura (utilizado em reuniões mediúnicas com encarnados)

BÔNUS-HORA: forma de pagamento por serviços beneméritos prestados — cada hora de trabalho corresponde a um bônus-hora.

RESUMO – CAPÍTULO A CAPÍTULO

CAP. 1 – NAS ZONAS INFERIORES

Descrição fantástica do local onde o Autor Espiritual esteve após a desencarnação. O lugar apresenta pouca claridade e André Luiz sentia-se permanentemente em viagem: experimentou o pavor das chacotas vindas de desconhecidos, dificuldade para obter a bênção do sono e lágrimas permanentes. Esteve próximo à loucura, prestes a perder a razão. Via seres monstruosos, irônicos e perturbadores. Também eram constantes as recordações da existência terrena, quando gozava de prosperidade material e pais "extremamente generosos".

CAP. 2 – CLARÊNCIO

Seres maldosos e sarcásticos gritavam a André Luiz: "suicida, criminoso, infame". Tentou, em vão, revidar. Com a barba hirsuta e a roupa rompendo-se, sofria cada vez mais pelo abandono que o envolvera. Não se conformava em ser acusado de suicida, pois sabia que não o fora: lembrava-se de haver morrido no hospital, após uma cirurgia intestinal. Sentia fome e saciava-se com lama. Amiúde via manada de seres animalescos. Médico, sempre detestara as religiões, mas agora experimentava necessidade de socorrer-se em alguma delas. No limite das forças, orou (!). Em resposta, o benfeitor Clarêncio surgiu das neblinas, acompanhado por dois auxiliares. André Luiz foi conduzido ao "Nosso Lar".

CLARÊNCIO (d) – 2/24 – É um dos 12 Ministros do Ministério do Auxílio (foi quem socorreu André Luiz).

CAP. 3 – A ORAÇÃO COLETIVA

Descrição de "Nosso Lar" e do ambiente de oração coletiva. Ao crepúsculo, um Espírito coroado de luz (o Governador Espiritual), seguido por 72 outros Espíritos (seus Ministros), entoa harmonioso hino. André Luiz reconforta-se.

CAP. 4 – O MÉDICO ESPIRITUAL

Hospitalizado, André Luiz é atendido por um médico espiritual que comprova o "suicídio inconsciente" que praticou. É lição alerta imperdível e inédita quanto a essa característica do comportamento da maioria dos encarnados.

HENRIQUE DE LUNA (d) – 4/32 – Médico espiritual que prestou primeiro atendimento a André Luiz no "Nosso Lar".

CAP. 5 – RECEBENDO ASSISTÊNCIA

Há espíritos internados no "Nosso Lar" que têm órbitas vazias (olhos gastos no mal); outros são paralíticos ou não têm as pernas (locomoção fácil em atos criminosos); outros permanecem em extrema loucura (por aberrações sexuais). São citados os "germes de perversão da saúde divina...", agregados ao perispírito (!).

LÍSIAS (d) – 5/36 – Visitador dos serviços de saúde no "Nosso Lar". É jovem. Auxiliar de Henrique de Luna. Torna-se amigo muito querido de André Luiz.

GOVERNADOR (d) – Espírito elevadíssimo. Citado em vários capítulos. Não consta seu nome.

CAP. 6 – PRECIOSO AVISO

André Luiz "desabafa" com Clarêncio, que o ouve pacientemente. Recorda da esposa e dos filhos e questiona: onde e como estarão? Após ouvi-lo, Clarêncio sugere-lhe a reforma de pensamentos e o silêncio das lamentações. Diz-lhe: "No "Nosso Lar" dor significa possibilidade de enriquecer a alma"...

CAP. 7 – EXPLICAÇÕES DE LÍSIAS

André Luiz descreve sua dificuldade de adaptação à "nova vida". No "Nosso Lar" a natureza apresentava-lhe aspectos melhorados, em relação à Terra: grandes árvores, pomares fartos, jardins deliciosos e cores mais harmônicas. Todos os edifícios com flores à entrada. Lindas aves cruzavam os ares. Entre árvores frondosas, animais domésticos. Lísias explica que há regiões múltiplas, segundo hierarquias morais. André Luiz pergunta pelos pais que o antecederam e até agora não o procuraram. Lísias então lhe informa que sua mãe, habitando esferas mais altas, o tem ajudado durante noite e dia...

CAP. 8 – ORGANIZAÇÃO DE SERVIÇOS

André Luiz visita a cidade "Nosso Lar", indo ao Ministério do Auxílio: largas avenidas, ar puro, muitas pessoas indo e vindo. "Nosso Lar" tem 6 (seis) Ministérios (da Regeneração, do Auxílio, da Comunicação, do Esclarecimento, da Elevação e da União Divina), cada um orientado por 12 (doze) Ministros. Na História de "Nosso Lar" consta que a cidade foi fundada por "portugueses distintos", desencarnados no Brasil, no século XVI.

CAP. 9 – PROBLEMA DE ALIMENTAÇÃO

Preciosas informações quanto ao abastecimento alimentar: em "Nosso Lar", no passado, houve demandas; posteriormente, a alimentação passou a ser por inalação de princípios vitais da atmosfera e água misturada a elementos solares, elétricos e magnéticos. Só entre os mais necessitados é que há alimentos que lembram os da Terra.

CAP. 10 – NO BOSQUE DAS ÁGUAS

André Luiz vai ao grande reservatório de água (!). Viaja no aeróbus, veículo aéreo semelhante a um grande funicular (veículo terreno cuja tração é proporcionada por cabos acionados por motor estacionário e que é geralmente usado para vencer grandes diferenças de nível). Vê um grande rio: o Rio Azul. É exaltada a importância da água, tão deslembrada pelos humanos...

Tolda | p. 59 | (subst.fem.) – cobertura sobre embarcações

CAP. 11 – NOTÍCIAS DO PLANO

Como "Nosso Lar", existem incontáveis outras colônias espirituais. É citada a de "Alvorada Nova", vizinha. No "Nosso Lar" preparam-se reencarnações, após proveitosos aprendizados para as futuras tarefas planetárias.

CAP. 12 – O UMBRAL

É descrito que o Umbral começa na crosta terrestre, como zona obscura para os recém-desencarnados. É região em torno do planeta e de profundo interesse para os encarnados. O local é de grandes perturbações devido a "legiões compactas de almas irresolutas e ignorantes". Ali existem núcleos de malfeitores, verdugos e vítimas. Acha-se repleto de formas-pensamento de encarnados, sintonizados com os desencarnados que lá estão.

CAP. 13 – NO GABINETE DO MINISTRO

André Luiz apresenta-se a Clarêncio como voluntário ao serviço. Assiste ao diálogo do Ministro com uma voluntária, mãe, desejosa de proteger dois filhos encarnados. Tem notícia do bônus-hora (ponto relativo a cada hora de serviço).

CAP. 14 – ELUCIDAÇÕES DE CLARÊNCIO

O Ministro, com fraternidade, expõe a André Luiz que em consequência de seu passado não poderá ser médico em "Nosso Lar" e sim aprendiz. E isso devido a rogativas de sua mãe e, graças às seis mil consultas a necessitados realizadas em seus quinze anos de clínica médica terrena. Dos atendidos nessas seis mil consultas, quinze ainda fazem preces a seu favor.

CAP. 15 – A VISITA MATERNA

André Luiz recebe visita de sua mãe, espírito excelso, que o consola com extremado amor. Ela vive em esferas mais elevadas.

CAP. 16 – CONFIDÊNCIAS

A mãe de André Luiz informa-lhe que o pai está há doze anos em zona de trevas compactas, consequência de mau procedimento quando encarnado – com ligações clandestinas e promessas não cumpridas a mulheres, o que resultou em amealhar obsessoras vingativas. Ela também dá-lhe notícias a respeito de suas três irmãs (desencarnadas).

LAERTE (d) – 16/91 – Pai de André Luiz. Está há 12 (doze) anos em trevas compactas no Umbral.

– Mãe de André Luiz: Espírito iluminado que convive em esferas iluminadas, acima de "Nosso Lar" (citadas várias vezes no livro sem ter o nome revelado pelo Autor Espiritual).

CLARA e PRISCILA (d) – 16/92 – Irmãs de André Luiz. Revoltadas, permanecem no Umbral.

LUÍSA (d) – 16/92 – Irmã de André Luiz, que desencarnou quando ele era ainda criança. Está prestes a reencarnar entre as irmãs e o pai, em gesto de renúncia.

ZÉLIA (e) – 16/93 – Viúva de André Luiz.

CÉLIO (d) – 16/94 – Ministro em "Nosso Lar".

CAP. 17. – EM CASA DE LÍSIAS

André Luiz é hospedado na casa da mãe de Lísias, onde conhece as duas irmãs dele. Vê livros maravilhosos e lhe é dito que "os escritores de má-fé, que estimam o veneno psicológico" são conduzidos imediatamente para as zonas obscuras do Umbral, onde permanecem até regenerarem-se.

LAURA (d) – 17/98 – Mãe de Lísias. Hospeda André Luiz no seu lar, sendo sua amiga maternal.

IOLANDA e JUDITE (d) – 17/98 – Irmãs de Lísias.

CAP. 18 – AMOR, ALIMENTO DAS ALMAS

Novas lições sobre alimentação no "Nosso Lar". Na

nutrição espiritual, o Amor é o maior sustentáculo das criaturas. É citado que o sexo é manifestação sagrada do Amor universal e divino.

> *LASCÍNIA (d) – 18/103 – Noiva de Lísias.*
> *POLIDORO e ESTÁCIO (d) – 18/103 – Amigos de Lísias.*
> *Auxiliares no Ministério do Esclarecimento.*

Cibo | p. 101 | (subst.masc.) – nutrimento (comida, alimento)

CAP. 19 – A JOVEM DESENCARNADA

A neta de Laura, recém-desencarnada, sofre devido a lembrança do noivo que, mesmo antes dela desencarnar, ligara-se a uma amiga sua. Laura emite preciosas lições sobre amor e fidelidade.

> *ELOÍSA (d) – 19/106 – Neta de Laura, recém-chegada do Umbral. Desencarnou por tuberculose.*
> *ARNALDO (e) – 19/107 – ex-Noivo de Eloísa.*
> *MARIA DA LUZ (e) – 19/108 – Amiga de Eloísa que acaba unindo-se a Arnaldo.*
> *COUCEIRO (d) – 19/109 – Assistente em "Nosso Lar".*
> *TERESA (e) – 19/109 – Mãe de Eloísa, prestes a desencarnar.*

CAP. 20 – NOÇÕES DE LAR

O lar é esquematizado por conceitos matemáticos (!), acoplados a profundos conceitos morais.

CAP. 21 – CONTINUANDO A PALESTRA

Explicações sobre o bônus-hora: sua aquisição (com trabalho pelo próximo) e sua aplicação no "Nosso Lar". É citado que a recordação do passado exige equilíbrio e que forçá-la poderá causar desequilíbrio e loucura.

CAP. 22 – O BÔNUS-HORA

Detalhes sobre essa interessante retribuição a serviços prestados, que valoriza o trabalho pelo bem coletivo.

CAP. 23 – SABER OUVIR

Notas sobre a inconveniência dos desencarnados terem notícias dos encarnados com os quais se ligavam. Na maioria das vezes, ocorrem desequilíbrios.

CAP. 24 – O IMPRESSIONANTE APELO

Notícias (Agosto/1939) da 2ª Guerra Mundial, então prestes a eclodir. Ouve-se em "Nosso Lar" apelos de uma emissora espiritual, solicitando voluntários para assistência às coletividades terrenas indefesas, que sofrerão os horrores de uma grande guerra.

CAP. 25 – GENEROSO ALVITRE

Sugestões de Laura a André Luiz quanto às futuras atividades que ele poderá exercer em "Nosso Lar".

CAP. 26 – NOVAS PERSPECTIVAS

André Luiz vai às "Câmaras de Retificação", localizadas em pavimentos de pouca luz, onde estão hospitalizados espíritos necessitados durante os primeiros tempos de moradia em "Nosso Lar".

(um dos principais amigos e orientadores de André Luiz).

CAP. 27 – O TRABALHO, ENFIM

Nas "Câmaras de Retificação" André Luiz fica impressionado com os quadros de sofrimento dali: "milionários das sensações físicas transformados em mendigos da alma". Espontaneamente, num ato de exemplar humildade, transforma-se em auxiliar da limpeza de vômitos de substância negra e fétida – fluidos venenosos expelidos por Espíritos que se beneficiaram de passes.

FLÁCUS (d) – 27/147 – Ministro em "Nosso Lar".
RIBEIRO (d) – 27/147 – Enfermo. Internado na "Câmara de Retificação".
GONÇALVES (d) – 27/147 – Assistente em "Nosso Lar".
LOURENÇO e HERMES (d) – 27/147 – Funcionários do Ministério da Regeneração.
NARCISA (d) – 27/150 – Funcionária do Ministério da Regeneração.

CAP. 28 – EM SERVIÇO

André Luiz prontifica-se (sendo aceito) a trabalhar no período noturno nas "Câmaras de Retificação".

VENÂNCIO e SALÚSTIO (d) – 28/154 – Funcionários do Ministério da Regeneração.
VENERANDA (d) – 28/156 – Ministra mais antiga do que os demais em "Nosso Lar". Só ela e o Governador já viram Jesus. Nada comenta a esse respeito.

CAP. 29 – A VISÃO DE FRANCISCO

A terrível angústia do Espírito que vê o próprio corpo e julga enxergar um monstro a atormentá-lo (esse Espírito era excessivamente apegado ao corpo físico e faleceu por desastre, só deixando-o quando, tomado de horror, vê os vermes desfazendo os despojos).

FRANCISCO (d) – 29/158 – Enfermo. Internado na "Câmara de Retificação".
PÁDUA (d) – 29/160 – Ministro da Comunicação em "Nosso Lar".

CAP. 30 – HERANÇA E EUTANÁSIA

A disputa entre familiares por herança. Triste caso de eutanásia, associada a interesses financeiros de um dos herdeiros.

PAULINA (d) – 30/162 – Espírito de "angelical beleza fisionômica", filha de enfermo internado em "Nosso Lar".
EDELBERTO, AMÁLIA, CACILDA, AGENOR (e) – 30/164 – Irmãos de Paulina, envolvidos em intriga pela herança deixada pelo pai.

CAP. 31 – VAMPIRO

Há a impressionante narração do Espírito de uma mulher que queria adentrar ao "Nosso Lar", pelos fundos, sendo impedida pelo vigilante-chefe por tratar-se de "forte vampiro" (trazia impressos em seu perispírito 58 pontos negros, correspondentes a igual número de abortos que praticara...). Sua admissão nas dependências de "Nosso Lar" colocaria em perigo os pacientes lá internados.

JUSTINO (d) – 31/169 – Trabalhador humilde em "Nosso Lar".
Irmão PAULO (d) – 31/170 – Orientador dos Vigilantes em "Nosso Lar".

CAP. 32 – NOTÍCIAS DE VENERANDA

Em "Nosso Lar" existem os "Salões Verdes" por toda parte. São parques com árvores acolhedoras, locais de conferências ministeriais — foram criados sob inspiração superior da Ministra Veneranda, que possui o maior número de bônus-hora: um milhão de horas de trabalho útil (em 200 anos de atividade ali).

Olente | p. 177 | (adj.) – odorante, perfumado
palanquins | p. 177 | (subst.masc.) – rede suspensa;
liteira (para transporte de pessoas)

CAP. 33 – CURIOSAS OBSERVAÇÕES
André Luiz reflete sobre sua vida de chefe de família que pouco edificara os espíritos da esposa e filhos. Assusta-se quando vê dois elevados Espíritos ainda encarnados em visita ao "Nosso Lar", por apresentarem características diferentes das observadas nos Espíritos desencarnados dali. Em passeio, vê cães, pomares e íbis junto às equipes socorristas, vindo a saber que prestam precioso auxílio nas incursões ao Umbral.

CAP. 34 – COM OS RECÉM-CHEGADOS DO UMBRAL
André Luiz atende uma senhora assistida pelos Samaritanos e, por imprudência, abre diálogo improdutivo com ela, movido pela curiosidade. Ela se desfaz em lamentações e André Luiz é advertido por Narcisa.

Padre AMÂNCIO (e) – 34/187 – Personagem citado por uma enferma, internada desde 1888 na Câmara de Retificação, no Ministério da Regeneração.
ZENÓBIO (d) – 34/189 – Auxiliar no Ministério da Regeneração.
NEMÉSIA (d) – 34/189 – Funcionária do Ministério da Regeneração.

CAP. 35 – ENCONTRO SINGULAR
André Luiz encontra-se com antigo conhecido, prejudicado por seu pai e por ele próprio, quando encarnados. Arrependido lhe pede perdão num dos mais belos trechos dessa sublime obra literária.

CAP. 36 – O SONHO

André Luiz dorme, deixa o "veículo inferior" (perispírito) no leito e sonha. Vai a uma esfera mais elevada e encontra-se com a mãe. É louvado e incentivado no trabalho pelo próximo e recebe novos esclarecimentos sobre o bônus-hora.

Obs: Por este capítulo refletimos que se os desencarnados dormem e sonham, deixando o perispírito no leito, provavelmente será com outro corpo que se deslocam: pode ser com o corpo mental, "envoltório sutil da mente", aludido pelo próprio André Luiz em 1958, na p. 25, Cap. II, 11ª Ed., do Livro "Evolução em Dois Mundos", FEB, RJ/RJ.

CAP. 37 – A PRELEÇÃO DA MINISTRA

Observações sobre o pensamento: força essencial em todo o Universo, capaz de gerar o que se queira — bom ou mau.

impende | p. 201 | (do verbo tr. Impender – caber, cumprir, tocar) – cabe

CAP. 38 – O CASO TOBIAS

Reflexões sobre o(s) casamento(s) e o ciúme. Em "Nosso Lar", duas ex-esposas de Tobias são amigas sinceras e convivem felizes.

CAP. 39 – OUVINDO A SENHORA LAURA

André Luiz lembrava-se, atormentado por saudades, da família terrestre. Ouve, então, preciosas explicações sobre o "espírito de sequência que rege os quadros evolutivos da vida". É enaltecida a Bondade divina que reúne desafetos pela consanguinidade .

CAP. 40 – QUEM SEMEIA COLHERÁ
No departamento feminino das "Câmaras de Retificação" André Luiz reencontra Elisa, que fora doméstica em seu lar terreno e da qual se aproveitou irresponsavelmente. Passa a ampara-lá com extremado cuidado e bondade.

> ELISA (d) – 40/220 – Internada na Câmara de Retificação (foi "aventura" de André Luiz quando encarnada).

CAP. 41 – CONVOCADOS À LUTA
Irrompe a 2ª Guerra Mundial, com repercussões negativas em "Nosso Lar". Por essa lição ficamos sabendo como o plano terreno também influencia no espiritual, neste caso, negativamente.

> HELVÉCIO (d) 41/229 – Trabalhador atento ao socorro (época da 2ª Guerra Mundial)
> EVERARDO (e) 41/229 – Viúvo de uma residente do "Nosso Lar".
> ESPERIDIÃO (d) – 41/230 – Ministro em "Nosso Lar".

CAP. 42 – A PALAVRA DO GOVERNADOR
O medo é classificado como dos piores inimigos da criatura. Duas mil vozes entoam o hino "Sempre Contigo, Senhor Jesus". André Luiz vê pela primeira vez o Governador de "Nosso Lar". O Governador esclarece aos trabalhadores de "Nosso Lar" os deveres referentes aos problemas criados pela Guerra. Informa a necessidade

de 30 mil servidores voluntários, desprendidos, para a criação de defesas especiais. Cita que em "Nosso Lar" são mais de um milhão de criaturas, que não podem ser agredidas pela invasão de milhões de espíritos desordeiros.

CAP. 43 – EM CONVERSAÇÃO
Comentários sobre os horrores da Guerra. Nesse contexto, o Espiritismo sobressai como a grande esperança do Plano Espiritual, como o Consolador da humanidade.

BENEVENUTO (d) – 43/238 – Ministro (da Regeneração) em "Nosso Lar".

CAP. 44 – AS TREVAS
As trevas são as regiões mais inferiores conhecidas em "Nosso Lar", abaixo do próprio nível terreno (!). Ali, Espíritos jazem por séculos e séculos... Na verdade, encarnados ou desencarnados, eles têm grandes oportunidades de progresso, mas, a maioria as renega.

CAP. 45 – NO CAMPO DA MÚSICA
André Luiz, feliz e integrado às atividades socorristas, vai conhecer o "Campo da Música", onde se extasia ante a beleza musical do ambiente espiritualizado: todos os Espíritos ali comentam com alegria a vida e os ensinamentos de Jesus.

POLIDORO e ESTÁCIO (d) – 45/248 – Amigos de Lísias e acompanhantes de suas irmãs numa feliz audição musical no "Campo da Música".

CAP. 46 – SACRIFÍCIO DE MULHER

Um ano após iniciar trabalhos André Luiz sente imensas saudades do lar terrestre. Sua mãe informa-lhe que em breve reencarnará, visando amparar o ex-marido, mergulhado em problemas, perseguido por mulheres com as quais não procedeu corretamente. Essas mulheres, no futuro, reencarnarão e a mãe de André Luiz ser-lhes-á mãe (!). São citadas as "reencarnações compulsórias".

CAP. 47 – A VOLTA DE LAURA

A mãe de Lísias reencarnará em dois dias. Recebe fraternais despedidas dos amigos de "Nosso Lar", André Luiz inclusive. É citado quanto amparo espiritual recebe os trabalhadores de boa-vontade, principalmente em ocasiões tão importantes como quando vão reencarnar.

CAP. 48 – CULTO FAMILIAR

É descrita a existência de um Globo de Cristal, com aproximadamente dois metros de altura (utilizado para recepcionar Espíritos encarnados, nessa singular e "invertida" forma de reuniões mediúnicas no Plano Espiritual).

NÍCOLAS (d) – 48/264 – Antigo servidor do Ministério do Auxílio.

CAP. 49 – REGRESSANDO PARA CASA

André Luiz visita, finalmente, o lar terrestre. Ali, encontra tudo diferente: a ex-esposa novamente casada e seu atual marido gravemente enfermo, além de assediado por Espíritos infelizes. André Luiz sente-se roubado. Só uma de suas filhas sintoniza espiritualmente com ele. Mas, os ensinamentos auferidos em "Nosso Lar" falam mais alto e o Amor explode em seu coração (!).

CAP. 50 – "CIDADÃO DE NOSSO LAR"

Pondo em prática tudo o que aprendera sobre o amor ao próximo André Luiz socorre o enfermo. Auxiliado por Narcisa e por "servidores comuns do reino vegetal".

Obs: "Espíritos da Natureza": seriam esses Espíritos aqui citados, com ação sobre a Natureza, os mesmos citados por Allan Kardec nas questões 536 a 540 do "O Livro dos Espíritos"?

De volta ao "Nosso Lar", feliz pela vitória do bem em si mesmo, André Luiz é recepcionado festivamente com a honrosa declaração de que passou a ser "Cidadão de Nosso Lar" (!).

– Na página 279 há citação de "entidades espirituais", convocadas por Narcisa (de forma ininteligível para André Luiz), as quais a atendem, trazendo substâncias com emanações de eucalipto e mangueira, que são aplicadas em um enfermo encarnado que se restabelece.

OS MENSAGEIROS
2 CAPÍTULO

Este livro revela que a morte física descortina a vida espiritual em contínua evolução.

Em cinquenta e um capítulos, relata as experiências de vários espíritos que reencarnaram com trabalhos programados, necessários aos seus próprios aprimoramentos.

Trata ainda de temas como: culto do Evangelho no lar, benefícios da prática do bem, invigilância e medo da morte.

O autor espiritual evidencia as oportunidades de trabalhos dos médiuns, alertando-os quanto à necessidade da prática dos ensinamentos na esfera íntima, a fim de se evitar o retorno ao Plano Espiritual sem o cumprimento dos compromissos assumidos.

```
┌─────────────────────────────────────────────┐
│                    CONVITE                    │
│     ESTUDO SISTEMATIZADO DE ESPIRITISMO       │
│       A PARTIR DE .................../20.....  │
│       --- 5ªS FEIRAS – 20 ÀS 21 H ---         │
│                                               │
│         INÍCIO DOS ESTUDOS DO LIVRO:          │
│  "OS MENSAGEIROS" – (ANDRÉ LUIZ/ FRANCISCO CÂNDIDO XAVIER) │
└─────────────────────────────────────────────┘
```

Esta obra, que até poderia ser intitulada "NOSSO LAR-2" (por ser sequência), desdobra-se em três partes:

1ª PARTE – DO CAP. 1 AO 13:

– Testemunhos de médiuns (desencarnados) que partiram do "Nosso Lar" com tarefas específicas e não conseguiram cumpri-las. Eles retornam (pela desencarnação) com relatos pungentes e esclarecedores.

2ª PARTE – A PARTIR DO CAP. 14:

– Descrição de atendimentos prestados a encarnados e a desencarnados pela equipe de mensageiros do "Nosso Lar".

3ª PARTE – A PARTIR DO CAP. 33:

– André Luiz e Vicente, sob comando do protetor Aniceto, após estágio no "Centro de Mensageiros", partem em caravana, do "Nosso Lar", para a Crosta (plano terreno). No meio do caminho pernoitam no "Posto de Socorro", onde André Luiz realiza um proveitoso estágio. A seguir, os três dirigem-se à Crosta, onde permanecem por uma semana num lar humilde, verdadeira oficina do "Nosso Lar" na Terra, participando de atendimentos a encarnados e desencarnados, sobressaindo preciosos ensinamentos sobre reuniões mediúnicas.

ESTUDO SISTEMATIZADO DE ESPIRITISMO

PROGRAMA: Setembro/2000 a Fevereiro/2001
Livro: "Os Mensageiros" (André Luiz/ Francisco Cândido Xavier)

Aulas Semanais	Assunto	Expositor/a
1ª – 07. Set. 2000	Abertura dos estudos – Comentários gerais sobre a obra – – Distribuição dos resumos aos frequentadores	
2ª – 14. Set. 2000	Cap. 1 – Renovação Cap. 2 – ANICETO	
3ª – 21. Set. 2000	Cap. 3 – No Centro de Mensageiros Cap. 4 – O caso VICENTE	
28. Set. 2000	RECAPITULAÇÃO: Temas do mês: Perguntas e respostas	
4ª – 05. Out. 2000	Cap. 5 – Ouvindo instruções Cap. 6 – Advertências profundas	

Aulas Semanais	Assunto	Expositor/a
5ª – 12. Out. 2000	Cap. 7 – A queda de OTÁVIO Cap. 8 – O desastre de ACELINO Cap. 9 – Ouvindo impressões	
6ª – 19. Out. 2000	Cap. 10 – A experiência de JOEL Cap. 11 – BERLAMINO, o doutrinador Cap. 12 – A palavra de MONTEIRO	
26. Out. 2000	RECAPITULAÇÃO: Temas do mês: Perguntas e respostas	
7ª – 02. Nov. 2000	Cap. 13 – Ponderações de VICENTE Cap. 14 – Preparativos Cap. 15 – A viagem	
8ª – 09. Nov. 2000	Cap. 16 – No Posto de Socorro Cap. 17 – O romance de ALFREDO Cap. 18 – Informações e esclarecimentos	
9ª – 16. Nov. 2000	Cap. 19 – O sopro (passe de) Cap. 20 – Defesas contra o mal Cap. 21 – Espíritos dementados	

Aulas Semanais	Assunto	Expositor/a
10ª – 23. Nov. 2000	Cap. 22 – Os que dormem Cap. 23 – Pesadelos Cap. 24 – A prece de ISMÁLIA	
30. Nov. 2000	RECAPITULAÇÃO: Temas do mês: Perguntas e respostas	
11ª – 07. Dez. 2000	Cap. 25 – Efeitos da oração Cap. 26 – Ouvindo servidores Cap. 27 – O caluniador	
12ª – 14. Dez. 2000	Cap. 28 – Vida social Cap. 29 – Notícias interessantes Cap. 30 – Em palestra afetuosa	
21. Dez. 2000	Confraternização de NATAL	
28. Dez. 2000	Confraternização de ANO NOVO	
13ª – 04. Jan. 2001	Cap. 31 – CECÍLIA ao órgão Cap. 32 – Melodia sublime Cap. 33 – A caminho da Crosta	

Aulas Semanais	Assunto	Expositor/a
14ª – 11. Jan. 2001	Cap. 34 – Oficina de "Nosso Lar" Cap. 35 – Culto doméstico Cap. 36 – Mãe e filhos	
15ª – 18. Jan. 2001	Cap. 37 – No santuário doméstico Cap. 38 – Atividade plena Cap. 39 – Trabalho incessante	
25. Jan. 2001	RECAPITULAÇÃO: Temas do mês: Perguntas e respostas	
16ª – 01. Fev. 2001	Cap. 40 – Rumo ao campo Cap. 41 – Entre árvores Cap. 42 – Evangelho no ambiente rural	
17ª – 08. Fev. 2001	Cap. 43 – Antes da reunião Cap. 44 – Assistência	
18ª – 15. Fev. 2001	Cap. 45 – Mente enferma Cap. 46 – Aprendendo sempre	
19ª – 22. Fev. 2001	Cap. 47 – No trabalho ativo Cap. 48 – Pavor da morte	

20ª – 29. Fev. 2001	Cap. 49 – Máquina divina Cap. 50 – A desencarnação de FERNANDO Cap. 51 – Nas despedidas Reflexão sobre toda a obra: OS MENSAGEIROS

OBSERVAÇÕES:

1. Os nomes dos Expositores(as) serão divulgados a cada bimestre;

2. Resumo do Livro "OS MENSAGEIROS":

– Será entregue no início dos Estudos aos participantes.

– Os interessados retardatários deverão solicitar cópia ao Responsável pelo estudo.

3. Por tratar-se de estudo sistematizado, de obra específica, rogamos aos expositores que, em suas apresentações, seja enfatizado o capítulo em foco.

(Local e data)

_____

(Responsável pelo Estudo)

ESTUDO SISTEMATIZADO DE ESPIRITISMO

Coleção "ANDRÉ LUIZ"
Livro: "OS MENSAGEIROS" (André Luiz/ Francisco Cândido Xavier)

IDENTIFICAÇÃO

TÍTULO: "OS MENSAGEIROS" – 51 capítulos; 268 páginas

AUTOR: Espírito ANDRÉ LUIZ (pseudônimo espiritual de um consagrado médico que exerceu a Medicina no Rio de Janeiro)

PSICOGRAFIA: FRANCISCO CÂNDIDO XAVIER (concluída em Fev/1944)

EDIÇÃO: Primeira edição em 1944, pela Federação Espírita Brasileira (Rio de Janeiro/RJ).

Para a realização deste trabalho, consultamos a 9ª edição/1975. Em 2006 foi lançada a 42ª edição, do 541º ao 545º milheiro de exemplares.

NOTA 1: Em 2003, na Bienal do Livro do Rio de Janeiro, comemorando a expressiva marca de 1,5 milhão de exemplares do livro NOSSO LAR, a FEB reeditou, com nova diagramação e capa, a coleção dos 13 (treze) livros de André Luiz com psicografia de Francisco Cândido Xavier e Waldo Vieira, tratando de "A Vida no Mundo Espiritual"!

O presente livro teve essa 1ª edição especial (2003) de 5.000 exemplares.

PREFÁCIO: Espírito EMMANUEL.

NOTA 2: André Luiz, agora na obra "OS MENSAGEIROS", reporta vários aprendizados que alcançou junto à equipe de auxiliares-aprendizes: primeiro, no "Centro de Mensageiros"; depois, em estágio noutra Colônia ("Posto de Socorro"); a seguir, numa viagem à Crosta, com duração de uma semana, na qual tiveram oportunidade de pôr em prática as lições recebidas.

Por tudo isso, com muito respeito, acreditamos que esse livro, escrito em continuação ao "NOSSO LAR", talvez possa ser considerado um segundo volume, isto é, NOSSO LAR-2.

RESUMO – CAPÍTULO A CAPÍTULO

CAP. 1 – RENOVAÇÃO
O Autor espiritual narra sua transformação, depois de desprendido "dos laços inferiores que o prendiam às atividades terrestres". "Descobriu-se", diz jubiloso. Porém, a par da renovação mental, experimenta um vazio formado pelos sentimentos do mundo, dos quais se desprendera. Sem o lar, a esposa e os filhos amados, aos quais frequentemente visitava, seu coração torna-se "um cálice luminoso, porém vazio". É aconselhado por uma devotada amiga a frequentar cursos no Ministério da Comunicação para, posteriormente, prestar concurso na Terra.

CAP. 2 – ANICETO
André Luiz é apresentado ao Instrutor Aniceto, que adverte que ali, na "Instituição do Homem Novo", são admitidos apenas candidatos compromissados em servir, calando reclamações. Aniceto, dentre outras

atividades, tem um quadro suplementar de cinquenta auxiliares-aprendizes e voluntários. André Luiz é convidado a integrar esse quadro, no momento com três vagas. Aceita o convite, sentindo-se honrado. É encaminhado ao "Centro de Mensageiros".

> OBS: Vamos detalhar como é formado o grupo de Aniceto:
> – 1 padre
> – 1 médico (a equipe foi acrescida de 2 médicos: ANDRÉ LUIZ e VICENTE)
> – 6 engenheiros
> – 4 professores
> – 4 enfermeiras
> – 2 pintores
> – 11 irmãs especializadas em trabalhos domésticos
> – 18 operários diversos.

> ANICETO (d) – 2/16 – após cumprir tarefas no Ministério da Regeneração, devotou-se "a tarefas sacrificiais no Ministério do Auxílio, passando a ser Instrutor na Comunicação"

CAP. 3 – NO CENTRO DE MENSAGEIROS

Formado por majestosos edifícios, Universidades, pátios amplos e jardins primorosos.

– Finalidades: preparação anual de centenas de médiuns e doutrinadores para reencarnarem (quais "cartas vivas" de Jesus para a Humanidade), os quais são reunidos em grupos de 50 aprendizes. Cada grupo fica sob comando de um Instrutor (tal como a de Aniceto).

> VICENTE (d) – 3/25 – o único aprendiz-médico da turma de alunos de Aniceto

CAP. 4 – O CASO VICENTE

André Luiz conhece Vicente, médico calmo, bondoso e sensato. Tornam-se amigos. Conversam sobre suas semelhantes existências terrenas: Vicente casou-se e teve dois filhos. Seu irmão, advogado, foi residir em sua casa e não tardou a traí-lo com a esposa, por quem se apaixonou, sendo correspondido. Ambos tramaram sua morte e a executaram, ardilosamente. Vicente não cogita vingar-se e diz: "o mal é simples resultado da ignorância e nada mais".

> ROSALINDA (e) – 4/27 – esposa de VICENTE
> ELEUTÉRIO (e) – 4/28 – advogado, irmão de VICENTE e amante de ROSALINDA (ambos assassinaram VICENTE)

CAP. 5 – OUVINDO INSTRUÇÕES
O instrutor Telésforo discorre para todos os aprendizes do trabalho de intercâmbio entre os trabalhadores desencarnados e encarnados, adverte sobre os companheiros fracassados e cita empecilhos até nas religiões, além de tristes quadros humanos no mundo todo. Como ajudar a amenizar tanto desespero e incompreensão? Só com Jesus, trabalho, sacrifício e renúncia.

> TELÉSFORO (d) – 5/31 – lidador da Comunicação

CAP. 6 – ADVERTÊNCIAS PROFUNDAS
Prossegue a aula. Tema: médiuns fracassados. Muitos trabalhadores partem de "Nosso Lar" em turmas de trabalho educativo, mas poucos alcançam resultados parciais nos misteres da mediunidade e da doutrinação. "A Terra é grande oficina redentora e, não, vale tenebroso destinado a quedas lamentáveis". É relatado que muitos,

quando encarnados, preferem desvios sexuais, tirania doméstica, preguiça e vaidade; além de exercitarem a "doutrinação para exportação e não para uso próprio".

OTÁVIO (d) 6/39 – médium fracassado
MARINA (e) 6/39 – amiga de ISABEL e de ISAURA, pronta a ajudar OTÁVIO

CAP. 7 – A QUEDA DE OTÁVIO

Após trinta anos de preparação, reencarnou saudável e com mediunidade voltada para consolar criaturas. Deveria manter-se solteiro e amparar seis amigos que o ajudaram em "Nosso Lar", nos trinta anos que antecederam a sua reencarnação. Já reencarnado, aos dezenove anos, iniciou desvairados abusos de suas faculdades. Ficando órfão de pai, desamparou os seis amigos (ainda crianças), órfãos como ele. Casou-se "por violência" e teve um filho. Esposa e filho passaram a atormentá-lo.Morreu com sífilis e alcoólatra aos quarenta anos, "sem construir coisa alguma no terreno do bem".

ISAURA (d) 7/41 – mãe de OTÁVIO
ISABEL (d) 7/41 – amiga de ISAURA

CAP. 8 – O DESASTRE DE ACELINO

Outro médium (vidente, audiente e psicógrafo) que, egresso de "Nosso Lar", descumpriu todas as realizações que prometera antes de reencarnar. Usou as faculdades mediúnicas para ganhar dinheiro, "resolvendo" todo tipo de problemas de consulentes. Ao desencarnar permaneceu onze anos em zonas de grande tormento, cercado por ex-consulentes criminosos que desencarnaram antes dele e que exigiam notícias e soluções atinentes a ligações clandestinas.

ACELINO (d) 8/47 – médium fracassado
RUTH (?) 8/48 – foi esposa de ACELINO (no século XIX)

CAP. 9 – OUVINDO IMPRESSÕES

O capítulo exorta os médiuns ao trabalho, sem reclamações e sem medos. São expostos vários casos de médiuns que, bem preparados antes da reencarnação, não cumpriram as tarefas por invigilância.

AMÂNCIO (?) 9/52 – foi marido de MARIANA
MARIANA (d) 9/53 – médium socorrista fracassada
JOAQUIM (?) 9/53 – é citado por uma aprendiz no "Centro de Mensageiros"
ERNESTINA   e BENITA (d) 9/54 – aprendizes no "Centro de Mensageiros"
ADÉLIA (d) 9/55 – é citada por um aprendiz no "Centro de Mensageiros"

CAP. 10 – A EXPERIÊNCIA DE JOEL

Médium que fez mau uso das percepções que lhe foram dadas antes de reencarnar, a fim de que as utilizasse a benefício do próximo. Há muito tempo vem sofrendo grandes perturbações, como consequência.

JOEL (d) 10/57 – aprendiz no "Centro de Mensageiros" / em vida anterior foi Monsenhor espanhol / em outra reencarnação foi médium fracassado que detinha a faculdade de conhecer vidas passadas das pessoas

---

CAP. 11 – BELARMINO, O DOUTRINADOR

É citada profunda conceituação de missão educativa. A doutrinação, no campo do Espiritismo evangélico, é exposta com clareza. Mostra um médium doutrinador exigente, propenso ao mando, vaidoso do saber e, desconfiado dos companheiros de reunião mediúnica adentrando no negativismo. Estará sujeito a múltiplas enfermidades, além de sentir um deserto no coração.

> *BELARMINO FERREIRA (d) 11/62 – aprendiz no "Centro de Mensageiros"/ doutrinador fracassado*
> *ELISA (?) 11/64 – foi esposa de BELARMINO*

CAP. 12 – A PALAVRA DE MONTEIRO
Novo alerta enérgico aos médiuns doutrinadores e aos dirigentes de reuniões mediúnicas. É recomendada a força do exemplo e não a palavra lustrosa. O comportamento do médium na atividade profissional do comércio deve guardar paralelo com a conduta cristã, principalmente com a paciência.

> *MONTEIRO (d) 12/67 – aprendiz no "Centro de Mensageiros"/ quando encarnado, foi médium doutrinador, intelectual de "grandes discursos", porém insensível*

Bolçando-os | 69 | (do verbo bolçar: lançar fora, arrojar) – lançando-os

CAP. 13 – PONDERAÇÕES DE VICENTE
Citando Jesus como Mestre e Médico, o capítulo expõe os perigos que aguardam os médicos que fazem mercantilismo de tão sagrada profissão.

CAP. 14 – PREPARATIVOS
André Luiz e Vicente, antes de se dirigirem à Crosta, onde permanecerão por uma semana, recebem melhoramento da visão (no "Gabinete de Auxílio

Magnético às Percepções"). É sugerida a prece sem o fanatismo inconsciente. A prece é fidelidade do coração, jamais viciação do sentimento. A ida à Crosta, no caso, assemelhou-se a uma peregrinação, não feita em "estrada ampla e bem cuidada", mas, em caminhos difíceis.

CAP. 15 – A VIAGEM
A caminho, a equipe faz pausa no Posto de Socorro situado entre "Nosso Lar" e a Crosta, a grande distância desta. André Luiz e Vicente, sob orientação de Aniceto, veem-se banhados de luz pela primeira vez (!). Nas trilhas: frio, ausência de luz solar, paisagens misteriosas, aves horripilantes, rijas ventanias... Aniceto explica aos dois auxiliares que aquela é uma região sob influência astral da Terra. A seguir cita interessantes dados astronômicos. Informa sobre a "existência de outros mundos sutis, dentro dos mundos grosseiros"(!).

CAP. 16 – NO POSTO DE SOCORRO
Chegam os três a castelo-educandário soberbo, resguardado por pesados muros. No interior, pomares e jardins maravilhosos. André Luiz vê um quadro, pintura em tela, que já havia visto em Paris quando encarnado. Fica sabendo que o pintor da tela de Paris plagiou essa obra, após vê-la em sonho.

ALFREDO e ISMÁLIA (d) 16/89 – casal responsável pelo "Posto de Socorro"

CAP. 17 – O ROMANCE DE ALFREDO
A equipe alimenta-se de frutos diversos. O Posto, com quinhentos auxiliares, produz alimentos e remédios

para famintos e doentes. O dirigente do Posto relata a história de sua união com a esposa, cuja companhia ainda não pôde usufruir, por, quando encarnado, desfazer o casamento após ouvir calúnias contra ela, que era inocente e que, pelo abandono, desencarnou, com tuberculose.

CAP. 18 – INFORMAÇÕES E ESCLARECIMENTOS

No Posto chegam sinais de batalhas sangrentas na Terra (o ano era 1944), provocando grande tempestade magnética. Grandes massas de desencarnados (pela Segunda Guerra Mundial) superlotam os Postos de Socorro de várias colônias espirituais. É citada a Colônia "Alvorada Nova", situada em zonas mais altas, com intercâmbio com avançados núcleos de espiritualidade superior, de planetas vizinhos (!).

CAP. 19 – O SOPRO

São citados sistemas espirituais de transporte com base no eletromagnetismo. Há esclarecimentos sobre o passe de sopro curador, cujos passistas "exercitaram-se longamente, adquirindo experiências a preço alto". Imprescindível, no caso, "a pureza da boca e a santidade das intenções". Passistas encarnados deverão ter "estômago sadio, boca habituada a falar o bem, abstenção do mal e mente reta, interessada em auxiliar".

OLÍVIA e MADALENA (d) 19/104 – assistentes do Posto (técnicas do Passe de Sopro)

CAP. 20 – DEFESAS CONTRA O MAL

O Posto de Socorro tem defesas múltiplas, mantendo à distância "irmãos consagrados ao mal, perversos e criminosos, entidades verdadeiramente diabólicas". O Posto está equipado com armas que não exterminam, apenas defendem, disparando projéteis elétricos que causam impressão da morte, uma vez que, na esfera espiritual, a matéria mental pode modificar o corpo denso todos os dias (!).

barbacãs 108 | (subst.fem.) – muralha baixa;
muros avançados

CAP. 21 – ESPÍRITOS DEMENTADOS

Visitando os albergues do Posto, André Luiz e Vicente acompanham os encarregados da assistência. O chefe do Posto atende e conforta vários Espíritos necessitados que o procuram, presos a problemas inferiores, pois se julgam ainda encarnados.

> *MALAQUIAS (d) 21/115 – internado no Posto / ex-fazendeiro / idoso / escravista*
> *ARISTARCO (d) 21/116 – internado no Posto / ex-rico*

galeotas | 114 | (subst.fem.) – pequeno barco
movido a remo e a velas
catadura | 117 | (subst.fem.) – semblante, aparência

CAP. 22 – OS QUE DORMEM

A equipe chega a pavilhão escuro, situado em área com cerca de três quilômetros de extensão. No interior, espaçosas enfermarias e silêncio absoluto. Cerca de dois mil Espíritos estão adormecidos. Têm semblante horrendo, quase todos estampando pavor, em cadavérica palidez. São oitenta os atendentes em atividade. Cada um só pode cuidar de cinco enfermos, perfazendo quatrocentos atendimentos. A imagem é a da morte, naqueles Espíritos entorpecidos no vazio, que quando encarnados eram crentes no nada após a desencarnação. São os "embriões da vida" ou "fetos da espiritualidade", paralíticos do bem.

CAP. 23 – PESADELOS

André Luiz, concentrando todas as possibilidades mentais ao seu alcance, focaliza o sofrido Espírito de uma mulher, passando a vislumbrar o pesadelo em que ela se prendia, em consequência de haver assassinado o amante casado. Toda a cena, com local, personagens e diálogos, desenrola-se à sua percepção (Impressionante!).

NOTA: Com a devida cautela — simples reflexão de nossa parte — e pedindo licença aos leitores, talvez essa faculdade espiritual de André Luiz possa ser conceituada de "Psicometria espiritual".

ANA (d) 23/126 – internada no Posto/ com pesadelos cruéis

Rebolcando-se | 126 (do verbo rebolcar) – Movendo-se como uma bola (rebolando-se)
insulamento | 126 | (subst.masc.) – ato de insular-se (isolamento; tornar solitário)

CAP. 24 – A PRECE DE ISMÁLIA

Naquele pavilhão de adormecidos, os efeitos da prece de um Espírito elevado, prece esta acompanhada com amor por numerosos Espíritos dedicados à fraternidade, produz benéficos e múltiplos efeitos, alcançando numerosos pacientes em sono profundo.

Porém, apenas dois se erguem e, mesmo assim, saem correndo, espavoridos...

Deprecando | 132 | (do verbo trans. Deprecar) – Pedindo (com submissão)

CAP. 25 – EFEITOS DA ORAÇÃO

Luzes irradiantes em flocos de várias colorações partiam de cada Espírito da equipe, caindo sobre os corpos inanimados. Há um primeiro alerta, ligeiro, aos doutrinadores, quanto à impropriedade de se dizer ao Espírito desencarnado (que desconheça tal estado) que ele já não possui mais o corpo físico. Afirmativa: não há prece sem resposta!

CAP. 26 – OUVINDO SERVIDORES

Alfredo, o chefe do Posto, demonstra a inconveniência do Espírito desencarnado prender-se aos rogos e lamentações da família encarnada. Por extensão, fica a lição aos encarnados que perderam entes queridos.

ALONSO (d) 26/140 – cooperador no Posto

soledade | 142 | (subst.fem.) – lugar ermo, deserto, solidão
evolver | 142 | (verbo intrans.) – evoluir

CAP. 27 – O CALUNIADOR

Vemos neste capítulo a comovente dificuldade de um Espírito doente em pronunciar o sublime nome de Deus. Apenas pronunciar! André Luiz exercita visão espiritual e vislumbra a triste história desse doente.

NOTA: Nova demonstração desta faculdade de André Luiz, que talvez seja "psicometria espiritual".

Ensinamento: a reconciliação inicia-se pela atitude caridosa, vai do entendimento à piedade, desta à simpatia, depois à verdadeira fraternidade e culmina com o amor sublime.

NOTA: Há referência à mulher-vampiro, citada no livro "NOSSO LAR", que foi impedida de adentrar às "Câmaras de Retificação"

> *PAULO (d) 27/144 – internado no Posto / ex-caluniador*

evolutiram | 146 | (do verbo intrans. Evolutir) – Transformaram (para melhor)
escarmento | 146 | (subst.masc.) – correção, castigo, punição

CAP. 28 – VIDA SOCIAL

O Posto recebe visita de amigos vindos do "Campo da Paz", em belo carro puxado por dois soberbos cavalos brancos. São expostos ensinamentos referentes aos doentes do Espírito, rebeldes ao tratamento. Os atendentes sentem-se obrigados a semear pensamentos novos e aguardar que a obra do tempo os faça germinar nesses doentes. É citado o "desculpismo" (pretextos de médiuns encarnados, compromissados com a tarefa de auxílio ao próximo, para fugirem à tarefa e ao dever sagrado).

> *Casal BACELAR e duas filhas (d) 28/150 – família amiga, que veio do "Campo da Paz", em visita social a ALFREDO*

Safirino| 149 | (adj.) – da cor de safira (azul variável)
carro tirado | 149 | (expressão popular) – carro puxado
Estalão | 153 | (subst.masc.) – padrão; medida

CAP. 29 – NOTÍCIAS INTERESSANTES

Viver em "Nosso Lar" é uma grande bênção. O "Campo da Paz", fundado há dois séculos, tem por finalidade abrigar os que desencarnam em estado de ignorância ou de culpas dolorosas.

> *CECÍLIA (d) 29/154 – filha do casal BACELAR*
> *ALDONINA (d) 29/154 – sobrinha de BACELAR*

CAP. 30 – EM PALESTRA AFETUOSA

Noções sobre o casamento — nos dois Planos. Somos informados de que o "Campo da Paz" é uma colônia de socorros urgentes, como um avançado centro de enfermagem. Atende ainda recém-encarnados — de quinze a vinte reencarnações diárias, dos tutelados que serão assistidos até os primeiros sete anos da existência carnal.

> *ISAURA (d) 30/159 e ANTÔNIO (d) 30/160 – noivos / moravam no "Campo da Paz" / quando ANTÔNIO foi convocado para prestar serviços em "NOSSO LAR", levou a noiva / casaram-se e lá permanecem*

CAP. 31 – CECÍLIA AO ÓRGÃO

Em reunião musical festiva há a execução, ao órgão, da "Tocata e Fuga em Ré Menor", de Bach, com acompanhamento do coral de crianças.

> *HERMÍNIO (d) 31/167 – Espírito sofredor / é amado por CECÍLIA (a filha do casal BACELAR)*

CAP. 32 – MELODIA SUBLIME

Ismália, Espírito elevado, executa melodia ao órgão, que faz brotar, na mente de André Luiz e dos demais ouvintes, sublime oração de louvor ao Criador.

mane | 171 | (do verbo trans. manear – manejar) – maneje

CAP. 33 – A CAMINHO DA CROSTA
André Luiz, Vicente e Aniceto dirigem-se à Crosta. Caminham por via escura e nevoenta, diferente da que liga "Nosso Lar" à Crosta. Aos poucos começam a vislumbrar luz solar. A partir dali, praticam a volitação, com emprego de transformação da força centrípeta (!).

caliginosa | 175 | (adj.) – tenebrosa; muito escura e densa

CAP. 34 – OFICINA DE "NOSSO LAR"
André Luiz chega ao Rio de Janeiro e surpreso com a visão espiritual já dilatada, vê grande quantidade de desencarnados vagando pelas ruas ou abraçados a transeuntes, que os ignoram... Chegam a uma humilde residência, que na verdade é oficina que representa "Nosso Lar".

ISIDORO (d) 34/181 – foi marido de ISABEL – trabalhador humilde na oficina do "NOSSO LAR"

ISABEL (e) 34/182 – viúva de ISIDORO / médium / sua casa é a oficina do "NOSSO LAR"

Filhos (encarnados): JOANINHA, NELI, MARIETA, NOÊMI e JOÃOZINHO

FÁBIO ALETO (d) 34/186 – Espírito protetor do lar de ISABEL

CAP. 35 – CULTO DOMÉSTICO
A família encarnada da oficina de "Nosso Lar" procede ao culto doméstico, com participação de benfeitores espirituais. Tema evangélico: comentários sobre irreflexão e suicídio e a parábola que compara o Reino dos Céus a um grão de mostarda.

amanhar | 187 | (verbo trans.) – cultivar; lavrar

CAP. 36 – MÃE E FILHOS

São tecidos comentários sobre a riqueza, a pobreza e a proteção divina. A boa educação que deve ser dada aos filhos é exemplificada de forma útil.

lautas | 191 | (adj.) – abundantes

CAP. 37 – NO SANTUÁRIO DOMÉSTICO

André Luiz e outros Espíritos se alimentam (registra o Autor Espiritual que não é possível ser feita analogia aos alimentos terrenos). Há comentários sobre os efeitos da prece, do vento e das tempestades (estas, assustam Espíritos ignorantes que vagueiam pelas ruas, os quais, temerosos, buscam asilo de preferência em casas de diversão noturna ou em residências abertas). É descrito o intercâmbio positivo entre encarnados e desencarnados que se amam.

EMÍLIA (d) 37/195 – Espírito de "NOSSO LAR" / hospeda-se na oficina do "NOSSO LAR"
REGINA (d) 37/195 – filha de EMÍLIA

CAP. 38 – ATIVIDADE PLENA

Encarnados doentes, desdobrados pelo sono, são atendidos na oficina de "Nosso Lar". Comenta-se os simbolismos contidos nos sonhos. Freud é citado como "missionário da Ciência, sob limitações, que fez muito, mas não tudo, na esfera da indagação psíquica".

NIETA (e) 38/200 – em desdobramento pelo sono é atendida espiritualmente na oficina do "NOSSO LAR"

obliteração | 200 | (subst.fem.) – desaparecimento, supressão

CAP. 39 – TRABALHO INCESSANTE

A caridade tem que se associar ao dever, não ofertando facilidades às entidades ociosas, irônicas ou aquelas de intenções inferiores. Mostra o exemplo de desencarnados que prejudicaram uma reunião mediúnica pelas facilidades que lhes foram dadas, de ingresso na mesma, sem a indispensável preparação.

NOTA: Esse alerta é oportuno, vez que não poucos Centros Espíritas permitem que pessoas sem "a indispensável preparação" (vontade de se reformarem, de estudar, a par de pontualidade e assiduidade)sejam logo admitidas às reuniões mediúnicas.

DALVA (e) 39/205 – atendida pela mãe (Espírito desencarnado) na oficina do "NOSSO LAR"
HILDEGARDO e VIEIRA (d) 39/206 – Espíritos auxiliares na oficina do "NOSSO LAR"
HILÁRIO e CARLOS (d) 39/207 – atendidos na oficina do "NOSSO LAR"

---

escarninhos | 207 | (adj.) – em que há escárnio; sarcásticos

CAP. 40 – RUMO AO CAMPO

Mostra a necessidade espiritual de repouso (!). São citadas as "nuvens de bactérias variadas" que provocam doenças físicas e as "formas caprichosas das sombras" (matéria mental inferior expelida por algumas pessoas) que promovem desequilíbrio mental. Essas sombras são as nuvens de larvas mentais(!) que causam doenças à alma. A fé proporciona elevação e antídoto a tal contaminação astral. Há comentários sobre a bênção do Sol, do solo e das plantas.

CAP. 41 – ENTRE ÁRVORES

São citados numerosos Espíritos cooperadores do reino vegetal, em preparativos para nova encarnação no mundo, prestando serviço nos reinos inferiores.

Há o instigante relato de um carroceiro que, com grande grosseria, vivia a agredir animais, inclusive um muar que o auxiliava a ganhar o pão de cada dia. Demonstra como a cólera é prejudicial ao colérico.

NOTA: Convidamos os leitores à leitura da questão n° 538 de "O Livro dos Espíritos"

> *GLICÉRIO (d) 41/217 – Espírito responsável pela segurança de um trecho da zona rural*

frondes | 215 | (subst.fem.) – copas das árvores

CAP. 42 – EVANGELHO NO AMBIENTE RURAL

Mostra a sintonia no momento da oração, sendo que até animais são atraídos para as proximidades por forças magnéticas desconhecidas. É decantada a bênção da Natureza e lamentada a ganância humana, que a desrespeita (verdadeiro brado ecológico, e isso, em 1944). Instigantes informações sobre o nitrogênio...

Moloques | 221 | (subst. próprio) – pretensas divindades, relacionadas a sacrifícios humanos, com a consagração pelo fogo

CAP. 43 – ANTES DA REUNIÃO

É mostrada a movimentação espiritual que antecede uma reunião mediúnica, estabelecendo faixas magnéticas nas dependências físicas. Há um alerta quanto à hipocondria (afecção mental obsessiva: mania de doenças).

CAP. 44 – ASSISTÊNCIA

André Luiz é designado para aplicar passes em Espíritos necessitados. Atende uma mulher cega, em consequência da impressão deixada no perispírito dela pelo tracoma. Quando o passe de André Luiz dissipa a cegueira, ele e a mulher se emocionam. O Instrutor então o adverte quanto à vaidade: "não olvides que todo bem procede de Deus". Vários Espíritos são atendidos pelos benfeitores espirituais, mas alguns permanecem impermeáveis a esse auxílio.

CAP. 45 – MENTE ENFERMA

Demonstra a incredulidade de um doutrinador(?) de vasta cultura apegado a "inexistência" de provas da sobrevivência humana, que palestra com outro doutrinador, comentando sobre os pesquisadores e as fraudes mediúnicas. O primeiro se apoia na razão e na ciência; o segundo, na fé e no bom senso das verdades espíritas.

BENTES (e) 45/234 – *médium doutrinador, em atividade na oficina do "NOSSO LAR"*
Dr. FIDÉLIS (e) 45/235 – *interlocutor de BENTES / é espírita e intelectual, mas sem fé.*

CAP. 46 – APRENDENDO SEMPRE

Na reunião mediúnica estavam trinta e cinco encarnados e mais de duzentos desencarnados(!). É alertado o alto preço que terão que pagar os que usam o intercâmbio espiritual levianamente.

desassisados | 240 | (adj. e subst.masc.) – desatinados, sem siso (sem bom senso)

CAP. 47 – NO TRABALHO ATIVO

Mostra como médiuns novatos em conhecimentos evangélicos causam desarmonia na reunião mediúnica. A necessidade de concentração em trabalhos de natureza espiritual é definida, assim como o porquê de nem todos os pedidos serem atendidos. Isso acontece para o bem do próprio necessitado.

> *ANSELMO (d) 47/245 – Espírito instrutor mais graduado na oficina do "NOSSO LAR"*
>
> *AMARO (e) 47/246 – doente / frequentador da oficina do "NOSSO LAR"*

CAP. 48 – PAVOR DA MORTE

É esclarecido porque Espíritos necessitados são trazidos à reunião mediúnica: por manterem-se muito ligados ao plano terreno, o magnetismo e o calor humano doados pelos médiuns despertam neles forças novas. André Luiz e amigos vão a um necrotério e atendem a uma jovem recém-desencarnada que se mantém presa aos despojos físicos, embora o noivo (também desencarnado) esteja tentando auxiliá-la, sem conseguir.

NOTA: Há preciosa lição sobre "a ideia da morte", pois quando CREMILDA desperta no Plano Espiritual, a informação de sua morte não lhe é passada, e sim, de "vida vitoriosa, pois Deus não é Deus de mortos, mas, o Pai das criaturas que vivem para sempre".

Este é um segundo alerta aos médiuns doutrinadores: agir com tato e caridade para com os visitantes espirituais que desconheçam que não mais possuem o corpo físico.

> *CREMILDA (d) 48/250 – recém-desencarnada / atendida pelo noivo (também desencarnado) e por VICENTE*

CAP. 49 – MÁQUINA DIVINA
O desligamento perispiritual de um agonizante é detalhado de forma impressionante, mostrando como todos os movimentos do corpo são administrados pela mente.

CAP. 50 – A DESENCARNAÇÃO DE FERNANDO
Mostra-nos o auxílio espiritual durante uma desencarnação. Os parentes, por invigilância, estavam perturbando o desligamento e por isso os Benfeitores Espirituais promoveram uma melhora fictícia, para afrouxar a tensão dos encarnados. No exemplo do capítulo, o desligamento do corpo espiritual se processa a partir dos calcanhares, terminando na cabeça.

FERNANDO (d) 50/259 – citação espiritual detalhada de sua morte física
AMANDA (e) 50/260 – esposa de FERNANDO
JANUÁRIO (e) 50/261 – irmão de FERNANDO

CAP. 51 – NAS DESPEDIDAS
Finda a semana de pródigas tarefas espirituais. André Luiz, Vicente e Aniceto preparam-se para regressar ao "Nosso Lar". Nas despedidas, André Luiz e Vicente (com Isabel desdobrada pelo repouso do sono) acompanham a comovente prece pronunciada pelo bondoso Aniceto.

– Espíritos citados na obra "NOSSO LAR" e que aqui voltam a ser mencionados:
Do Ministério da Regeneração: NARCISA (1/13) e TOBIAS (2/16)
Ministros: GENÉSIO (2/16); ESPERIDIÃO (2/19); GEDEÃO (11/64)

MISSIONÁRIOS DA LUZ
3 CAPÍTULO

Neste livro, André Luiz desvenda os segredos da reencarnação, revelando a tarefa dos Espíritos missionários encarregados do processo do renascimento.

O autor espiritual afirma que a morte física não é o fim e destaca a importância do esforço próprio na luta pelo autoaperfeiçoamento.

Em vinte capítulos, discorre sobre a continuação do aprendizado na vida espiritual, o perispírito como organização viva moldando as células materiais, a reencarnação orientada pelos Espíritos superiores e aspectos diversos das manifestações mediúnicas.

Missionários da Luz nos ensina que a Providência Divina concede, sempre, ao homem, novos campos de trabalho, através da renovação incessante da vida por meio da reencarnação.

```
┌─────────────────────────────────────────────┐
│                   CONVITE                     │
│   ESTUDO SISTEMATIZADO DE ESPIRITISMO         │
│      A PARTIR DE ................./20.....    │
│      --- 5ªS FEIRAS – 20 ÀS 21 H ---          │
│                                               │
│      INÍCIO DOS ESTUDOS DO LIVRO:             │
│   "MISSIONÁRIOS DA LUZ" – (ANDRÉ LUIZ/ FRANCISCO │
│                             CÂNDIDO XAVIER)   │
└─────────────────────────────────────────────┘
```

Agora, com "MISSIONÁRIOS DA LUZ", André Luiz aprimora os conhecimentos já auferidos, estagiando com o Instrutor ALEXANDRE num recinto terrestre, onde se desenrolam inúmeras atividades mediúnicas.

Essa obra descreve vários processos mediúnicos e como se desenvolvem os trabalhos espirituais, paralelos às reuniões mediúnicas.

São pormenorizados atendimentos espirituais a encarnados e desencarnados, ressaltando preciosos ensinamentos sobre reuniões mediúnicas.

Há descrição da sublimidade da reencarnação de um espírito, a partir da obra-prima que é a fecundação.

Raramente se encontrará na literatura espírita fonte igual de ensinamentos sobre a programação da existência terrena, que, afinal de contas, não passa de uma etapa da bênção maior que é a vida!

ESTUDO SISTEMATIZADO DE ESPIRITISMO

PROGRAMA: Março a Agosto/2001
Livro: "Missionários da Luz" (André Luiz/ Francisco Cândido Xavier)

Aulas Semanais	Assunto	Expositor/a
1ª – 01. Mar. 2001	Abertura dos estudos Comentários sobre a obra e o Prefácio Distribuição do resumo aos presentes	
2ª – 08. Mar. 2001	Cap. 1 – O Psicógrafo	
3ª – 15. Mar. 2001	Cap. 2 – A Epífise	
4ª – 22. Mar. 2001	Cap. 3 – Desenvolvimento mediúnico	
29. Mar. 2001	RECAPITULAÇÃO: Temas do mês: Perguntas e respostas	
5ª – 05. Abr. 2001	Cap. 4 – Vampirismo	
6ª – 12. Abr. 2001	Cap. 5 – Influenciação	
7ª – 19. Abr. 2001	Cap. 6 – A Oração	

Aulas Semanais	Assunto	Expositor/a
26. Abr. 2001	RECAPITULAÇÃO: Temas do mês: Perguntas e respostas	
8ª – 03. Mai. 2001	Cap. 7 – Socorro Espiritual	
9ª – 10. Mai. 2001	Cap. 8 – No plano dos sonhos	
10ª – 17. Mai. 2001	Cap. 9 – Mediunidade e fenômeno	
11ª – 24. Mai. 2001	Cap. 10 – Materialização	
31. Mai. 2001	RECAPITULAÇÃO: Temas do mês: Perguntas e respostas	
12ª – 07. Jun. 2001	Cap. 11 – Intercessão	
13ª – 14. Jun. 2001	Cap. 12 – Preparação de experiências	
14ª – 21. Jun. 2001	Cap. 13 – Reencarnação – da p.180 até 3° § da p.210: (...) A pequena família acabava de recolher-se. – temas tratados nesta parte: Perdão e Sexo -	

Aulas Semanais	Assunto	Expositor/a
28. Jun. 2001	RECAPITULAÇÃO: Temas do mês: Perguntas e respostas	
15ª – 05. Jul. 2001	Cap. 13 – Reencarnação – (do 4° § da p.210 à p.(235) – tema tratado nesta parte: Fecundação	
16ª – 12. Jul. 2001	Cap. 14 – Proteção	
17ª – 19. Jul. 2001	Cap. 15 – Fracasso	
26. Jul. 2001	RECAPITULAÇÃO: Temas do mês: Perguntas e respostas	
18ª – 02. Ago. 2001	Cap. 16 – Incorporação	
19ª – 09. Ago. 2001	Cap. 17 – Doutrinação	
20ª – 16. Ago. 2001	Cap. 18 – Obsessão	
21ª – 23. Ago. 2001	Cap. 19 – Passes	
22ª – 30. Ago. 2001	Cap. 20 – Adeus Reflexão sobre toda a obra: "MISSIONÁRIOS DA LUZ"	

OBSERVAÇÕES:

1. Os nomes dos Expositores(as) serão divulgados a cada bimestre;

2. Resumo do Livro "MISSIONÁRIOS DA LUZ":

– Entregue no início dos Estudos aos participantes.

– Os interessados retardatários deverão solicitar cópia ao Responsável pelo estudo.

3. Por se tratar de estudo sistematizado, de obra específica, rogamos aos expositores que, em suas apresentações, seja enfatizado o capítulo em foco.

(Local e data)

_____

(Responsável pelo Estudo)

ESTUDO SISTEMATIZADO DE ESPIRITISMO

Coleção "ANDRÉ LUIZ"
Livro: "MISSIONÁRIOS DA LUZ" (André Luiz/ Francisco Cândido Xavier)

IDENTIFICAÇÃO

TÍTULO: "MISSIONÁRIOS DA LUZ" – 20 capítulos; 347 páginas
AUTOR: Espírito ANDRÉ LUIZ (pseudônimo espiritual de um consagrado médico que exerceu a Medicina no Rio de Janeiro)
PSICOGRAFIA: FRANCISCO CÂNDIDO XAVIER (concluída em Maio/1945)
EDIÇÃO: Primeira edição em 1945, pela Federação Espírita Brasileira (Rio de Janeiro/RJ).
  Para a realização deste trabalho, consultamos a 21ª edição/1988. Em 2006 foi lançada a 40ª edição, do 502º ao 507º milheiro de exemplares.

NOTA: Em 2003, na Bienal do Livro do Rio de Janeiro, comemorando a expressiva marca de 1,5 milhão de exemplares do livro NOSSO LAR, a FEB reeditou, com nova diagramação e capa, a coleção dos 13 (treze) livros de André Luiz com psicografia de Francisco Cândido Xavier e Waldo Vieira, tratando de "A Vida no Mundo Espiritual"!

O presente livro teve essa 1ª edição especial (2003) de 5.000 exemplares.

PREFÁCIO: Espírito EMMANUEL.

RESUMO – CAPÍTULO A CAPÍTULO

CAP. 1 – O PSICÓGRAFO
É detalhada a participação de Espíritos protetores em reuniões mediúnicas, particularmente quanto à psicografia, cujos mecanismos psicossomáticos são detalhados. Muito útil aos médiuns psicógrafos.

Instrutor ALEXANDRE (d) – 1/11 – Espírito de "elevadas funções" no "NOSSO LAR". Está presente de ponta a ponta no livro "MISSIONÁRIOS DA LUZ". Tem profunda sabedoria e bondade.
CALIXTO (d) – 1/17 – comunicante por psicografia.

CAP. 2 – A EPÍFISE
Glândula da vida mental. Segrega "hormônios psíquicos": As funções espirituais dessa glândula, denominada "pineal" (forma de pinha) são trazidas para os ensinos espíritas, S.M.J., pela primeira vez. Tem potencial magnético controlador das glândulas genitais. Atua como poderosa usina segregando unidades-força nas energias geradoras. É, sobretudo, a glândula da vida espiritual do homem encarnado.

Refocilar-se | 23 | (verbo) – refestelar-se; recrear-se (no charco)

CAP. 3 – DESENVOLVIMENTO MEDIÚNICO
Demonstra as providências da Espiritualidade, precedentes à reunião mediúnica propriamente dita. Médiuns, à visão espiritual, apresentam: um, "bacilos psíquicos" (larvas) da tortura sexual; outro, intoxicação alcoólica ampla, tendo pequeninas figuras horripilantes e vorazes, ao longo da veia porta. Uma médium, com

o ventre superlotado de alimentação, trazia voracíssimas lesmas (parasitos destruidores).

Aluviões | 28 | (subst.masc.) – depósitos de cascalhos/corpúsculos
Epidídimo | 28 | (subst.masc.) – pequeno corpo
situado nos testículos
Cromatina | 30 | (subst.fem.) – substância do núcleo celular
Nefron | 31 | (subst.masc.) – unidade morfológica do rim
Sigmóide | 31 | (adj. 2 gên. e subst.fem.) – válvula
ou cavidade do intestino grosso/humano

CAP. 4 – VAMPIRISMO

André Luiz inaugura, no Espiritismo, o emprego das palavras "vampiro/vampirismo", quando trata de obsessor/obsessão (desencarnado, ainda rudemente fixado às sensações físicas, roubando energias e sensações deletérias de encarnado viciado em alcoolismo, tabagismo, toxicomania, sexo desvairado e, de forma geral, nos demais vícios).

– É registrado o problema da alimentação de carne e dedicada especial atenção ao tratamento do ser humano para com os animais, acenando com uma "nova era", quando o homem cultivará o solo com amor e respeitará os animais.

Escalracho | 38 | (subst.masc.) – gramínea nociva às searas

CAP. 5 – INFLUENCIAÇÃO

Comentários sobre os Espíritos desencarnados, exploradores, que aguardam à porta dos Centros Espíritas a saída dos médiuns invigilantes. E, ainda, sobre o abandono das reuniões mediúnicas por parte dos médiuns.

Avelhantado | 46 | (masc.) – tornado velho prematuramente
Coorte | 47 | (subst.fem.) – multidão de pessoas; tropa
Encomiásticas | 48 | (adj.) – elogiosas

CAP. 6 – A ORAÇÃO

André Luiz rememora suas atividades de médico terreno. Agora, diante de um "doente da alma", vampirizado, como atendê-lo? O Instrutor espiritual, em resposta, demonstra como a prece constrói fronteiras vibratórias: a oração é o mais eficiente antídoto do vampirismo. Há preciosa informação sobre os bilhões de raios cósmicos que a cada minuto descem sobre a fronte humana, oriundos do solo, da água, dos metais, dos vegetais, dos animais e dos próprios semelhantes — todos, sem contar os raios solares, caloríficos e luminosos; igualmente emanam sobre cada um de nós, os terrenos, trilhões de raios psíquicos(!).

> *CECÍLIA (e) – 6/65 – desdobrada, em sono, atende ao marido que é doente grave (anomalias psíquicas, ligadas ao sexo)*

CAP. 7 – SOCORRO ESPIRITUAL

É lecionado que à noite há mais facilidade para a realização de ajuda espiritual, quando os raios solares diretos não desintegram certos recursos dos cooperadores espirituais. Também é à noite que os encarnados sofrem os fenômenos desastrosos mais sérios da circulação, pela invigilância na criação de fantasmas cruéis, no campo vivo do pensamento.

O capítulo registra um caso de "moratória" (enfermo grave, prestes à desencarnação, que recebe energias que lhe acrescentam mais 5 meses de existência terrena).

JUSTINA (d) – 7/70 – amiga do Instrutor ALEXANDRE
ANTÔNIO (e) – 7/70 – filho de JUSTINA (está gravemente enfermo
– é contemplado com a "moratória" de + 5 meses de vida física)
Irmão FRANCISCO (d) – 7/72 – chefe de grupo socorrista
AFONSO (e) – 7/73 – quando desdobrado pelo sono, é prestimoso
doador de energias espirituais

Azáfama | 76 | (subst.fem.) – muita pressa; urgência;
trabalho muito ativo
Bulha | 76 | (subst.fem.) – confusão de sons

CAP. 8 – NO PLANO DOS SONHOS

É citado o curso espiritual ministrado por instrutor
espiritual a 300 (trezentos) alunos, encarnados e
desdobrados pelo sono, dos quais apenas 32 (trinta
e dois) assimilam as lições. É sugerido que o sono
pode ser excelente oportunidade de boas realizações
e de aprendizado, além de chance de reencontro com
parentes ou amigos desencarnados. Há o relato singular
do pavor-pesadelo de um encarnado que ao dormir
depara-se com um amigo desencarnado, sobre o qual
fizera alusões desabonadoras durante o dia.

VIEIRA e MARCONDES (e) – 8/85 – alunos faltosos do Curso do
Instrutor ALEXANDRE
SERTÓRIO (d) – 8/85 – chefe de grupo espiritual que frequenta
referido Curso
BARBOSA (d) – 8/90 – aborreceu-se com VIEIRA e esperou que ele
adormecesse para "acertar contas", ou melhor, impedir que VIEIRA,
na vigília, continuasse a recriminá-lo

Remoques | 89 | (subst.masc.) – motejos; insinuações
maliciosas; zombaria

CAP. 9 – MEDIUNIDADE E FENÔMENO

O capítulo explana sobre a necessidade de planejamento, disciplina e construtividade para todos os candidatos às atividades mediúnicas, que se iniciarão com trabalhos em pequenas tarefas, para depois, progressivamente, alcançarem grandes obras. Há interessantíssimo registro: o Espírito de Verdade é Jesus(!).

O desenvolvimento mediúnico não deve ser provocado. As expressões fenomênicas nos trabalhos mediúnicos deverão estar em plano secundário, pois o Espírito é tudo.

CAP. 10 – MATERIALIZAÇÃO

Mostra-nos este capítulo como Sessões de Materialização são trabalhosas, expondo seus grandes riscos para os médiuns, tendo em vista que poucos reúnem as condições espirituais que elas exigem: valores morais legitimamente consolidados.

NOTA: Lembramos aos leitores que estávamos em 1945 — reuniões de materialização aconteciam quase como rotina, em residências.

Irmão CALIMÉRIO (d) – 10/108 – *Instrutor Espiritual*
Irmão ALENCAR (d) – 10/113 – *médico, controlador mediúnico*
VERÔNICA (d) – 10/113 – *enfermeira*

CAP. 11 – INTERCESSÃO

Atendendo à solicitação pungente de uma viúva (encarnada, desdobrada pelo sono) o Instrutor, levando André Luiz, vai à residência dela. Lá, deparam-se com inúmeros Espíritos desencarnados, familiares diversos, atraídos pelas vibrações pesadas e doentias dos encarnados. Esses Espíritos envolvidos em círculos escuros, à mesa de refeições da família, absorvem as emanações dos alimentos (pelas narinas). É explicado como isso se processa: vampirização recíproca. O terrível ambiente de um matadouro é mostrado, com Espíritos desencarnados atirando-se vampirescamente ao sangue dos animais abatidos. O capítulo mostra ainda o martírio de um suicida, atormentado pelo remorso de ter assassinado um amigo para roubar-lhe a noiva.

ESTER (e) – 11/123 – ficou viúva do segundo noivo, RAUL, que foi assassinado (o primeiro noivo, NOÉ, suicidou-se)

ETELVINA (e) – 11/124 – prima de ESTER – tem razoável evolução espiritual

AGOSTINHO e esposa (e) 11/129 – tios de ESTER – idosos, pobres, queixosos da vida

ROMUALDA (d) – 11/147 – auxiliar da Turma de Socorro do Ministério do Auxílio

---

Torva | 134 | (adj.) – perturbada; sombria

CAP. 12 – PREPARAÇÃO DE EXPERIÊNCIAS

Registra providências no Planejamento de Reencarnações e os mapas dos futuros corpos físicos; trata ainda do interessante e raríssimo caso dos "completistas" (encarnados que aproveitam todas as oportunidades de evolução).

A medicina do futuro, certamente levará em conta o psiquismo, identificando-o como responsável, senão por todas, pela maioria das patologias.

SEGISMUNDO (d) – 12/154 – preparando-se para reencarnar (em processo normal)

ADELINO e RAQUEL (e) – 12/155 – serão pais de Segismundo que, em vida passada, prejudicou-os

---

> HERCULANO (d) – 12/155 – Espírito elevado
> JOSINO (d) – 12/161 – Assistente, auxiliar do "Planejamento de Reencarnações"
> MANASSÉS (d) – 12/167 – auxiliar do "Planejamento de Reencarnações"
> SILVÉRIO (d) – 12/168 – prestes a reencarnar – aceitou, resignado, existência com duração de aproximadamente 70 anos, com lesão na perna, como "antídoto à vaidade"
> ANACLETA (d) – 12/172 – auxiliar do "Planejamento de Reencarnações"

Rútila | 166 | (adj.) – resplandecente; muito brilhante

CAP. 13 – REENCARNAÇÃO

(Seguramente o capítulo mais importante de todo o livro e que devido à sua extensão foi desdobrado em duas aulas) – Após comentários sobre o perdão e o sexo, descreve a sublimidade que é a reencarnação de um Espírito, a partir da obra-prima que é a fecundação. É focalizada a interessantíssima questão das "fecundações físicas" e das "fecundações psíquicas", aquela, nascendo das uniões físicas, no domínio das formas, e esta, das uniões espirituais, nos resplandecentes domínios da alma. Somos informados que o corpo perispiritual, que dá forma aos elementos celulares está fortemente radicado no sangue(!).

NOTA: Repetimos: raramente se encontrará na literatura espírita fonte igual de ensinamentos sobre a programação da existência terrena que, afinal de contas, não passa de uma etapa da bênção maior que é a vida!

> JOÃOZINHO (e) – 13/184 – criança, filho de ADELINO e RAQUEL

Tálamo | 207 | (subst.masc.) – leito conjugal

Querençoso | 232 | (adj.) – benévolo; afetuoso

CAP. 14 – PROTEÇÃO

É citado que muitos são os casais "sem a coroa dos filhos", por terem agido egoisticamente desde o presente ou em vidas passadas. Há informação sobre a reencarnação, que só se completa por volta de sete anos do parto.

É descrita a proteção espiritual na fase fetal e embrionária do ser humano.

APULEIO (d) – 14/236 – chefe dos "Espíritos Construtores"

Símile | 244 | (subst.masc.) – semelhante; análogo

CAP. 15 – FRACASSO

O capítulo é de grande densidade dramática, narrando como uma gravidez é interrompida por invigilância (aborto indireto) da mulher grávida que o pratica pela terceira vez: sai pela noite, em busca de prazeres mundanos; no amanhecer, perde aquele que seria seu filho (o aborto é causado por Espíritos que a vampirizavam e que, por isso mesmo, não admitem que seja mãe, já que com um filho não mais lhes daria atenção).

VOLPINI (d) – 15/251 – reencarnante em processo complicado – (mãe já está no 7° mês de gestação)

CESARINA (e) – 15/252 – futura mãe de VOLPINI – por invigilância dá à luz a um natimorto, que viria a ser VOLPINI, o qual, antes do aborto, é socorrido por ALEXANDRE

FRANCISCA (e) – 15/257 – amiga de CESARINA, tenta dissuadi-la da invigilância

CAP. 16 – INCORPORAÇÃO

O capítulo demonstra todo o processo da psicofonia ("incorporação"). Um Espírito desencarnado é levado à reunião mediúnica do mesmo grupo de médiuns que participava quando encarnado. A médium que o atenderá na reunião (à noite), horas antes tem graves problemas conjugais (marido alcoólico) e é demonstrado o abençoado apoio espiritual que ela então recebe devido ao seu devotamento.

DIONÍSIO FERNARDES (d) – 16/260 – recolhido a uma Instituição de Socorro
OTÁVIA (e) – 16/260 – médium de psicofonia – marido tenta impedi-la do exercício mediúnico
EUCLIDES (d) – 16/261 – cooperador espiritual no Centro Espírita
LEONARDO (e) – 16/265 – marido de OTÁVIA – é pessoa perturbada
GEORGINA (e) – 16/270 – tia de LEONARDO – auxilia OTÁVIA a não faltar ao C.E.

Gliais | 267 | (subst.fem.) – células do sistema nervoso
Bulhento | 269 | (adj.) – desordeiro; arruaceiro

CAP. 17 – DOUTRINAÇÃO

Ao doutrinar Espíritos os médiuns acabam doutrinando-se.

Aqui vemos o Espírito de um sacerdote ser doutrinado por interferência de sua mãe (também desencarnada) que se responsabilizava por tê-lo induzido ao sacerdócio quando encarnados, sendo que, ao contrário, ele renascera para elevada tarefa no campo da filosofia espiritualista. É citada uma interessante contrapartida das sessões de materialização: quando elas acontecem no Plano Espiritual, para que desencarnados sofredores sejam atendidos na doutrinação... por encarnados. Há explicações sobre a ocorrência da doutrinação, nas reuniões mediúnicas, justificando porque às vezes ela precisa ser realizada por encarnados (doam seu "magnetismo humano").

NOTA: O capítulo mostra como a Espiritualidade atende a dois Espíritos necessitados:
– o primeiro desconhece a própria morte — vê, à distância, seus despojos em decomposição;
– o segundo, quer agredir aos encarnados, com auxílio da médium — vê-se diante de um esqueleto, de terrível aspecto (composto pelos Espíritos Instrutores), desistindo da agressão.
Na opinião de vários autores, tão forte recurso de convencimento requer enorme prudência na sua aplicação por médiuns doutrinadores encarnados, pelo que o desaconselhamos.

MARINHO (d) – 17/278 – Espírito em dificuldades (foi sacerdote católico)
NECÉSIO (d) – 17/284 – cooperador espiritual, também sacerdote católico

---

Patibulares | 285 | (adj. 2 gên.) – figuras de aspecto criminoso

CAP. 18 – OBSESSÃO

Trata da obsessão e da desobsessão: vários vingadores, sendo previamente doutrinados no Plano Espiritual, antes de se manifestarem pelos médiuns.

O capítulo sugere extrema cautela aos médiuns lidadores de obsessões, muitos dos quais adiantam diagnósticos apressados e fazem promessa de curas no campo físico.

Stradivarius | 318 | (subst. próprio) – nome de famoso fabricante de violinos

CAP. 19 – PASSES

É narrado o caso de um encarnado, renitente na invigilância, que após ser atendido por dez vezes com socorro completo, será deixado entregue a si mesmo, só voltando a ser socorrido pela Espiritualidade após adotar nova resolução: receberá, por ora, alguma melhora, apenas.

Trata o capítulo, de forma detalhada, dos passes — especifica a necessidade de conhecimentos especializados, além de critério e responsabilidade por parte dos passistas.

Ao serem descritas várias modalidades de passes, com movimentos das mãos, de alto a baixo, rotatórios e longitudinais, isso parece induzir-nos a ter muita cautela quando quisermos avançar críticas às técnicas dos passes.

ANACLETO (d) – 19/325 – chefia trabalhos de passes

Exorna | 331 | (do verbo trans. exornar) – ornamenta; enfeita; orna

CAP. 20 – ADEUS

O Instrutor espiritual irá para estágio em esferas mais altas.

Antes, promove reunião em "Nosso Lar" para as despedidas com seus inúmeros alunos, dentre os quais André Luiz. Comovidos, todos, veem o abnegado Instrutor orar com infinita beleza, "como se conversasse com o Mestre presente, embora invisível".

LÍSIAS (d) – 20/337 – amigo de ANDRÉ LUIZ (já citado em "NOSSO LAR", no Cap. 5)
EPAMINONDAS (d) – 20/344 – discípulo mais respeitável do Mentor ALEXANDRE.

OBREIROS DA VIDA ETERNA
4 CAPÍTULO

Neste livro, André Luiz comprova os princípios revelados pela Doutrina Espírita sobre a existência do Mundo Espiritual, onde se demoram os seres desencarnados, vivendo uma nova vida e preparando-se para a volta à jornada terrena.

"(...) A morte não extingue a colaboração amiga, o amparo mútuo, a intercessão confortadora, ou o serviço evolutivo. As dimensões vibratórias do Universo são infinitas, como infinitos são os mundos que povoam a Imensidade.

Ninguém morre. O aperfeiçoamento prossegue em toda parte.

A vida renova, purifica e eleva os quadros múltiplos de seus servidores, conduzindo-os, vitoriosa e bela, à União Suprema com a Divindade."

```
┌─────────────────────────────────────────┐
│              CONVITE                      │
│  ESTUDO SISTEMATIZADO DE ESPIRITISMO      │
│  A PARTIR DE ................./20.....    │
│  --- 5ªS FEIRAS – 20 ÀS 21 H ---          │
│                                           │
│  INÍCIO DOS ESTUDOS DO LIVRO:             │
│  "OBREIROS DA VIDA ETERNA" – (ANDRÉ LUIZ/ FRANCISCO │
│                          CÂNDIDO XAVIER)  │
└─────────────────────────────────────────┘
```

Este livro desvenda, esclarecendo, o processo da desencarnação; substituindo o medo da "deusa morte" pela compreensão do fenômeno natural — morte.

Obra que descreve como agem as equipes espirituais que auxiliam a desencarnação.

Ninguém morre! Assim como renascem no plano denso pessoas transferidas da vida espiritual à materialidade, há as que saem dela e encontram igualmente sociedades e instituições, templos e lares, onde o progresso continua para o Alto.

Recomendável àqueles que tenham perdido entes queridos ou mesmo a quem esteja afetivamente ligado a algum enfermo em estado terminal.

As regiões que circundam a psicosfera terrena são aqui descritas, registrando a existência de instituições, templos e lares sob a tutela de Jesus, por meio dos obreiros da assistência fraternal aos necessitados.

ESTUDO SISTEMATIZADO DE ESPIRITISMO

PROGRAMA: Setembro/2001 a Fevereiro/2002
Livro: "Obreiros da Vida Eterna" (André Luiz/ Francisco
Cândido Xavier)

Aulas Semanais	Assunto	Expositor/a
1ª – 06. Set. 01	Abertura dos estudos Comentários sobre a obra e o Prefácio Distribuição do resumo aos presentes Cap. 1 – Convite ao bem	
2ª – 13. Set. 01	Cap. 2 – No Santuário da Bênção	
3ª – 20. Set. 01	Cap. 3 – O sublime visitante	
27. Set. 01	RECAPITULAÇÃO: Temas do mês: Perguntas e respostas	
4ª – 04. Out. 01	Cap. 4 – A Casa Transitória	
5ª – 11. Out. 01	Cap. 5 – Irmão Gotuzo	
6ª – 18. Out. 01	Cap. 6 – Dentro da noite	
25. Out. 01	RECAPITULAÇÃO: Temas do mês: Perguntas e respostas	

Aulas Semanais	Assunto	Expositor/a
7ª – 01. Nov. 01	Cap. 7 – Leitura mental	
8ª – 08. Nov. 01	Cap. 8 – Treva e sofrimento	
9ª – 15. Nov. 01	Cap. 9 – Louvor e gratidão	
10ª – 22. Nov. 01	Cap. 10 – Fogo purificador	
29. Nov. 01	RECAPITULAÇÃO: Temas do mês: Perguntas e respostas	
11ª – 06. Dez. 01	Cap. 11 – Amigos novos	
12ª – 13. Dez. 01	Cap. 12 – Excursão de adestramento	
13ª – 20. Dez. 01	Cap. 13 – Companheiro libertado	
27. Dez. 01	Confraternização de NATAL	
03. Jan. 02	Confraternização de ANO NOVO	
14ª – 10. Jan. 02	Cap. 14 – Prestando assistência	

Aulas Semanais	Assunto	Expositor/a
15ª – 17. Jan. 02	Cap. 15 – Aprendendo sempre	
16ª – 24. Jan. 02	Cap. 16 – Exemplo cristão	
31. Jan. 02	RECAPITULAÇÃO: Temas do mês: Perguntas e respostas	
17ª – 07. Fev. 02	Cap. 17 – Rogativa singular	
18ª – 14. Fev. 02	Cap. 18 – Desprendimento difícil	
19ª – 21. Fev. 02	Cap. 19 – A serva fiel	
20ª – 28. Fev. 02	Cap. 20 – Ação de graças Reflexão sobre toda a obra: "OBREIROS DA VIDA ETERNA"	

OBSERVAÇÕES:

1. Os nomes dos Expositores(as) serão divulgados a cada bimestre;

2. Resumo do Livro "OBREIROS DA VIDA ETERNA":

– Entregue no início dos Estudos (Setembro/2001) aos participantes.

– Interessados retardatários deverão solicitar cópia ao Responsável pelo Curso.

3. Por se tratar de estudo sistematizado, de obra específica, rogamos aos expositores que, em suas apresentações, seja enfatizado o Capítulo em foco.

(Local e data)

_____
(Responsável pelo Estudo)

ESTUDO SISTEMATIZADO DE ESPIRITISMO

Coleção "ANDRÉ LUIZ"
Livro: "OBREIROS DA VIDA ETERNA" (André Luiz/ Francisco Cândido Xavier)

IDENTIFICAÇÃO

TÍTULO: "OBREIROS DA VIDA ETERNA" – 20 capítulos; 304 páginas

AUTOR: Espírito ANDRÉ LUIZ (pseudônimo espiritual de um consagrado médico que exerceu a Medicina no Rio de Janeiro)

PSICOGRAFIA: FRANCISCO CÂNDIDO XAVIER (concluída em Março/1946)

EDIÇÃO: Primeira edição em 1946, pela Federação Espírita Brasileira (Rio de Janeiro/RJ).

Para a realização deste trabalho consultamos a 9ª edição/1975. Em 2006 foi lançada a 31ª edição, do 338º ao 342º milheiro de exemplares.

NOTA: Em 2003, na Bienal do Livro do Rio de Janeiro, comemorando a expressiva marca de 1,5 milhão de exemplares do livro NOSSO LAR, a FEB reeditou, com nova diagramação e capa, a coleção dos 13 (treze) livros de André Luiz com psicografia de Francisco Cândido Xavier e Waldo Vieira, tratando de "A Vida no Mundo Espiritual"!

O presente livro teve duas edições especiais em 2003, de 5.000 exemplares cada.

PREFÁCIO: ESPÍRITO EMMANUEL.

RESUMO – CAPÍTULO A CAPÍTULO

CAP. 1 – CONVITE AO BEM

André Luiz foi conduzido pelo Assistente Jerônimo ao "Templo da Paz", para assistirem a uma palestra sobre a filosofia espiritual da Evolução. É descrito "um grande globo de substância leitosa" que exibe quadros vivos (fotografia animada) das ações socorristas nas zonas espirituais inferiores, onde há desencarnados sofrendo em ambiente de terror: despenhadeiros repletos de monstros horripilantes: o "abismo".

JERÔNIMO (d) – 1/11 – Assistente espiritual. Chefe do grupo composto por ele, André Luiz e mais dois Espíritos. Conduz André Luiz ao "Templo da Paz", precedendo expedição que essa equipe fará às cercanias da Crosta Planetária, onde permanecerá por aproximadamente trinta dias, auxiliando a desencarnação de cinco dedicados colaboradores de "Nosso Lar".

HIPÓLITO (d) – 1/12 – Padre. Integra a equipe de JERÔNIMO.

LUCIANA (d) – 1/12 – Enfermeira. Também é da equipe de JERÔNIMO.

ALBANO METELO (d) – 1/12 – Instrutor. Apresenta-se como ancião de porte respeitável.

É devotado ao auxílio aos sofredores situados nas proximidades da Crosta Terrestre.

Filigrana | 11 | (subst.fem.) – obra de ourivesaria
acúleos (de ódio) | 13 | (subst.masc.) – espinhos
pensando (feridas) | 17 | (do verbo: pensar – pôr penso, realizar curativo) – tratando ferimentos
ascese | 19 | (subst.fem.) – exercício prático à virtude, à plenitude da vida moral

CAP. 2 – NO SANTUÁRIO DA BÊNÇÃO

Grupos socorristas recebem últimas instruções no

"Santuário da Bênção", antes de partir rumo às missões de auxílio, nas proximidades da Crosta Terrestre. Há proveitosas lições sobre a loucura (origens, efeitos, tratamento e cura — pelas noções reencarnacionistas), num verdadeiro "curso rápido de Psiquiatria", sob novo aspecto.

SEMPRÔNIA (d) – 2/25 – Chefe de grupo assistencial. Espírito de porte venerável, dedicada ao auxílio dos asilos de crianças.
NICANOR (d) – 2/25 – Chefe de grupo assistencial. Espírito culto e digno, dedicado ao auxílio a loucos de antigo hospício.
CORNÉLIO (d) – 2/26 – Diretor do "Santuário da Bênção".
BARCELOS (d) – 2/29 – Assistente da equipe espiritual de auxílio aos loucos.

CAP. 3 – O SUBLIME VISITANTE
No interior de uma câmara estruturada em material similar a vidro puro e transparente, uma tela cristalina capta vibrações mentais e forma quadros vivos de paisagem de águas mansas, em paz, e de árvore frondosa – representando a vida. Tudo isso para recepcionar um admirável Emissário espiritual de Esferas Superiores. Há apreciável demonstração filosófica de como a Evolução do homem tende ao infinito...

ASCLÉPIOS (d) – 3/44 – Venerável Espírito de Esferas Superiores.
RAIMUNDO (d) – 3/46 – Da equipe espiritual de amparo aos loucos.

olente perfume | 49 | (adj.) – odorante

CAP. 4 – A CASA TRANSITÓRIA
A equipe de André Luiz parte em viagem e, a caminho, estaciona na "Casa Transitória de Fabiano", grande instituição piedosa, fundada por Fabiano de

Cristo, nas cercanias da Crosta. Singularidade dessa instituição: é asilo móvel(!). Quando há necessidade, transporta-se para outras regiões espirituais. Tem defesas elétricas contra invasões de Espíritos maldosos. Ali serão recolhidos quatro Espíritos, cuja desencarnação terá o amparo da equipe de André Luiz.

NOTA: Sugerimos a leitura complementar do livro "Mergulhando no mar de amor", de César Soares Reis, Editora Lorenz, contendo a biografia de Fabiano de Cristo (Espírito missionário).

ZENÓBIA (d) – 4/54 – Diretora da "Casa Transitória de Fabiano".
("Missão FIGUEIRA") – 4/62 – Nome dado a outra expedição espiritual que foi à Crosta recolher desencarnados para interná-los na Casa Transitória.
("Expedição FABRINO"), GOTUZO e HERMES – 4/63 – Equipe de Espíritos de ação em reencarnações expiatórias.
("Oratório de ANATILDE" e "Fundação CRISTO") – 4/63 – Colônias espirituais próximas à Casa Transitória.
HERÁCLIO (d) – 4/64 – Cooperador da Casa Transitória.

---

infirma | 57 | (do verbo: infirmar – enfraquecer) – enfraquece
precípite | 58 | (adj.) – apressado; veloz

CAP. 5 – IRMÃO GOTUZO

Depoimento de GOTUZO, médico que, assim como André Luiz, peregrinou em zonas purgatoriais após a desencarnação e agora auxilia Espíritos necessitados. Há substanciosa descrição das reencarnações expiatórias, nas quais o livre-arbítrio do reencarnante não é atendido.

GUSTAVO (e) – 5/69 – Padre que prometeu benesses celestiais a GOTUZO quando este estava encarnado.
GALBA (d) – 5/70 – Espírito que será o próximo diretor da Casa

---

CAP. 6 – DENTRO DA NOITE

Descrição do "abismo" — região trevosa onde Espíritos infelizes se apresentam como feras (às vezes, gigantescos sáurios) sendo repelidos por raios elétricos de choque. De tempos em tempos as equipes socorristas empregam ali o "fogo depurador" com a finalidade de beneficiar a região e seus tristes habitantes.

ANANIAS (d) – 6/81 – Colaborador na Casa Transitória.
DOMÊNICO (d) – 6/86 – Padre. Espírito necessitado e que conta com amparo especial de ZENÓBIA.
ERNESTINA (d) – 6/88 – Mãe do padre DOMÊNICO.

cotejando | 79 | (do verbo: cotejar – examinar, confrontar, comparar) – comparando
burel (esfarrapado) | 90 | (subst.masc.) – tecido grosseiro de lã; hábito de padre

CAP. 7– LEITURA MENTAL

Expõe interessante quadro de clarividência entre desencarnados, quando um Espírito com essa "especialidade" (clarividência), desdobrado, vê e narra as ações infelizes de um Espírito encarnado sofredor. Essa atividade é especialmente realizada a benefício do referido Espírito, que se mostrava recalcitrante.

PARDINI (e) – 7/94 – Monsenhor. "Absolveu" DOMÊNICO durante a desencarnação deste.

imprecais | 93 | (do verbo: imprecar – rogar pragas; pedir
(a Deus ou a poder superior) – praguejais
presbitério | 96 | (subst.masc.) – residência paroquial
préstito | 100 | (subst.masc.) – cortejo; procissão
curato |102 | (subst.masc.) – cargo de Cura (vigário de aldeia)
suasórios | 102 | (adj.) – persuasivos

CAP. 8 – TREVA E SOFRIMENTO

Mostra o esforço assistencial nas zonas inferiores. Este capítulo oferta excelente material (argumentação evangélica) para os médiuns doutrinadores.

Rebolcava | 116 | (do verbo: rebolcar – fazer mover como uma
bola) – revolvia, rolando
(rosto) patibular | 125 | (adj.) – que tem aspecto de criminoso

CAP. 9 – LOUVOR E GRATIDÃO

Registra como encarnados, em desdobramento espiritual por meio do sono, são recebidos na Casa Transitória quando vão ao encontro de parentes desencarnados. Há o raro fenômeno de um Espírito desencarnado (LUCIANA) ser médium de psicofonia para que outro Espírito elevado (LETÍCIA) comunique-se com o filho (GOTUZO) e também com a assembleia formada por André Luiz, sua equipe e outros Espíritos trabalhadores na Casa Transitória.

BERNARDINO (d) 9/144 – Mensageiro da Casa (Redentora) de Fabiano.
LETÍCIA (d) – 9/146 – Espírito evoluído. Foi mãe de GOTUZO.

(tarefa) gratulatória | 141 | (adj.) – em que se manifesta gratidão

CAP. 10 – FOGO PURIFICADOR

Em atividade assistencial de grande impacto (com emprego do "fogo depurador" na área externa), é descrito o recolhimento de Espíritos necessitados na Casa Transitória. A seleção ocorre conforme a aura dos candidatos, que demonstra seu arrependimento sincero.

(abismo) equório | 162 | (adj.) – relativo ou pertencente
ao mar alto
(turbilhão) escachoante | 162 | (adj. 2 gên.) – borbulhante
objurgatórias | 164 | (subst.fem.) – censuras;
concernentes a censura
apodos | 164 | (subst.masc.) – zombaria; mofa

CAP. 11 – AMIGOS NOVOS

A equipe de André Luiz, já na Crosta, inicia o auxílio às desencarnações programadas, objeto do seu deslocamento do "Nosso Lar" até ao plano terreno.

DIMAS (e) – 11/175 – Enfermo. Colaborador dos trabalhos assistenciais da equipe de André Luiz.

FÁBIO (e) – 11/177 – Enfermo. Colaborador dos trabalhos assistenciais da equipe de André Luiz.

CARLINDO (e) – 11/177 – Filho mais velho de FÁBIO (este, prestes à desencarnação).

ALBINA (e) – 11/180 – Enferma. Dedicada à formação cristã de jovens. Está prestes à desencarnação, contudo, será contemplada com prorrogação de mais alguns meses.

EUNICE (e) – 11/180 – Filha de ALBINA.

CAVALCANTE (e) – 11/182 – Enfermo. Pessoa caridosa. Está prestes a desencarnar. .

BONIFÁCIO (d) – 11/182 – Assistente que vela por CAVALCANTE.

BEZERRA DE MENEZES (d) – 11/184 – Venerável protetor. "O dedicado irmão dos que sofrem, médico dos infortunados".

ADELAIDE (e) – 11/184 – Médium perseverante, responsável pelo amparo a crianças órfãs. Está prestes a desencarnar.

---

sátrapa | 174 | (subst.masc.) – homem poderoso;
déspota; dominador

CAP. 12 – EXCURSÃO DE ADESTRAMENTO

André Luiz e companheiros, sediados no lar de ADELAIDE (no plano terreno), recolhem Espíritos que serão por eles auxiliados e conduzidos à Casa Transitória, para breve palestra elucidativa quanto à breve desencarnação deles.

> *IRENE (d) – 12/188 – Colaboradora do lar de ADELAIDE.*

CAP. 13 – COMPANHEIRO LIBERTADO

É descrito o processo de uma desencarnação com auxílio da equipe de André Luiz, com pormenores altamente educativos, do ponto de vista espiritual. É citado o caso de um desencarnante que logo contemplará seu passado, em visão panorâmica.

glomérulos | 205 | (subst.masc.) – tufo de vasos sanguíneos

CAP. 14 – PRESTANDO ASSISTÊNCIA

Alguns casos de desencarnação são descritos. Há advertência para médiuns aprendizes, que "tentam" ou "observam" contatos apenas com Espíritos elevados e que, não o conseguindo, logo desertam. Relata caso de "suicídio inconsciente" (expressão inédita no Espiritismo, até então, S.M.J.). Sobretudo, há lições de como os encarnados devem se comportar em um velório: em oração e silêncio!

> *FABRICIANO (d) – 14/214 – Auxiliar no velório de DIMAS.*

eça (vide: "essa") | 223 | (subst.fem.) – armação fúnebre

CAP. 15 – APRENDENDO SEMPRE

É comentada ação de Espíritos malfeitores que se ajuntam nos cemitérios, aguardando a chegada de despojos humanos para deles subtrair resíduos vitais. Há registro do tormento de Espíritos desencarnados que não se desatam do corpo em decomposição.

símilia similibus | 235 | (expressão latina – "os semelhantes se atraem")

CAP. 16 – EXEMPLO CRISTÃO

Trata da desencarnação de um bondoso colaborador. Cita o interessante efeito da água num banho morno, retirando matéria fluídica prejudicial (das glândulas sudoríparas). Mostra também os resultados salutares do culto doméstico da prece.

ARISTEU FRAGA (d) – 16/243 – Amigo de FÁBIO.
SILVEIRA (d) – 16/243 – Pai de FÁBIO.
MERCEDES (e) – 16/248 – Esposa de FÁBIO.

sinapismos | 253 | (subst.masc.) – cataplasmas de mostarda (para derivar inflamação)

CAP. 17 – ROGATIVA SINGULAR

Cita "moratória terrena" concedida a uma pessoa prestes a desencarnar, concessão que visa beneficiar toda uma coletividade (crianças órfãs).

FREDERICO (e) – 17/257 – Amigo de Fábio e que dá emprego à viúva deste.
LÓIDE (e) – 17/263 – A outra filha de ALBINA. Está grávida. É sensível e, caso a mãe morra antes do parto, pode abortar. Assim, a equipe de

André Luiz promoverá a desencarnação de sua mãe somente após o parto, pois a criança que vai nascer é peça fundamental para o planejamento espiritual.
JOÃOZINHO (e) – 17/264 – Neto (adotivo) de ALBINA. Reencarnado em missão.

CAP. 18 – DESPRENDIMENTO DIFÍCIL
Especifica o caso de uma desencarnação complicada, acrescida dos graves inconvenientes da eutanásia.

BELA (d) – 18/278 – Esposa de CAVALCANTE.
JOAQUIM (d) – 18/278 – (Fica-se sabendo que é o prenome de CAVALCANTE).

(infecção) luética | 274 | adj.) – relativo à lues (sífilis)

CAP. 19 – A SERVA FIEL
Discorre sobre o quanto o merecimento influi numa desencarnação tranquila, a ponto de o próprio Espírito desencarnante realizar o desligamento perispiritual do corpo físico, cabendo à equipe espiritual especializada apenas o ato conclusivo da liberação (desate do cordão prateado).

baldos | 294 | (adj.) – falhos

CAP. 20 – AÇÃO DE GRAÇAS
Despedidas: a equipe de André Luiz e os quatro Espíritos recém-libertos do corpo físico vão para "Nosso Lar"; antes, despedem-se dos amigos da Casa Transitória, onde aqueles quatro Espíritos foram hóspedes logo após desencarnarem.

pulcritude (de sonho) | 304 | (subst.) – qualidade de pulcro (gentil, belo, formoso)

NO MUNDO MAIOR
5 CAPÍTULO

Nesta obra, André Luiz focaliza aspectos da vida no Mundo Espiritual e da comunicação entre seres desencarnados e encarnados, especialmente durante o repouso do corpo físico.

O autor espiritual fornece esclarecimentos sobre as causas do desequilíbrio da vida mental e apresenta os correspondentes tratamentos espirituais.

Sob forma romanceada, analisa temas como aborto, epilepsia, esquizofrenia e mongolismo, destacando o socorro imediato prestado aos necessitados pelos trabalhadores invisíveis, que evitam, o quanto possível, a loucura, o suicídio e os extremos desastres morais.

CONVITE

ESTUDO SISTEMATIZADO DE ESPIRITISMO

A PARTIR DE ..../20.....
--- 5ªS FEIRAS – 20 ÀS 21 H ---

INÍCIO DOS ESTUDOS DO LIVRO:
"NO MUNDO MAIOR" – (ANDRÉ LUIZ/ FRANCISCO CÂNDIDO XAVIER)

Os distúrbios psíquicos são analisados a partir do Plano Espiritual, trazendo-nos a abalisada opinião de Espíritos especialistas (Instrutores Espirituais).

São enfocados os encontros e desencontros da Medicina Terrena ante as lições da Doutrina dos Espíritos. O Espiritismo, sabemos, descerra o véu que encobre os mistérios dos distúrbios psíquicos, apontando com bom senso suas causas. Mais que isso: ilumina os caminhos da cura.

Esta obra é de grande utilidade para:

– Médiuns que lidam em setores de desobsessão;

– Espíritas que exercem atividades em sanatórios;

– Médicos / Psiquiatras / Psicólogos / Enfermeiros em geral, dedicados ao atendimento de pessoas com distúrbios psíquicos (mentes enfermas).

ESTUDO SISTEMATIZADO DE ESPIRITISMO

PROGRAMA: Março a Agosto/2002
Livro: "No Mundo Maior" (André Luiz/ Francisco Cândido Xavier)

Aulas Semanais	Assunto	Expositor/a
1ª – 07. Mar. 02	Abertura dos estudos Comentários sobre a obra e o Prefácio Distribuição do resumo aos presentes Cap. 1 – Entre dois planos	
2ª – 14. Mar. 02	Cap. 2 – A preleção de Eusébio	
3ª – 21. Mar. 02	Cap. 3 – A Casa Mental	
28. Mar. 02	RECAPITULAÇÃO: Temas do mês: Perguntas e respostas	
4ª – 04. Abr. 02	Cap. 4 – Estudando o cérebro	
5ª – 11. Abr. 02	Cap. 5 – O poder do amor	
6ª – 18. Abr. 02	Cap. 6 – Amparo fraternal	
25. Abr. 02	RECAPITULAÇÃO: Temas do mês: Perguntas e respostas	

Aulas Semanais	Assunto	Expositor/a
7ª – 02. Mai. 02	Cap. 7 – Processo redentor	
8ª – 09. Mai. 02	Cap. 8 – No Santuário da Alma	
9ª – 16. Mai. 02	Cap. 9 – Mediunidade	
10ª – 23. Mai. 02	Cap. 10 – Dolorosa perda	
30. Mai. 02	RECAPITULAÇÃO: Temas do mês: Perguntas e respostas	
11ª – 06. Jun. 02	Cap. 11 – Sexo	
12ª – 13. Jun. 02	Cap. 12 – Estranha enfermidade	
13ª – 20. Jun. 02	Cap. 13 – Psicose afetiva	
27. Jun. 02	RECAPITULAÇÃO: Temas do mês: Perguntas e respostas	
14ª – 04. Jul. 02	Cap. 14 – Medida salvadora	
15ª – 11. Jul. 02	Cap. 15 – Apelo cristão	
16ª – 18. Jul. 02	Cap. 16 – Alienados mentais	

Aulas Semanais	Assunto	Expositor/a
25. Jul. 02	RECAPITULAÇÃO: Temas do mês: Perguntas e respostas	
17ª – 01. Ago. 02	Cap. 17 – No limiar das cavernas	
18ª – 08. Ago. 02	Cap. 18 – Velha afeição	
19ª – 15. Ago. 02	Cap. 19 – Reaproximação	
20ª – 22. Ago. 02	Cap. 20 – No lar de Cipriana	
29. Ago. 02	Reflexão sobre toda a obra: "NO MUNDO MAIOR"	

OBSERVAÇÕES:

1. Os nomes dos Expositores(as) serão divulgados a cada bimestre.
2. Resumo do Livro "NO MUNDO MAIOR":
– Entregue no início dos Estudos (Março/2002) aos participantes.
– Interessados retardatários deverão solicitar cópia ao Responsável pelo Curso.
3. Por se tratar de estudo sistematizado, de obra específica, rogamos aos expositores que, em suas apresentações, seja enfatizado o Capítulo em foco.

(Local e data)

_____
(Responsável pelo Estudo)

ESTUDO SISTEMATIZADO DE ESPIRITISMO

Coleção "ANDRÉ LUIZ"
Livro: "NO MUNDO MAIOR" (André Luiz/ Francisco Cândido Xavier)

IDENTIFICAÇÃO

TÍTULO: "NO MUNDO MAIOR" – 20 capítulos; 253 páginas

AUTOR: Espírito ANDRÉ LUIZ (pseudônimo espiritual de um consagrado médico que exerceu a Medicina no Rio de Janeiro)

PSICOGRAFIA: FRANCISCO CÂNDIDO XAVIER (concluída em Março/1947)

EDIÇÃO: Primeira edição em 1947, pela Federação Espírita Brasileira (Rio de Janeiro/RJ).

Para a realização deste trabalho, consultamos a 7ª edição/1977. Em 2006 foi lançada a 25ª edição, do 316º ao 321º milheiro de exemplares.

NOTA: Em 2003, na Bienal do Livro do Rio de Janeiro, comemorando a expressiva marca de 1,5 milhão de exemplares do livro NOSSO LAR, a FEB reeditou, com nova diagramação e capa, a coleção dos 13 (treze) livros de André Luiz com psicografia de Francisco Cândido Xavier e Waldo Vieira, tratando de "A Vida no Mundo Espiritual"!

O presente livro teve essa 1ª edição especial em 2003 de 5.000 exemplares.

RESUMO – CAPÍTULO A CAPÍTULO

CAP. 1 – ENTRE DOIS PLANOS
No plano terrestre: são especificados os procedimentos nas tarefas espirituais de atendimento imediato, não programadas, de casos de loucura, suicídios e extremos desastres morais.

> *CALDERARO (d) – 1/14 – Assistente. Especialista em atendimentos na Crosta Terrestre, na área de "Psiquiatria Iluminada". Com André Luiz, irá agregar-se aos trabalhos do Instrutor Eusébio.*
> *EUSÉBIO (d) – 1/14 – Instrutor. Abnegado protetor dos necessitados de mentes desequilibradas. Superintendente da Organização Espiritual em zona intermediária. Semanalmente vai à Crosta Planetária, onde, em região adequada, presta esclarecimentos a espíritos encarnados, desdobrados pelo sono, relativamente espiritualizados, dedicados ao socorro de sofredores.*

CAP. 2 – A PRELEÇÃO DE EUSÉBIO
Exortação espiritual quanto à ameaça do equilíbrio terrestre pelas doenças da alma. O comportamento humano é radiografado e mostrado à beira do abismo da alienação mental. Voluntários dedicados são convocados à tarefa da salvação dos displicentes e dos recalcitrantes. É citado o serviço de assistência às cavernas.

ajoujam | 34 | (do verbo ajoujar – unir, ou ligar, moralmente) – unem

CAP. 3 – A CASA MENTAL
Novos conceitos psíquicos a serem compreendidos:
– perversidade: como loucura
– revolta: como ignorância

– desespero: como enfermidade.

Ainda neste capítulo encontramos preciosa instrução espiritual sobre o cérebro humano, que é comparado a um castelo de três andares, nos quais se localizam:

– primeiro andar: residência dos impulsos automáticos (subconsciente/o passado) – hábito e automatismo

– segundo andar: domicílio das conquistas atuais (consciente/o presente) – esforço e a vontade

– terceiro andar: casa das noções superiores (superconsciente/o futuro) – ideal e meta superior.

(Nos capítulos subsequentes há várias citações alusivas a essa instrução).

Há descrição de dois cérebros interligados: obsessor/obsidiado que se odeiam reciprocamente, ocasionando a desorganização perispiritual e consequente loucura de ambos.

São citados os "vermes mentais" que produzem moléstias da alma, no cérebro perispiritual.

(Obsessor e obsidiado) – 3/43 – Dois enfermos mentais: um desencarnado, outro encarnado;
CIPRIANA (d) – 3/64 – Espírito elevado. Orientadora aos serviços de socorro no grupo atendido por Calderaro.

CAP. 4 – ESTUDANDO O CÉREBRO

Há a impressionante narração de um crime (assassinato) e suas terríveis consequências. É citada a "química espiritual", instalada no cérebro do desencarnado, muitas vezes com ação conjunta à química orgânica e inorgânica do encarnado.

Somos informados de que o sofrimento áspero, mas redentor, da expiação não acontece apenas na esfera carnal, mas também em regiões sombrias fora dela.

CAP. 5 – O PODER DO AMOR

Há exemplar doutrinação espiritual, mostrando a ascendência moral do doutrinador, tarefeiro do Bem: na desobsessão, por exemplo, aqui focalizando um caso em que o obsidiado (que cometeu assassinato), em desdobramento pelo sono, é levado a ficar frente a frente com o obsessor (a vítima), com o perdão harmonizando ambos, por fim.

PEDRO (e) – 5/69 – É o obsidiado citado no Cap. 3. Casado. Tem 5 filhos. Enfermo, hospitalizado. Cometeu assassinato. Desdobrado pelo sono, vê-se frente a frente com a vítima.

CAMILO (d) – 5/72 – É a vítima de Pedro. Há vinte anos o atormenta, obsidiando-o.

NENECO, CELITA, MARQUINHOS, GUILHERME (e) – 5/74 – Filhos de Pedro.

CÂNDIDA (e) – 5/79 – Espírito sereno que em breve desencarnará. Tem grandeza de alma.

CAP. 6 – AMPARO FRATERNAL

Narração de um homem vivendo os prazeres do mundo e de uma jovem pobre que, para custear o tratamento médico da mãe, une-se a ele. Os dois são doutrinados, durante o desdobramento pelo sono. Em consequência, retificam seu procedimento.

JULIETA (e) – 6/82 – Filha de Cândida. Em desespero com a doença da mãe entrega-se a atividades menos dignas. Está à beira da loucura e prestes a adquirir doenças graves.

PAULINO (e) – 6/83 – Parceiro de Julieta. É doutrinado durante o desprendimento do sono.

---

grabato | 83 | (subst.masc.) – leito pequeno e pobre; catre

CAP. 7 – PROCESSO REDENTOR

Trata do esforço da Espiritualidade para impedir processos de loucura. Nesse contexto, sobressai o valor da "prece intercessória". Reafirma que o Espírito não retrocede em hipótese alguma, contudo as formas de manifestação do ser podem sofrer degenerescência (destrambelho dos elementos perispiríticos) — mongolismo, por exemplo.

NOTA SOBRE CHOQUE ELÉTRICO: Atualmente, são outros os conceitos sobre o tratamento por choque elétrico, que tiveram seu emprego consideravelmente restringido após o progresso da psicofarmacologia.

(Enfermo) (e) – 7/98 – Criança de 8 (oito) anos, muda e surda. Ela não anda, não se senta, vê mal. Todavia, psiquicamente, tem a vida de um sentenciado sensível.

NOTA: Temos observado na "coleção André Luiz" que esse Autor Espiritual, quando cita casos graves, dolorosos, não dá o nome dos personagens, nem utiliza nomes fictícios; tudo indica que isso se deve à observância da ética (poderia constranger algum leitor com esses mesmos nomes), mas também configura um ato de caridade, resguardando a identidade de quem passa por tal expiação.

aljofrada | 104 | (do verbo aljofrar – orvalhar) – orvalhada

CAP. 8 – NO SANTUÁRIO DA ALMA

Explana sobre a epilepsia, cujas causas, geralmente, situam-se nos descaminhos das vidas passadas e na vida presente, carreando interferências obsessivas, disfunções mentais com reflexos perispiríticos, ocasionando transtornos orgânicos. A cura se dará pela reforma íntima, passes e principalmente a fé positiva — edificação espiritual, enfim.

> *MARCELO (e) – 8/108 – No passado teve vigorosa inteligência, mas vivenciou intensas paixões e excessos de autoritarismo. No presente, tem acessos epilépticos (geralmente por enfermidade da alma), do que resultam reflexos/convulsões orgânicas.*

NOTA: André Luiz menciona, de passagem, que "algo mais forte" do que o conhecimento cordial une Marcelo a ele. Na sequência do texto, não é adicionada nenhuma explicação a respeito.

abluir | 114 | (verbo) – lavar; purificar por meio da água; purificar-se

CAP. 9 – MEDIUNIDADE

Demonstra que, em mediunidade, o animismo não deve tomar o caráter inquisitorial, e sim, o educativo. A intuição pura é considerada a mediunidade mais estável e bela entre os homens.

> *EULÁLIA (e) – 9/131 – Médium de psicografia. Dedicada. No entanto, não oferece sintonia integral ao Espírito comunicante (médico desencarnado, protetor).*

Cérbero | 124 | (subst.masc.) – da mitologia grega – cão de
várias cabeças, que guardava a porta do inferno
À balha | 135 | (subst.fem.) – à baila; a propósito
craveira | 135 | (subst.fem.) – medida; tabela

CAP. 10 – DOLOROSA PERDA

Há impressionante descrição de um aborto, visto do plano espiritual: o perispírito do abortado, imantado ao corpo daquela que lhe seria mãe, promove tamanha onda de ódio que a leva a uma imprevista e dolorosa desencarnação.

> *CECÍLIA (e) – 10/141 – Jovem rica, órfã de mãe, grávida. Provoca aborto. Em consequência, desencarna.*
> *LIANA (e) – 10/144 – Enfermeira que realizou o aborto de Cecília.*

infrenes | 146 | (adj. 2 gên.) – desordenados; sem freio
atro | 151 | (adj.) – negro; escuro

CAP. 11 – SEXO

O amor é enaltecido, enquanto é demonstrado que os descaminhos dos prazeres promíscuos levam à loucura. Mesmo demonstrando respeitosa posição à Medicina terrena (discorrendo sobre a escola freudiana da psicologia analítica), a Espiritualidade indica que os desequilíbrios sexuais são doença da alma.

socavão | 159 | (subst.masc.) – esconderijo; abrigo; lugar seguro
caliginoso tijuco | 159 | (adj.) – tenebroso charco

CAP. 12 – ESTRANHA ENFERMIDADE

O texto elucida os conflitos da esquizofrenia (originária de sutis perturbações do perispírito), dos quais resulta um conjunto de moléstias variáveis e indeterminadas no corpo físico. Neste capítulo, de forma absolutamente inédita, é mostrado como a Espiritualidade provoca uma desencarnação, como providência compassiva, a benefício do desencarnante e dos seus familiares.

> *FABRÍCIO (e) – 12/169 – Idoso. Enfermo. Esquizofrênico. No limiar da loucura. O passado delituoso açoita-lhe a mente, provocando estragos orgânicos.*
> *INÊS (e) – 12/177 – Esposa dedicada de Fabrício.*
> *FABRICINHO (e) – 12/177 – Neto de Fabrício. Tem 8 anos. É o ex-pai de Fabrício.*

engrazado | 174 | (do verbo engrazar – enfiar (contas) em fio de metal

CAP. 13 – PSICOSE AFETIVA

Traz a emocionante lição de como a Espiritualidade amiga impede um suicídio (por merecimento) de uma jovem desiludida e humilhada no amor, impondo-lhe sono profundo, horas antes do lance fatídico. Desdobrada pelo sono, a jovem é doutrinada, vindo a desistir do suicídio, por compreender que as dores da experiência humana são "dons do Divino Suprimento" e que, por vezes, há "vantagens que só podem ser encontradas na solidão".

ANTONINA (e) – 13/180 – Pobre. Órfã de pai e mãe. Ajudou Gustavo a formar-se. Amava-o. Posteriormente, foi humilhada por ele. Pretende suicidar-se. O Plano Espiritual impedirá.

GUSTAVO (e) – 13/181 – Formou-se médico com ajuda de Antonina, depois a abandonou.

MARINA (d) – 13/184 – Espírito protetor. Foi mãe de Antonina.

MÁRCIO (d) – 13/184 – Espírito protetor. Ligado a Antonina há séculos.

---

a flux | 189 | (expressão) – aos jorros; em grande quantidade

CAP. 14 – MEDIDA SALVADORA

Nova lição transcendental: a Espiritualidade amiga ministrando ajuda, através da providência provisória, mas drástica: provoca desarmonia no corpo de um alcoólatra, a benefício do próprio (!) – e também visando amparar a esposa e os dois filhinhos.

Põe a descoberto como nos ambientes menos dignos há "multidão de entidades conturbadas e viciosas" (Espíritos desencarnados), em triste sociedade, por afinidade. Vê-se ali, em perfeita simbiose mental:

– encarnados/alcoólatras: desencarnados (também alcoólatras)

– dançarinos (voltados para o primitivismo do ser,

embalados por música inferior e pela viciação dos sentidos, com gestos ridículos, gritos histéricos, em "atitudes que muitos símios talvez se pejassem"): correspondendo inconscientemente a desencarnados que a isso os induziam, fazendo-lhes companhia – sociedade invisível.

ANTÍDIO (e) – 14/192 – Alcoólatra. Quase à loucura. É auxiliado pela Espiritualidade amiga, com providência drástica: enfermidade!

CAP. 15 – APELO CRISTÃO

Discorre sobre uma assembleia de encarnados (religiosos católicos romanos e protestantes das Igrejas reformadas), os quais, desdobrados pelo sono, em companhia de desencarnados, recebem valiosa lição--alerta sobre os ranços do dogmatismo e da divisão humana da fé. É enaltecida a união fraternal vivenciada pelos heróis anônimos que transitaram nas aflições, dos então primeiros aprendizes da Boa Nova. É mostrado o erro dos sacerdotes políticos que dividiram em várias escolas a "Religião do Amor Universal", fundada por Jesus, do que resultaram os desvarios da separação por motivos de fé.

favônio | 202 | (subst.masc.) – vento considerado propício, que trazia felicidade
moloque | 203 | (subst.masc.) – réptil; lagarto espinhoso
atascado | 207 | (adj.) – atolado; enlameado

CAP. 16 – ALIENADOS MENTAIS

A loucura é considerada como suicídio "habilmente dissimulado", pela não resistência à dor e pela entrega (também sem resistência) à perturbação destruidora que, por fim, abre as portas da morte.

NOTA: S.M.J., temos aqui uma inédita informação da Espiritualidade amiga, quanto a outra espécie de suicídio. Recebemos fortes advertências neste capítulo:
– impaciência e tristeza são forças terríveis a desarmonizar a mente, perdurando por várias existências;
– a alienação mental é início da "descida da alma às zonas inferiores da morte";
– quanto aos recém-nascidos ou os que na infância apresentam esse quadro, tal é reflexo de comportamento equivocado no passado, colidindo forte com as Leis Divinas.

"seu" JOÃO (d) – 16/214 – Guarda e enfermeiro de instituto espiritual para desencarnados pela loucura.

---

mentecaptos | 211 | (subst.masc.) – que perderam
o uso da razão
vezo | 211 | (subst.masc.) – qualquer hábito
ou costume (vicioso ou criticável)
morbo | 216 | (subst.masc.) – estado patológico; doença
modorravam | 217 | (do verbo modorrar) – estavam em
modorra (sonolência, em certos doentes)
messe | 217 | (subst.fem.) – seara em bom estado de se ceifar

CAP. 17 – NO LIMIAR DAS CAVERNAS

No "Baixo Umbral" (cavernas de sofrimento, no plano espiritual) existe "zona medonhamente sombria", a tal ponto, que André Luiz não teve permissão de nela se aprofundar, mas apenas de permanecer no limiar daquelas cavernas, assim mesmo, acompanhado de Instrutor espiritual. É citado o insólito caso de Espíritos de grande intelectualidade e poder mental, mas desprovidos de amor, os quais, por serem extremamente devedores das Leis Divinas, como passos iniciais de melhoria moral, eventualmente recebem determinação educativa de realizar tarefas laboriosas no seio da Natureza.

NOTA: Em "O Livro dos Espíritos", questão 536 a 540, encontramos notícias sobre a ação de tais Espíritos, ação essa variável, na razão direta da evolução de cada um.

precitos | 222 | (adj. e subst.masc.) – réprobos; condenados; malditos

Érebo | 225 | (subst.masc.) – inferno; abismo

uxoricida | 226 | (adj.) – aquele que assassinou a própria esposa

CAP. 18 – VELHA AFEIÇÃO

Este capítulo é de comovente sublimidade: André Luiz reencontra e socorre o avô, a quem tanto amara quando criança e por quem também era extremamente amado. Seu avô estava já há quarenta anos estacionado no "Baixo Umbral". O reencontro de ambos é pungente. A beleza literária da narração só é superada pela exaltação da Lei do Amor.

CLÁUDIO (d) – 18/230 – Avô de André Luiz. Padecendo no "Baixo Umbral" em consequência do apego ao dinheiro na última encarnação, finda há 40 anos.

ISMÊNIA (e) – 18/232 – Citada por Cláudio como sendo sua irmã no passado.

---

carantonhas | 228 | (subst.fem.) – caras grandes e feias; caretas; carrancas

lesto | 231 | (adj.) – ágil; ligeiro; lépido

à sorrelfa | 235 | (expressão) – disfarçadamente (para enganar)

CAP. 19 – REAPROXIMAÇÃO

Demonstra como a pobreza extrema, com trabalho educativo, imposta pela Espiritualidade protetora, pode ser reeducativa para as aspirações de duas pessoas interligadas por problemas de vidas passadas. No caso, é programado reencontro entre réu e vítima. Aceito por ambos esse reencontro, ficam a descoberto os imensos benefícios da bênção do perdão, trazendo-lhes felicidade.

NICANOR (e) – 19/240 – Noivo da jovem ora reencarnada (Ismênia).

CAP. 20 – NO LAR DE CIPRIANA
É descrita essa benemérita instituição espiritual, onde incontáveis espíritos estagiam, aprendendo o reajustamento anímico, através do auto-reconhecimento, preparando-se para melhores condições de vida. Na verdade, tal instituição é "autêntica oficina de restauração do espírito".

"No Mundo Maior" tem como fecho magistral a prece, proferida por Cipriana (do alto jorrava intensa luz sobre a sua fronte) exorando a proteção de Jesus.

Se engrimponavam | 247 | (o mesmo que: se engrimpavam) – subiam às grimpas; se ensoberbeciam
Estrênua | 248 | (adj.) – valente; corajosa; zelosa

LIBERTAÇÃO
6 CAPÍTULO

Em emocionante narrativa, André Luiz destaca o trabalho dos Espíritos Superiores no esforço de conversão ao bem do Espírito Gregório, que culmina com o inesquecível reencontro com sua mãe, Espírito de escol, e sua entrega ao chamamento irresistível do Amor.

Propicia também o conhecimento dos processos da ação dos Espíritos infelizes, procurando envolver os homens em seus procedimentos.

O autor espiritual informa sobre a intercessão realizada pelos Espíritos Superiores em benefício dos homens, dando provas da misericórdia divina que concede a todos abençoada oportunidade de libertação pelo estudo, pelo trabalho e pelo perseverante serviço na prática do bem.

```
CONVITE
ESTUDO SISTEMATIZADO DE ESPIRITISMO
A PARTIR DE ................../20.....
--- 5ªS FEIRAS – 20 ÀS 21 H ---

INÍCIO DOS ESTUDOS DO LIVRO:
"LIBERTAÇÃO" – (ANDRÉ LUIZ/ FRANCISCO CÂNDIDO XAVIER)
```

Este livro trata das culpas sentidas por todos aqueles — encarnados e desencarnados — que trilharam pelos descaminhos morais, prejudicando a si mesmos e ao próximo. Como a evolução espiritual é Lei Divina, chega o tempo da inexorável prestação de contas, a partir do tribunal da própria consciência. Enquanto o arrependimento não brota no culpado, por sintonia, ele será situado em tormentoso clima astral, em que encontrará milhares de Espíritos similares. Porém, alguns desses — obsessores poderosos e cruéis — arvoram-se em juízes implacáveis que se valem da culpa dos mais fracos para escravizá-los. A forma como isso acontece é narrada de forma tão esclarecedora quanto chocante.

As descrições dos abismais ambientes das trevas onde estão Espíritos caídos no mal causam fortíssima impressão, mas constituem preciosa lição de como até ali o Amor de Deus e a Caridade de Jesus e seus Prepostos são acessíveis a todos os que manifestem mínima vontade de mudar de rota, abandonando o mau proceder.

Os distúrbios físico-psíquicos-espirituais são analisa-dos nos Planos Espiritual e Material, com detalhamento de alto impacto aos leitores. Esta obra funciona como enérgico alerta a todos nós, criaturas ainda nas duras lutas do autoaperfeiçoamento moral.

NOTA: Não adiantando análises ou reflexões, mas apenas em face do que temos visto no Movimento Espírita, talvez nos seja permitido imaginar que determinadas informações (caso da segunda morte e dos ovoides, por exemplo) causem estranheza e dificuldade de aceitação a alguns espíritas. Não obstante, pedimos licença a esses para sugerir-lhes que deem crédito ao Tempo, que desata todo e qualquer nó, jamais deixando a verdade submersa.

ESTUDO SISTEMATIZADO DE ESPIRITISMO
PROGRAMA: Setembro/2002 a Fevereiro/2003
Livro: "Libertação" (André Luiz/ Francisco Cândido Xavier)

Aulas Semanais	Assunto	Expositor/a
1ª – 05. Set. 2002	Abertura dos estudos Comentários sobre a obra e o Prefácio Distribuição do resumo aos presentes Cap. 1 – Ouvindo elucidações	
2ª – 12. Set. 2002	Cap. 2 – A palestra do Instrutor	
3ª – 19. Set. 2002	Cap. 3 – Entendimento	
26. Set. 2002	RECAPITULAÇÃO: Temas do mês: Perguntas e respostas	

Aulas Semanais	Assunto	Expositor/a
4ª – 03. Out. 2002	Cap. 4 – Numa cidade estranha	
5ª – 10. Out. 2002	Cap. 5 – Operações seletivas	
6ª – 17. Out. 2002	Cap. 6 – Observações e novidades	
7ª – 24. Out. 2002	Cap. 7 – Quadro doloroso	
31. Out. 2002	RECAPITULAÇÃO: Temas do mês: Perguntas e respostas	
8ª – 07. Nov. 2002	Cap. 8 – Inesperada intercessão	
9ª – 14. Nov. 2002	Cap. 9 – Perseguidores invisíveis	
10ª – 21. Nov. 2002	Cap. 10 – Em aprendizado	
28. Nov. 2002	RECAPITULAÇÃO: Temas do mês: Perguntas e respostas	
11ª – 05. Dez. 2002	Cap. 11 – Valiosa experiência	
12ª – 12. Dez. 2002	Cap. 12 – Missão de amor	
13ª – 19. Dez. 2002	Cap. 13 – Convocação familiar	

Aulas Semanais	Assunto	Expositor/a
26. Dez. 2002	Confraternização de NATAL	
02. Jan. 2003	Confraternização de ANO NOVO	
14ª – 09. Jan. 2003	Cap. 14 – Singular episódio	
15ª – 16. Jan. 2003	Cap. 15 – Finalmente, o socorro	
16ª – 23. Jan. 2003	Cap. 16 – Encantamento pernicioso	
30. Jan. 2003	RECAPITULAÇÃO: Temas do mês: Perguntas e respostas	
17ª – 06. Fev. 2003	Cap. 17 – Assistência fraternal	
18ª – 13. Fev. 2003	Cap. 18 – Palavras de benfeitora	
19ª – 20. Fev. 2003	Cap. 19 – Precioso entendimento	
20ª – 27. Fev. 2003	Cap. 20 – Reencontro Reflexão sobre toda a obra "LIBERTAÇÃO"	

OBSERVAÇÕES:

1. Os nomes dos Expositores (as) serão divulgados a cada bimestre.

2. Resumo do Livro "LIBERTAÇÃO":

– Entregue no início dos estudos (Setembro/2002) aos participantes.

– Os interessados retardatários deverão solicitar cópia ao Responsável pelo Curso.

3. Por se tratar de estudo sistematizado, de obra específica, rogamos aos expositores que, em suas apresentações, seja enfatizado o Capítulo em foco.

(Local e data)

_____
(Responsável pelo Estudo)

ESTUDO SISTEMATIZADO DE ESPIRITISMO

Coleção "ANDRÉ LUIZ"
Livro: "LIBERTAÇÃO" (André Luiz/ Francisco Cândido Xavier)

IDENTIFICAÇÃO

TÍTULO: "LIBERTAÇÃO" – 20 capítulos: 263 páginas
AUTOR: Espírito ANDRÉ LUIZ (pseudônimo espiritual de um consagrado médico que exerceu a Medicina no Rio de Janeiro)
PSICOGRAFIA: FRANCISCO CÂNDIDO XAVIER (concluída em Fevereiro/1949).
EDIÇÃO: Primeira edição em 1949, pela Federação Espírita Brasileira (Rio de Janeiro/RJ).

Para a realização deste trabalho consultamos a 6ª Edição/1974. Em 2005 foi lançada a 29ª edição, do 321° ao 330° milheiro de exemplares.

NOTA: Em 2003, na Bienal do Livro do Rio de Janeiro, comemorando a expressiva marca de 1,5 milhão de exemplares do livro NOSSO LAR, a FEB reeditou, com nova diagramação e capa, a coleção dos 13 (treze) livros de André Luiz com psicografia de Francisco Cândido Xavier e Waldo Vieira, tratando de "A Vida no Mundo Espiritual"!

O presente livro teve essa 1ª edição especial em 2003, de 5.000 exemplares.

PREFÁCIO: ESPÍRITO EMMANUEL.

RESUMO – CAPÍTULO A CAPÍTULO

CAP. 1 – OUVINDO ELUCIDAÇÕES
São citados vultos históricos que embora plenos de boas intenções, não se preocuparam em semear a paz e a fraternidade. É dito que a Espiritualidade estuda a energia atômica (estávamos em 1949!) em aspectos inimagináveis para os encarnados. Há exortação de auxílio às almas caídas (de desencarnados), agrupadas em regiões trevosas de terrível aspecto.

> *FLÁCUS (d) – 1/13 – É um dos 72 (setenta e dois) Ministros de "Nosso Lar".*
> *GÚBIO (d) – 1/13 – Instrutor no educandário de "Nosso Lar".*

Tentame | 14 | (subst.masc.) – tentativa; ensaio
Numes | 23 | (subst.masc.) – divindades mitológicas

CAP. 2 – A PALESTRA DO INSTRUTOR
O capítulo trata dos Espíritos desencarnados voltados para o mal: organizam e dirigem cidades espirituais onde almas caídas se refugiam, fugindo "envergonhadas de si mesmas". São "filhos das trevas que se aglomeram, escorando-se, aos milhares, uns nos outros...".

> *ELÓI (d) – 2/26 – Amigo de André Luiz.*

Quadrariam | 28 | (do verbo quadrar) – dariam forma quadrada
Vascolejam | 35 | (do verbo vascolejar) – agitam; revolvem
Atilhos | 35 | (subst.masc.) – fita; fio; cordão

CAP. 3 – ENTENDIMENTO
Sublimes lições de renúncia e gratidão. Cita-se que

as desarmonias da Terra são consideradas em tribunais mais altos do que possamos imaginar. A riqueza material é configurada como prova perigosa e aflitiva.

> MARGARIDA (e) – 3/39 – Enferma, atendida por Gúbio (seu pai em eras recuadas). Está imantada a Gregório.
> GAMA (d) – 3/40 – Instrutor encarregado de serviços em Colônia Espiritual.
> CLÁUDIO (d) – 3/42 – Obsessor impenitente que recusa qualquer tipo de auxílio. Assassinou o sobrinho.
> ANTÔNIO (d) – 3/44 – É o sobrinho que Cláudio assassinou.
> GREGÓRIO (d) – 3/46 – Espírito trevoso de grande potencial magnético, chefia centenas de Espíritos desditosos que o obedecem cegamente.

NOTA: Os fatos narrados neste livro têm neste personagem (Gregório) o foco principal, como exemplo de redenção.

> MATILDE (d) – 3/47 – Mãe de Gregório. É Espírito muito evoluído.

zimbório | 38 | (subst.masc.) – cúpula; parte superior
Estige | 38 | (subst. próprio) – Rio do inferno (mitológico)
peplo | 46 | (subst.masc.) – túnica sem manga

CAP. 4 – NUMA CIDADE ESTRANHA

Há descrição de tenebroso reino das trevas habitado por seres de terrível aspecto, com gemidos lancinantes vindos de toda parte. O ambiente é sufocante: Ali "padecem centenas de milhares de criaturas em amargos choques de retorno à realidade". A direção dessa região é de um Espírito impiedoso que se intitulou "grande juiz". Crianças, por compaixão celestial, não são levadas para este lugar.

CAP. 5 – OPERAÇÕES SELETIVAS

A lei de ação e reação está presente em toda parte. Porém, naquela região das trevas, os juízes hipnotizam os "réus" e os condenam e martirizam ao invés de sugerir renovação moral — única via para a "liberdade", consubstanciada na paz de espírito. Vemos descrição do processo da licantropia (doença mental em que o enfermo julga-se transformado em lobo). Encontramos no capítulo preciosas elucidações sobre sintonia e aura.

lictores | 68 | (subst.masc.) – oficiais de justiça na antiga Roma
"sedia gestatória" | 68 | (subst.fem.) – cadeira que
conduz o Papa nas cerimônias pontificiais
"conficteor" | 71 | (subst.fem.) – oração que precede à confissão

CAP. 6 – OBSERVAÇÕES E NOVIDADES

Citados os "halos vibratórios" (revestimento de cada Espírito). Simples e preciosa lição: a prece edifica barreiras às obsessões. É mostrado como a desarmonia doméstica entre cônjuges pode ser fruto da invigilância de um deles, que durante o desdobramento do sono recebe forte influenciação de obsessores vingativos. Há informação, ao que sabemos, inédita: "a segunda morte", representada pela perda do perispírito. Isso acontece por grande mérito e ascensão a planos superiores, ou, ao contrário, por demasiada densidade mental na maldade e nos vícios. No primeiro caso, os Espíritos que muito evoluem "alçam voo altíssimo"; no segundo, os Espíritos mergulhados no mal, transformam-se em esferas ovoides, quais fetos ou amebas mentais. Estes últimos, para sobreviver, imantam-se a hospedeiros — encarnados ou desencarnados — com eles sintonizados.

JOÃO (e) – 6/82 – Citado por um Espírito (de mulher, também encarnado), como sendo voltado à prece.

> *MARINA (e) – 6/82 – Desdobrada pelo sono é assediada por um Espírito obsessor que a induz a perturbar o marido, este, em processo de autorreforma espiritual.*

sega-nos | 86 | (do verbo segar) – corta-nos; ceifa-nos

CAP. 7 – QUADRO DOLOROSO

Casas revestidas de lodo e de cheiro repelente davam tom àquele local, pelo qual transitavam milhares de "loucos declarados". Adiante, um brusco despenhadeiro e abaixo dele, furnas e abismos, onde milhares de Espíritos alienados mentais se amontoavam. Há reencarnações compulsórias, sob auspícios do Plano Superior, a beneficio de Espíritos em expiação de delitos graves.

> *JOAQUIM (e) – 7/95 – Precedeu reencarnação de um Espírito de mulher, extremamente infeliz, sua companheira em descaminhos do passado. Quando ela reencarnar, iniciarão a luta redentora de ambos.*

desmantelos | 91 | (subst.masc.) – demolições; desarranjos

CAP. 8 – INESPERADA INTERCESSÃO

O bondoso Instrutor espiritual dialoga com o poderoso Espírito que se arvorou em "grande juiz" dos culpados. O objetivo do Instrutor é auxiliar a uma pessoa encarnada que está em vias de alienar-se e desencarnar, por subjugação obsessiva de 60 (sessenta) (!) Espíritos auxiliares desse "grande juiz". São citados os "dragões" (Espíritos caídos no mal que operam há muito tempo em zonas inferiores da vida).

NOTA: O Autor Espiritual repassa o esclarecimento de que tais acontecimentos são de conhecimento da Espiritualidade amiga que, longe de com eles concordar, administra-os na medida justa, a benefício de devedores que só se inclinam à redenção por meio da dor e das dificuldades.

TIMÃO (d) – 8/112 – Estranho personagem, preposto do poderoso Gregório.

---

hierofante | 103 | (subst.masc.) – sacerdote na Grécia e na Roma (antigas)

CAP. 9 – PERSEGUIDORES INVISÍVEIS

Gúbio, André Luiz e o companheiro Elói "integram-se" na equipe do poderoso juiz, com o fito de auxiliar à citada vítima da tão cruel obsessão. O capítulo é de forte expressão ao mostrar como se processa incessante vampirização pelas formas ovoides, fortemente ligadas ao cérebro da vítima encarnada, cujas energias usuais do corpo físico serviam-lhes de alimento. Há ainda interessantes dissertações sobre imagens religiosas em igrejas e halo vital (aura), cujas cores demonstram o patamar moral dos Espíritos (encarnados e desencarnados). Fluidificação de hóstias (!).

SÉRGIO (d) – 9/113 – Auxiliar na equipe de obsessores do implacável juiz (Gregório).
SALDANHA (d) – 9/113 – Diretor da falange de obsessores.

---

carantonhas | 113 | (subst.fem.) – cara grande e feia
cabaz | 121 | (subst.masc.) – cesto de vime
"ite, missa est" | 123 | (expressão latina) – "ide, acabou-se a missa"

CAP. 10 – EM APRENDIZADO

A origem de uma vingança é detalhada. O apoio espiritual a todos os médicos é confirmado. A desarmonia no lar é vista do Plano espiritual, demonstrando como a ausência do Evangelho traz perturbações a familiares encarnados e desencarnados. A beleza física nem sempre é paralela à forma perispirítica.

IRACEMA (d) – 10/126 – Esposa de Saldanha.
JORGE (e) – 10/126 – Filho de Saldanha e Iracema. Inocente, foi julgado culpado. Enlouqueceu.
IRENE (d) – 10/127 – Esposa de Jorge. Suicidou-se.
GABRIEL (e) – 10/129 – Marido de Margarida.
MAURÍCIO (d) – 10/131 – Espírito protetor em ação no lar de Margarida.

---

recolta | 130 | (do verbo recoltar) – recolhe; faz nova colheita

CAP. 11 – VALIOSA EXPERIÊNCIA

São expostos os perigos da mediunidade mercantilista e também os tormentos vivenciados no arrependimento pelos abusos do poder. Há excelente lição sobre o ectoplasma. Novos processos obsessivos são também exemplificados e dimensionados.

esbarrondando | 139 | (do verbo esbarrondar) – rompendo; desmoronando
clorótica | 139 | (adj.) – anêmica (por sofrer de clorose)

CAP. 12 – MISSÃO DE AMOR

É descrita a terrível influência espiritual negativa mesmo entre Espíritos que se querem bem (encarnados e desencarnados) quando sintonizados em vingança. A força do perdão, associada a uma sublime prece, seguida de preciosa doutrinação, rompem duas barreiras do mal, erguidas há tanto tempo por almas sedentas de vingança. E aí, diante da força do amor, tais almas reconhecem a permanente caridade de Deus para com

Seus filhos, dispensada por intermédio de Jesus e seus prepostos.

NOTA: Em nossa opinião este é, talvez, um dos trechos mais belos de toda a literatura espírita, ao demonstrar como a humildade e a caridade são usinas de paz.

LEÔNCIO (d) – 12/149 – Obsessor implacável (hipnotizador).

"Bombix mori" | 151 | (subst.masc.) – espécie de inseto (da amoreira) zumbidor

CAP. 13 – CONVOCAÇÃO FAMILIAR

Desdobrados pelo sono, familiares encontram-se e são orientados à reconstrução de suas existências. A Lei de Causa e Efeito e o amparo fraternal do Instrutor reconstituem o passado, levando harmonia aos personagens até então envolvidos em dolorosos dramas.

ALENCAR (e) – 13/165 – Irmão de Margarida.
LIA (e) – 13/165 – Neta de Saldanha.

Obsidente | 166 | (adj.) – aquele que obsedia

CAP. 14 – SINGULAR EPISÓDIO

O capítulo demonstra como todos os Espíritos têm, no âmago, a centelha imortal do amor. Mesmo aqueles que — e principalmente é o que nos resta demonstrado — estão provisoriamente engajados no mal. Nesse caso, sua conversão, ou melhor, seu retorno ao Bem, constitui aprendizado dos mais comoventes.

GASPAR (d) – 14/181 – Obsessor. Hipnotizador de Margarida.
AVELINA (e) – 14/182 – Esposa de Gaspar.

CAP. 15 – FINALMENTE, O SOCORRO

É dissertado quanto ao problema da Espiritualidade que se ressente de médiuns desinteressados da humildade. São citados os médiuns que têm procedimento espiritualizado apenas nas poucas horas de duração da reunião mediúnica, quase sempre semanal (e pensar que a semana tem 168 horas!). Há novos apontamentos sobre o ectoplasma (cópia de "força nêurica").

SILVA (e) – 15/197 – Realiza reuniões mediúnicas proveitosas em seu lar.

OBS: Apenas como lembrete, este livro data de 1949, quando em muitas cidades não havia C.E. (Centro Espírita). Atualmente há recomendação da FEB para que as reuniões mediúnicas se processem nos C.E.

SIDÔNIO (d) – 15/197 – Diretor espiritual das reuniões mediúnicas no lar de Silva.
ISAURA (e) – 15/200 – Médium de psicofonia. Esposa de Silva.

força nêurica | 200 | (adj.) – ref. à força dos nervos ou do sistema nervoso

CAP. 16 – ENCANTAMENTO PERNICIOSO

O ciúme é descrito como verdadeira tempestade de fluidos malignos a desestabilizar (principalmente aos médiuns). Vemos aqui como os obsessores influenciam o médium presa de ciúmes, fazendo-o vacilar e perder o concurso da Espiritualidade protetora.

Crestar | 204 | (verbo) – tirar o mel (de colmeia)
estugou | 207 | (do verbo estugar) – apressou (passo); instigou

CAP. 17 – ASSISTÊNCIA FRATERNAL

O Centro Espírita é refúgio abençoado para Espíritos sinceramente arrependidos e dispostos a mudar de rota, saindo do erro e caminhando na reconstrução. Há no capítulo uma importante informação: uma mãe suicida, com sua presença espiritual, inocula "vírus psíquico" nos filhos (crianças, ainda), "envenenando-lhes a carne delicada, através da respiração". Formas-pensamento são delineadas, demonstrando a força criadora do pensamento.

galarins | 220 | (subst.masc.) – o ponto mais alto
fescenina | 222 | (adj.) – obscena; licenciosa

CAP. 18 – PALAVRAS DE BENFEITORA

A reencarnação, raramente apreciada, constitui bênção sublime, divina, face às renovadas oportunidades de progresso que oferta, oportunidades essas que, pela maioria dos que reencarnam, têm aproveitamento prometido antes, esquecidos durante e lamentados depois.

CAP. 19 – PRECIOSO ENTENDIMENTO

Mais uma vez é lecionado que a "experiência terrena pode ser doloroso curso de renunciação pessoal mas também abençoada escola em que o Espírito de boa vontade pode alcançar culminâncias". A dor e os obstáculos constituem ferramentas de melhoria moral a nosso favor. Vemos, neste capítulo, o fraternal encontro do Espírito que vai reencarnar com o Espírito encarnado que lhe será mãe. Notável o fato que, esses mesmos Espíritos, que estarão novamente reunidos no lar, em vida passada também foram familiares, com o parentesco invertido, isto é: eram mãe e filha, serão filha e mãe.

garridice | 247 | (subst.fem.) – requinte excessivo no vestir

CAP. 20 – REENCONTRO

A compreensão e a fraternidade, consubstanciando o amor fraternal para com aqueles que nos perseguem, são os verdadeiros dissolventes da vingança. O perseguidor é o irmão que tem menos crueldade e mais moléstia do orgulho ferido.

Findando este abençoado livro o Autor Espiritual nos brinda com exemplares casos de libertação (título desta obra), um em particular; todos, porém, graças ao infinito Amor de Deus, traduzido pela permanente ação fraternal e iluminada do amparo de Jesus.

doestos | 252 | (subst.masc.) – acusações desonrosas
acerada | 261 | (do verbo acerar) – temperada;
transformada em aço

ENTRE A TERRA E O CÉU

7 CAPÍTULO

Este é um romance que nos oferece notícias sobre o relacionamento existente nas atividades do Espírito nos dois planos da vida.

Renovando seu interesse em nosso aprimoramento íntimo, André Luiz revela a comovente história de Amaro, Zulmira, Odila e outros personagens, recuando nos acontecimentos de suas anteriores existências, desde a Guerra do Paraguai até os dias do Rio antigo.

Em seu prefácio, Emmanuel nos assegura que "os quadros fundamentais da narrativa nos são intimamente familiares" como os desajustes familiares, a tormenta do ciúme, as lutas cotidianas para aquisição do progresso moral.

Cada página de Entre a Terra e o Céu desdobra ao leitor novos conhecimentos e emoções.

Esta obra prima (o trocadilho é proposital) pela singeleza: tem início com a prece sincera de uma jovem, solicitando proteção da mãe (desencarnada), que não tinha condições de atendê-la. Neste trecho somos esclarecidos a respeito da "prece refratada" (aquela que tem o impulso luminoso desviado do endereço original, indo, ou melhor, subindo a Planos Espirituais superiores, de onde o atendimento é prontamente deflagrado).

A trilha narrativa é toda embasada na família, no que representa de dramas cotidianos, de conflitos multiplicados, de processos obsessivos instalados, tudo isso no lar — mas, sobretudo, fala da Bondade de Deus, propiciando permanentes oportunidades de reconstrução, através de reajustes quase sempre dolorosos, mas de benéficos resultados morais.

O aguilhão da culpa é aqui descrito com cores fortes, num alerta de fantástico valor pedagógico.

Há, ainda, até onde sabemos, ao menos um ensino espírita inédito: o referente aos chacras.

Reverberando lições do Mestre Jesus encontramos momentos de sublime leitura, quando personagens em demorado litígio se predispõem agora ("enquanto estão a caminho") ao perdão, em lances dramáticos de reconciliação.

A ação protetora do Plano Espiritual, jamais negada aos encarnados e aos desencarnados é expressão maior nesta obra, a espelhar o Amor do Criador para com todas as Suas criaturas.

ESTUDO SISTEMATIZADO DE ESPIRITISMO

PROGRAMA: Março a Agosto/2003
Livro: "Entre a Terra e o Céu" (André Luiz/ Francisco Cândido Xavier)

Aulas Semanais	Assunto	Expositor/a
1ª – 06. Mar. 03	Abertura dos estudos Comentários sobre a obra e o Prefácio Distribuição dos resumos aos frequentadores	
2ª – 13. Mar. 03	Cap. 1 – Em torno da prece Cap. 2 – No cenário terrestre	
3ª – 20. Mar. 03	Cap. 3 – Obsessão Cap. 4 – Senda de provas	
27. Mar. 03	RECAPITULAÇÃO: Temas do mês: Perguntas e respostas	

Aulas Semanais	Assunto	Expositor/a
4ª – 03. Abr. 03	Cap. 5 – Valiosos apontamentos Cap. 6 – Num lar cristão	
5ª – 10. Abr. 03	Cap. 7 – Consciência em desequilíbrio Cap. 8 – Deliciosa excursão	
6ª – 17. Abr. 03	Cap. 9 – No Lar da Bênção Cap. 10 – Preciosa conversação	
24. Abr. 03	RECAPITULAÇÃO: Temas do mês: Perguntas e respostas	
7ª – 01. Mai. 03	Cap. 11 – Novos apontamentos Cap. 12 – Estudando sempre	
8ª – 08. Mai. 03	Cap. 13 – Análise mental Cap. 14 – Entendimento	
9ª – 15. Mai. 03	Cap. 15 – Além do sonho Cap. 16 – Novas experiências	
10ª – 22. Mai. 03	Cap. 17 – Recuando no tempo Cap. 18 – Confissão	
29. Mai. 03	RECAPITULAÇÃO: Temas do mês: Perguntas e respostas	

ROTEIRO DE ESTUDOS DAS OBRAS DE ANDRÉ LUIZ

Aulas Semanais	Assunto	Expositor/a
11ª – 05. Jun. 03	Cap. 19 – Dor e surpresa Cap. 20 – Conflitos da alma	
12ª – 12. Jun. 03	Cap. 21 – Conversação edificante Cap. 22 – Irmã Clara	
13ª – 19. Jun. 03	Cap. 23 – Apelo maternal Cap. 24 – Carinho reparador	
26. Jun. 03	RECAPITULAÇÃO: Temas do mês: Perguntas e respostas	
14ª – 03. Jul. 03	Cap. 25 – Reconciliação Cap. 26 – Mãe e filho	
15ª – 10. Jul. 03	Cap. 27 – Preparando a volta Cap. 28 – Retorno	
16ª – 17. Jul. 03	Cap. 29 – Ante a reencarnação Cap. 30 – Luta por renascer	
17ª – 24. Jul. 03	Cap. 31 – Nova luta Cap. 32 – Recapitulação	
31. Jul. 03	RECAPITULAÇÃO: Temas do mês: Perguntas e respostas	
18ª – 07. Ago. 03	Cap. 33 – Aprendizado Cap. 34 – Em tarefa de socorro	

Aulas Semanais	Assunto	Expositor/a
19ª – 14. Ago. 03	Cap. 35 – Reerguimento moral Cap. 36 – Corações renovados	
20ª – 21. Ago. 03	Cap. 37 – Reajuste Cap. 38 – Casamento feliz	
21ª – 28. Ago. 03	Cap. 39 – Ponderações Cap. 40 – Em prece Reflexão sobre toda a obra: "ENTRE A TERRA E O CÉU"	

OBSERVAÇÕES:

1. Os nomes dos Expositores(as) serão divulgados a cada bimestre;

2. Resumo do Livro "ENTRE A TERRA E O CÉU":

– Entregue no início dos estudos (Março/2003) aos participantes.

– Os interessados retardatários deverão solicitar cópia ao Responsável pelo Curso.

3. Por se tratar de estudo sistematizado, de obra específica, rogamos aos expositores que, em suas apresentações, seja dada enfatizado o Capítulo em foco.

(Local e data)

_____

(Responsável pelo Estudo)

ESTUDO SISTEMATIZADO DE ESPIRITISMO

Coleção "ANDRÉ LUIZ"
Livro: "ENTRE A TERRA E O CÉU" (André Luiz/
Francisco Cândido Xavier)

IDENTIFICAÇÃO

TÍTULO: "ENTRE A TERRA E O CÉU" – 40 capítulos:
266 páginas
AUTOR: Espírito ANDRÉ LUIZ (pseudônimo espiritual
de um consagrado médico que exerceu a Medicina no
Rio de Janeiro)
PSICOGRAFIA: FRANCISCO CÂNDIDO XAVIER
(concluída em Janeiro/1954).
EDIÇÃO: Primeira edição em 1954, pela Federação
Espírita Brasileira (Rio de Janeiro/RJ).
Para a realização deste trabalho, consultamos a 13ª
Edição/1990. Em 2005 foi lançada a 23ª edição, do 279º
ao 285º milheiro de exemplares.

*NOTA: Em 2003, na Bienal do Livro do Rio de Janeiro,
comemorando a expressiva marca de 1,5 milhão de exemplares
do livro NOSSO LAR, a FEB reeditou, com nova diagramação
e capa, a coleção dos 13 (treze) livros de André Luiz com
psicografia de Francisco Cândido Xavier e Waldo Vieira,
tratando de "A Vida no Mundo Espiritual"!*
*O presente livro teve essa 1ª edição especial em 2003, de
5.000 exemplares.*

PREFÁCIO: ESPÍRITO EMMANUEL.

RESUMO – CAPÍTULO A CAPÍTULO

CAP. 1 – EM TORNO DA PRECE

O potencial de atendimento da prece tem infinitos degraus, sendo diretamente proporcional ao degrau evolutivo daquele que a faz. Se alguém nutre desejo de perpetrar uma falta não estará em prece e sim em "invocação". Para o bem ou para o mal nossas aspirações sintonizam, respectivamente, mentes elevadas ou mentes estagnadas na ignorância — a escolha é nossa, tanto quanto o alcance das consequências, felizes ou infelizes.

CLARÊNCIO (d) – 1/9 – É um dos 72 (setenta e dois) Ministros de "Nosso Lar".
HILÁRIO – (d) – 1/11 – Colega de André Luiz em "Nosso Lar" (quando encarnado, foi médico também).

(descem) a flux | 10 | (locução adverbial) – em abundância; a jorros

CAP. 2 – NO CENÁRIO TERRESTRE

Deparamo-nos aqui com uma prece refratada (comovedora) e aprendemos sobre a relatividade do livre-arbítrio, ou "fatalidade relativa". O capítulo mostra ainda a infeliz teia que prende vários personagens (encarnados e desencarnados), sendo auxiliados graças ao apelo feito ao Plano Espiritual por uma jovem bondosa, cuja encarnação havia sido organizada em "Nosso Lar".

EULÁLIA – (d) – 2/15 – Cooperadora em "Nosso Lar".
EVELINA – (e) – 2/15 – Há 15 anos reencarnou. Vendo o lar em desarmonia orou à mãe (desencarnada). A prece de Evelina foi "refratada". Zulmira, a madrasta, sofre remorso de crime que, por

ciúme, deixou de evitar: a morte de Júlio, seu enteado, por afogamento. Júlio era irmão de Evelina.

ODILA (d) – 2/15 – Foi mãe de Evelina. Ciumenta. Persegue Zulmira, que se casou com seu ex-marido e praticamente provocou a morte de Júlio.

ZULMIRA (e) – 2/15 – Madrasta de Evelina. Tem profundo abatimento pela morte de Júlio, da qual se considera culpada indireta. Sofre assédio espiritual de Odila.

AMARO – (e) – 2/15 – Pai de Evelina. Casou-se em segundas núpcias com Zulmira. Júlio era seu filho.

JÚLIO – (d) – 2/15 – Filho de Amaro e Odila. Desencarnou aos 8 anos, afogado no mar, por omissão de socorro por parte de Zulmira.

CAP. 3 – OBSESSÃO

Num caso de grave obsessão (entre dois Espíritos — desencarnado, o obsessor, e encarnado, o obsidiado) é esclarecido que uma separação brusca entre ambos pode ocasionar graves consequências para o obsidiado, até mesmo a morte física (!).

CLARA – (d) – 3/22 – Espírito evoluído. É a "Irmã Clara" do Capítulo XXII.

CAP. 4 – SENDA DE PROVAS

Intenções podem ser atenuantes ou agravantes para todo aquele que formula ideias e nelas se fixa. Desejos são forças mentais coagulantes, ensejando ações venturosas ou de dolorosos resultados.

CAP. 5 – VALIOSOS APONTAMENTOS

O mar é fonte inesgotável de fluidos reconfortantes para enfermos encarnados e principalmente desencarnados. A enfermidade longa é aqui mostrada como sendo bênção mal aquilatada pela maioria dos doentes que por ela passam ou que, em sua consequência, venham a desencarnar.

CAP. 6 – NUM LAR CRISTÃO

Mulher abandonada pelo marido educa seus filhos dentro da moral cristã. Vemos preciosa reunião familiar de preces e estudos referentes aos ensinos de Jesus — principalmente a excelência de benesses ocasionadas pelo perdão das ofensas.

ANTONINA – (e) – 6/36 – Valorosa mãe de 3 filhos, abandonada pelo marido.
MARCOS – (d) – 6/36 – Filho de Antonina, morreu aos 8 anos de idade, de pneumonia.
LISBELA – (e) – 6/37 – Filha de Antonina. É criança, ainda.
HENRIQUE – (e) – 6/37 – Filho de Antonina. É adolescente.
HAROLDO – (e) – 6/38 – Filho de Antonina. É adolescente.

CAP. 7 – CONSCIÊNCIA EM DESEQUILÍBRIO

O capítulo refere-se ao problema da culpa: um criminoso (no caso, um Espírito desencarnado) fixou na mente o crime que cometeu (assassinato) e as últimas expressões da vítima; vive perturbado há décadas, embora a própria vítima já tenha até reencarnado. Essa imagem se revitaliza cada dia em sua memória.

LEONARDO PIRES – (d) – 7/47 – Necessitando de ajuda espiritual, estacionou no lar de Antonina, sua neta. É demantado. Desencarnou na Guerra do Paraguai (1860-1865), de cujas lembranças cita vários personagens: Lola Ibarruri (atual Antonina) / General Polidoro / Esteves (atual Mário Silva) / Príncipe Gastão de Orleães / Marechal Guilherme Xavier de Souza. Leonardo envenenou Esteves.

Valetudinário | 48 | (adj. e subst.masc.) – diz-se do indivíduo de compleição muito fraca; doentio; inválido

CAP. 8 – DELICIOSA EXCURSÃO

Mães (Espíritos encarnados no desdobramento do sono) são levadas por Espíritos benfeitores ao Plano

Espiritual para visitar seus filhos, desencarnados em pouca idade. O deslocamento, por volitação, justifica o título do capítulo. O esquecimento do passado tem vigorosa defesa, por constituir bênção divina, nem sempre assim considerada.

(cantante) dilúculo | 51 | (subst.masc.) – crepúsculo matutino; alvorada
(crianças) gárrulas | 55 | (adj.) – que cantam muito; tagarelas

CAP. 9 – NO LAR DA BÊNÇÃO
É importante colônia educativa de Espíritos que desencarnaram ainda crianças. Vemos o caso de um ex-suicida que na reencarnação seguinte morre afogado no mar. Na Espiritualidade, seu perispírito apresenta profunda chaga na garganta que o atormenta sem cessar.

BLANDINA – (d) – 9/57 – Espírito protetor, em serviço no "Lar da Bênção", que atende cerca de 2.000 Espíritos desencarnados quando crianças. Blandina cuida de 12 deles.

Obs: Nas páginas 30, 67, 71, 76 a 78 do livro "Meimei – Vida e Mensagem", 1994, Edit. O Clarim, Matão/SP, de três autores encarnados e com algumas mensagens psicografadas por Francisco Cândido Xavier, é dito que Blandina é o Espírito Meimei, citado em várias psicografias de Francisco Cândido Xavier. De acordo com essa obra, quando encarnada (22.10.1922 - 01.10.1946), Blandina se chamava Irma de Castro, recebendo o nome "Meimei" de seu marido. (Meimei - expressão chinesa que significa "amor puro").

MARIANA – (d) – 9/57 – Avó de Blandina.
AUGUSTO e CORNÉLIO – (d) – 9/58 – Espíritos benfeitores que amparam o "Lar da Bênção".

CAP. 10 – PRECIOSA CONVERSAÇÃO

São citados valiosos ensinamentos referentes aos Espíritos desencarnados na infância. Geralmente tais Espíritos eram muito inteligentes, dominadores e egoístas em vidas anteriores. Após períodos mais ou menos longos de purgação, recebem a bênção de nova reencarnação, retornando necessitados de silêncio e solidão que lhes possibilite desvencilharem-se dos envoltórios inferiores em que se enredaram. É citado o infeliz e largamente praticado ato do "infanticídio inconsciente e indireto" de terríveis consequências para as mulheres que se comportam "mais fêmeas que mães", de acordo com a forte expressão utilizada no capítulo.

pevides (secas) | 62 | (subst.fem.) – sementes de vários frutos carnosos

CAP. 11 – NOVOS APONTAMENTOS

Inércia e trabalho, atraso e adiantamento espirituais: eis o que leciona este capítulo, demonstrando o quanto o serviço e o servir são bênçãos. Recebemos preciosos ensinamentos sobre os templos de oração (em particular, a visão espiritual das diferentes missas católicas).

CAP. 12 – ESTUDANDO SEMPRE

Heranças genéticas (dos pais) e heranças espirituais (de nós mesmos) são expostas: no primeiro caso, à luz da lei de sintonia e atração; no segundo, por merecimento. A dor é vista como concessão do Pai Celestial para nosso próprio reajuste (!).

CAP. 13 – ANÁLISE MENTAL

O fantástico porvir da cirurgia psíquica é aqui noticiado.

Reflexões sobre Freud (Sigmund Freud – 1856/1939) apontam a verdade incompleta de sua obra, na qual há ausência do bálsamo curativo aos problemas da alma. É explicado como se processam as modificações do perispírito por meio das emoções. É citada a realização de uma regressão espiritual, mas sob rígido controle espiritual.

CAP. 14 – ENTENDIMENTO
Vítimas e criminosos são postos frente à frente, sob amparo de Benfeitores espirituais, tendo em vista a harmonização entre eles.

crestando (flores) | 87 | (do verbo crestar) – tostar; queimar a superfície, de leve

CAP. 15 – ALÉM DO SONHO
O sonho, sob a ótica da vigília: enquanto o corpo se refaz pelo sono, a alma invariavelmente procura o lugar ou o objeto a que imanta o coração. (Daí a recomendação espírita de, ao se preparar para dormir, realizar uma oração, precedida de leitura evangélica).

MÁRIO SILVA – (e) – 15/94 – Enfermeiro. É o personagem Esteves, das reminiscências de Leonardo Pires sobre a Guerra do Paraguai. Ambos disputavam a mesma mulher (Lola Ibarruri, atual Antonina). Esteves foi envenenado por Júlio.
MINERVINA – (e) – 15/98 – Mãe de Mário Silva. Mãe prestimosa de seis filhos.

Catadura | 94 | (subst.fem.) – aparência; aspecto; semblante

CAP. 16 – NOVAS EXPERIÊNCIAS
É narrado o encontro, no Plano Espiritual, de dois

encarnados (desdobrados pelo sono) — um, acusador terrível; o outro, humilde, pedindo perdão. Os fatos que os unem remontam a passado longínquo.

CAP. 17 – RECUANDO NO TEMPO

Com auxílio do Espírito benfeitor, o acusador recobra a memória da vida passada, em que se vê também criminoso.

Frei FIDÉLIS (Capuchinho) – 17/106 – Personagem do tempo da Guerra do Paraguai, citado por Mário Pires, em desdobramento pelo sono.
LINA FLORES – 17/107 – Então esposa de Esteves (atual Mário Silva) no tempo da Guerra do Paraguai. Atualmente é Zulmira. No tempo da Guerra do Paraguai cometeu adultério (uniu-se a Julio).
ARMANDO (atual Amaro) e JÚLIO – 17/107 – Personagens citados por Esteves no tempo da Guerra do Paraguai. Ambos se envolveram com Lina (então esposa de Esteves/Mário Silva).

CAP. 18 – CONFISSÃO

Temos aqui o depoimento-confissão de dois Espíritos que se envolverem num drama passional (atração pela mesma mulher), do que resultaram complicadas e funestas consequências futuras, não só para ambos como para a própria mulher.

CAP. 19 – DOR E SURPRESA

O capítulo prossegue no fio narrativo das reminiscências dos personagens que se atrelaram em desatinos do passado. Sobressai o ensinamento de que os Espíritos protetores, visando resolver desavenças de contendores, proporcionam-lhes, com rígida segurança, recordações de vidas passadas. Não obstante, tanto no sonho como na vigília de ambos, impedem a lembrança de determinados lances. Isso porque, do contrário, o equilíbrio mental de tais excursionistas ao passado poderia ficar seriamente comprometido.

Obs: A lição deste capítulo parece-nos trazer um alerta quanto à TVP (Terapia de Vidas Passadas), no sentido de que no Plano Espiritual a regressão de memória é feita com rígido controle e seleção das recordações, algumas são obstadas. No plano material, quem tem tal competência?)

CAP. 20 – CONFLITOS DA ALMA
Salvo melhor juízo, este capítulo inaugura na Literatura Espírita o milenar estudo esotérico (da filosofia hindu) sobre os 7 (sete) principais chacras — centros de força — localizados no perispírito. Como acréscimo, temos valiosas considerações espíritas.

CAP. 21 – CONVERSAÇÃO EDIFICANTE
Reflexões magníficas sobre a problemática das doenças e da dor que resultam de nossos maus atos, fixando sintomas no psiquismo e fazendo irromper variadas patologias no corpo físico.

CAP. 22 – IRMÃ CLARA
É mostrada a diferença entre doutrinar e transformar: no primeiro caso é exigida força magnética capaz de operar sobre a mente de quem está em recuperação; no segundo, só o sentimento sublimado (amor) do doutrinador poderá operar a renovação da alma de quem se ajuda. A palavra é sempre dotada de energias elétricas específicas. A voz, uma das mais deslembradas bênçãos divinas, é também uma das mais mal empregadas.

Jamais a indignação (mesmo que justa, ante atos deliberadamente contrários às Leis de Deus) deverá se manifestar vestida de cólera.

tapizava (de flores) | 135 | (do verbo tapizar) – atapetar; ornar de tapetes
Diplofonia | 139 | (subst.fem.) – perturbação da voz (formação de dois sons, simultâneos, na laringe)

CAP. 23 – APELO MATERNAL

Esclarecimentos sobre os danos causados pelo ciúme. O capítulo expõe como age a força do amor na transformação de quem alimenta ideias de destruição. O Espírito protetor, ao ajudar alguém nos descaminhos da cólera, cita, de passagem, que ele próprio espera, "há vinte e dois séculos" (!), pela redenção de uma criatura que lhe é cara, mas que ainda não se inclinou em sua direção.

Revérberos | 141 | (subst.masc.) – reverberações; reflexos; efeitos da luz refletida

CAP. 24 – CARINHO REPARADOR

Ceder no caminho áspero, via de regra, traz recomposição da harmonia em nossas vidas. O lar não é apenas domicílio de corpos, mas sim, um ninho de almas, onde a provação e a dor são abençoadas e instrutoras-guias que nos aproximarão mais e mais de Deus.

CAP. 25 – RECONCILIAÇÃO

O poder do perdão, sob a força de sinceridade plena, opera maravilhas da paz. A oração sem ação é como flor sem perfume. Pequenas caridades no lar contribuem para a harmonia doméstica e a alegria dos que ali residem.

Obs: Aqui, tanto a leitura da narração do Autor espiritual, referente a gestos e fatos nobres, quanto a moldura da psicografia de Francisco Cândido Xavier provocam lágrimas facilmente.

CAP. 26 – MÃE E FILHO

Comovente reencontro, no Plano Espiritual, entre mãe (espiritualmente renovada para o bem) e o filhinho sofrendo sequelas do passado, mas, sob assistência de Espíritos protetores. Podemos e devemos refletir sobre a excelência dos planejamentos reencarnatórios, elaborados individualmente, mas que proporcionam oportunidades para reajustes de vários Espíritos simultaneamente. Novamente o alerta: recordações do passado não devem ser totalmente despertadas.

CAP. 27– PREPARANDO A VOLTA

No Plano Espiritual permanecem as sequelas das doenças dos Espíritos que, quando encarnados, não somaram condições para delas se libertarem. Vemos aqui parte da movimentação espiritual que precede a uma reencarnação.

(repetiam) à uma | 166 | (locução adverbial) – ao mesmo tempo; simultaneamente

CAP. 28 – RETORNO

Há absoluta harmonia nas Leis Divinas (no caso, as reencarnações que trazem sofrimento para o que nasce e para os pais). Ontem, alguém inclinou outrem à queda; hoje, ampara-o no erguimento. A reencarnação é tipificada por vários ascendentes, sendo que, em casos especiais, o Plano Espiritual adéqua cada corpo físico (através da interferência nos cromossomos) ao desempenho de cada missão — no geral, as reencarnações ocorrem por automatismo dos princípios embriogênicos (magnetismo dos pais). É realçado o alto valor da maternidade, para a qual a alma permanece por séculos aperfeiçoando qualidades do sentimento.

CAP. 29 – ANTE A REENCARNAÇÃO

É explicada cientificamente a redução perispiritual dos reencarnantes. No Plano Espiritual, as crianças desencarnadas, demoram tempo mais ou menos longo para alcançarem crescimento mental, como ocorre no plano físico. Há esclarecimentos quanto à hereditariedade genética.

CAP. 30 – LUTA POR RENASCER

Vemos aqui o instigante caso de uma mulher grávida que, pelo contato espiritual com o filho (este, Espírito com débitos de consciência), sofre a chamada "enxertia mental", com reflexos patológicos graves. Então, por sintonia (reciprocidade entre mãe e filho) ocorrem os chamados "sinais de nascença", que são estados íntimos da futura mãe a se fixarem no futuro filho. São esclarecidos vários desdobramentos que surgem durante a gestação.

Obs: Este capítulo, sem demérito dos demais, é verdadeiramente empolgante.

engulhos | 189 | (subst.masc.) – ânsias; náuseas
(fig: desejos, tentações)

CAP. 31 – NOVA LUTA

A reconciliação com os adversários, o mais depressa

possível, é a tônica pedagógica cristã deste capítulo. O rancor adoece o coração e deixa o Espírito herdeiro de problemas presentes e futuros. A oração é remédio infalível quando o caso é de inimigos insuportáveis...

Garrotilho | 192 | (subst.masc.) – crupe diftérico

CAP. 32 – RECAPITULAÇÃO
O Plano Espiritual sempre encaminha fatos e pessoas de forma que as adversidades sejam transformadas em harmonia. Aproveitar tais oportunidades é construir os alicerces da paz íntima.

CAP. 33 – APRENDIZADO
Vidas curtas na matéria podem representar refazimento perispiritual para a eliminação de matrizes negativas do passado, impressas no perispírito por descaminhos morais. Moléstias longas e complicadas guardam função específica. Reflexões sobre casamentos imprudentes e considerações sobre os anjos de guarda.

CAP. 34 – EM TAREFA DE SOCORRO
Vemos neste capítulo como o bem produz efeito salutar, gerando merecimento: socorro, nas horas difíceis de quem praticou a caridade e, por isso, grangeia inúmeros amigos espirituais.

Madre PAULA – (d) – 34/222 – Protetora espiritual a serviço de caridade em hospital de doentes encarnados.

CAP. 35 – REERGUIMENTO MORAL
A bênção da amizade pura expõe o valor de "um ombro amigo" e de como um afeto sincero, que aconselha

sem julgar, pode amparar aquele que está em angústias, ferido de remorso.

CAP. 36 – CORAÇÕES RENOVADOS

O capítulo sinaliza e confirma que quando há divergências pessoais e um dos envolvidos se veste de humildade e oferta entendimento e perdão, na forma de caridade, desata-se o nó e na alma brilha o céu da paz sob o sol do Amor, sem as nuvens da mágoa ou do ressentimento. Desta forma, os corações se renovam.

CAP. 37 – REAJUSTE

Duas mães amparam o mesmo filho! A mãe encarnada, desajustada por complexo de culpa é levada (em desdobramento pelo sono) à Instituição Espiritual ("Lar da Bênção"), onde seu filhinho, após desencarnar, foi instalado, sob amparo de sua outra mãe (esta, desencarnada), de vida passada. Esse Espírito (o do filhinho desencarnado) teve a existência ceifada na infância duas vezes a seu próprio benefício (refazimento perispiritual).

CAP. 38 – CASAMENTO FELIZ

Comentários edificantes sobre o amor. O matrimônio, de alma com alma, forja alicerces da comunhão fraterna e do respeito mútuo. Há alerta enérgico sobre as afeições impulsivas e as paixões fugazes que, no casamento, logo passam, deixando algemas no cárcere social.

LUCAS – (e) – 38/254 – Irmão de Antonina. Namora Evelina, com a qual deve casar, de acordo com a programação espiritual.

CAP. 39 – PONDERAÇÕES

Na vida, há tempo para plantação e tempo para colheita. Na colheita de hoje, estaremos procedendo à reconstrução dos descaminhos nas vidas passadas. Aí, ressurge paralelamente o tempo de nova e alvissareira plantação. A maternidade proporciona, no santuário doméstico, a recomposição das afeições transviadas. Famílias difíceis representam sempre linhas de luta benéfica, a serviço da nossa evolução. Servir(!): privilégio que não devemos esquecer.

CAP. 40 – EM PRECE
Ao final desta inesquecível e suave obra encontramos uma encantadora e dulcíssima prece que — perdoem-nos a adjetivação — denominaríamos de "Prece de Casamento". A saudade que emana do amor purificado leva paz ao coração de quem assim ama, através do som amigo do vento, do perfume das flores e do brilho das estrelas, com o aceno da luz eterna.

pintalgado (de estrelas, o firmamento) | 266 | (do verbo pintalgar) – pintar de cores variadas

NOS DOMÍNIOS DA MEDIUNIDADE

Neste livro, André Luiz analisa os vários aspectos da filtragem mediúnica, enaltecendo o esforço dos médiuns fiéis ao mandato espiritual recebido antes da reencarnação. Ele adverte a respeito dos riscos do intercâmbio mal conduzido entre os dois mundos.

Trata da psicofonia, do sonambulismo, da possessão, da clarividência, da clauriaudiência, do desdobramento, da fascinação, da psicometria e da mediunidade de efeitos físicos, entre outros temas.

É um estudo técnico de grande relevância, que revela como agem os Espíritos nos intrincados processos de comunicação com os encarnados. Retransmite conceituações de elevados mentores da Espiritualidade, contidas em exposições de temática filosófica, científica e evangélica, indispensáveis aos que se dedicam ao estudo do assunto.

```
┌─────────────────────────────────────────────┐
│                  CONVITE                      │
│                                               │
│  ESTUDO SISTEMATIZADO DE ESPIRITISMO          │
│                                               │
│  A PARTIR DE ................./20.....        │
│  --- 5ªS FEIRAS – 20 ÀS 21 H ---              │
│                                               │
│  INÍCIO DOS ESTUDOS DO LIVRO:                 │
│  "NOS DOMÍNIOS DA MEDIUNIDADE" – (ANDRÉ LUIZ/ │
│                   FRANCISCO CÂNDIDO XAVIER)    │
└─────────────────────────────────────────────┘
```

Este livro é inteiramente dedicado aos médiuns.

E Kardec leciona, no Cap. XIV de "O Livro dos Médiuns":

"Toda pessoa que sente, em um grau qualquer, a influência dos Espíritos, por isso mesmo é médium.

(...) Pode-se, pois, dizer que todo mundo é, mais ou menos, médium".

André Luiz, com seu amigo Hilário, sob supervisão do Assistente ÁULUS, vem ao Plano terreno e visita vários Centros Espíritas, onde são realizadas reuniões mediúnicas.

Em cada grupo são observadas as características individuais e coletivas dos médiuns.

As várias faculdades mediúnicas são analisadas detalhadamente, sempre sob a ótica do Plano Espiritual, trazendo informes inéditos do intercâmbio sublime entre encarnados e desencarnados.

AOS MÉDIUNS

André Luiz, com sua abençoada perspicácia,

dedicou esta obra inteiramente à mediunidade, com isso ofertando-nos a visão "do Céu para a Terra" em contraponto à visão "da Terra para o Céu".

Em vários pontos, cita o papel da Ciência na jornada evolutiva do Espírito e explica: a Ciência, buscando entender cada vez mais os fatos da alma humana — muitos deles, na verdade, ligados ao intercâmbio dos dois Planos —, vem compreendendo as sublimes nuanças da mediunidade. Por enquanto, nomeia tais fatos com palavras algo complicadas, mas que não passam de rótulos. Contudo, sendo o progresso Lei Divina, não tardará a identificar que o intercâmbio com o Plano Espiritual é manancial inapreciável de possibilidades construtivas da pax omnium (paz de todos), que nada mais é do que a somatória da pax personæ ad persona (paz de pessoa a pessoa).

E complementa: Vida e Morte, berço e túmulo, experiência e renovação nada mais são do que simples etapas sequenciais do progresso espiritual, expressando-se, pujantes, num "hoje imperecível". Na verdade, nossa mente é o nosso endereço e nossos pensamentos são as nossas criações de luz e sombra, de liberdade e escravidão, de paz e tortura.

Dessa forma, a orientação aqui exposta oferta os meios para uma próspera vivência dos fenômenos mediúnicos, com base nos ensinos de Jesus, inscritos na consciência e no coração de cada um de nós — médiuns ou não.

ESTUDO SISTEMATIZADO DE ESPIRITISMO

PROGRAMA : Setembro/2003 a Fevereiro/2004
Livro: "Nos Domínios da Mediunidade" (André Luiz/
Francisco Cândido Xavier)

Aulas Semanais	Assunto	Expositor/a
1ª – 04. Set. 03	Abertura dos estudos Comentários sobre a obra e o Prefácio Distribuição das sinopses aos frequentadores Cap. 1 – Estudando a mediunidade	
2ª – 11. Set. 03	Cap. 2 – O psicoscópio Cap. 3 – Equipagem mediúnica	
3ª – 18. Set. 03	Cap. 4 – Ante o serviço Cap. 5 – Assimilação de correntes mentais	
25. Set. 03	RECAPITULAÇÃO: Temas do mês: Perguntas e respostas	
4ª – 02. Out. 03	Cap. 6 – Psicofonia consciente Cap. 7 – Socorro espiritual	
5ª – 09. Out. 03	Cap. 8 – Psicofonia sonambúlica Cap. 9 – Possessão	
6ª – 16. Out. 03	Cap. 10 – Sonambulismo torturado Cap. 11 – Desdobramento em serviço	

Aulas Semanais	Assunto	Expositor/a
7ª – 23. Out. 03	Cap. 12 – Clarividência e clariaudiência	
30. Out. 03	RECAPITULAÇÃO: Temas do mês: Perguntas e respostas	
8ª – 06. Nov. 03	Cap. 13 – Pensamento e mediunidade	
9ª – 13. Nov. 03	Cap. 14 – Em serviço espiritual	
10ª – 20. Nov. 03	Cap. 15 – Forças viciadas	
27. Nov. 03	RECAPITULAÇÃO: Temas do mês: Perguntas e respostas	
11ª – 04. Dez. 03	Cap. 16 – Mandato mediúnico	
12ª – 11. Dez. 03	Cap. 17 – Serviço de passes Cap. 18 – Apontamentos à margem	
13ª – 18. Dez. 03	Cap. 19 – Dominação telepática Cap. 20 – Mediunidade e oração	
25. Dez. 03	Confraternização de NATAL	

Aulas Semanais	Assunto	Expositor/a
01. Jan. 04	Confraternização de ANO NOVO	
14ª – 08. Jan. 04	Cap. 21 – Mediunidade no leito de morte Cap. 22 – Emersão do passado	
15ª – 15. Jan. 04	Cap. 23 – Fascinação Cap. 24 – Luta expiatória	
16ª – 22. Jan. 04	Cap. 25 – Em torno da fixação mental Cap. 26 – Psicometria	
29. Jan. 04	RECAPITULAÇÃO: Temas do mês: Perguntas e respostas	
17ª – 05. Fev. 04	Cap. 27 – Mediunidade transviada	
18ª – 12. Fev. 04	Cap. 28 – Efeitos físicos	
19ª – 19. Fev. 04	Cap. 29 – Anotações em serviço Cap. 30 – Últimas páginas	
20ª – 26. Fev. 04	Reflexão sobre toda a obra: "NOS DOMÍNIOS DA MEDIUNIDADE"	

OBSERVAÇÕES:

1. Os nomes dos Expositores(as) são divulgados a cada bimestre;

2. Resumo do Livro "NOS DOMÍNIOS DA MEDIUNIDADE":

– Entregue no início dos estudos (Setembro/2003) aos participantes.

– Os interessados retardatários deverão solicitar cópia ao Responsável pelo Curso.

3. Por se tratar de estudo sistematizado, de obra específica, rogamos aos expositores que, em suas apresentações, seja enfatizado o Capítulo em foco.

(Local e data)

_____
(Responsável pelo Estudo)

ESTUDO SISTEMATIZADO DE ESPIRITISMO

Coleção "ANDRÉ LUIZ"
Livro: "NOS DOMÍNIOS DA MEDIUNIDADE" (André Luiz/ Francisco Cândido Xavier)

IDENTIFICAÇÃO

TÍTULO: "NOS DOMÍNIOS DA MEDIUNIDADE" – 30 capítulos: 285 páginas.

AUTOR: Espírito ANDRÉ LUIZ (pseudônimo espiritual de um consagrado médico que exerceu a Medicina no Rio de Janeiro).

PSICOGRAFIA: FRANCISCO CÂNDIDO XAVIER (concluída em Outubro/1954).

EDIÇÃO: Primeira edição em 1954, pela Federação Espírita Brasileira (Rio de Janeiro/RJ).

Para a realização deste trabalho, consultamos a 8ª Edição/1976. Em 2005 foi lançada a 32ª edição, do 369º ao 376º milheiro de exemplares.

NOTA: Em 2003, na Bienal do Livro do Rio de Janeiro, comemorando a expressiva marca de 1,5 milhão de exemplares do livro NOSSO LAR, a FEB reeditou, com nova diagramação e capa, a coleção dos 13 (treze) livros de André Luiz com psicografia de Francisco Cândido Xavier e Waldo Vieira, tratando de "A Vida no Mundo Espiritual"!

O presente livro teve essa 1ª edição especial em 2003, de 5.000 exemplares.

PREFÁCIO: ESPÍRITO EMMANUEL.

RESUMO – CAPÍTULO A CAPÍTULO

CAP. 1 – ESTUDANDO A MEDIUNIDADE

André Luiz, Hilário e dezenas de outros Espíritos, num curso rápido de ciências mediúnicas, assistem à palestra do Instrutor Albério, que esclarece ser a mente a base de todos os fenômenos mediúnicos. Na família terrena, que é a própria Humanidade, agimos e reagimos uns sobre os outros, através da energia mental em que nos renovamos constantemente. Assim, criamos, alimentamos e destruímos formas e situações, paisagens e coisas, com as quais estruturamos nossos destinos. A mente é um núcleo de forças inteligentes que geram sutil plasma, que ao exteriorizar-se, oferece recursos ao que pensamos. No mundo mental do agente um eventual recipiente pode interpretar os pensamentos recebidos, limitando-os conforme sua capacidade."Vibrações compensadas", ao contrário, exprimem valores mentais de qualidades idênticas. Ao médium compete elevar seu padrão, pelo estudo e prática de virtudes, para poder recolher mensagens das Grandes Almas.

ÁULUS (d) – 1/13 – É (assistente) um dos 72 (setenta e dois) Ministros de "Nosso Lar" (NL).
CLARÊNCIO (d) – 1/13 – É também Ministro de NL.
HILÁRIO (d) – 1/14 – Colega de André Luiz em "Nosso Lar" (quando encarnado, também foi médico).
ALBÉRIO (d) – 1/15 – Palestrante sobre mediunidade no Ministério das Comunicações de "NL".

(elementos) hipostáticos | 9 | (adj.) (Medicina) –
retardamento circulatório
hotentote | 17 | (adj. 2 gên. e subst. 2 gên.) – referente
a povo da África

CAP. 2 – O PSICOSCÓPIO

Especializando conhecimentos sobre mediunidade, André Luiz e Hilário recebem do Assistente Áulus a descrição de um aparelho pequeno e leve, na forma de uma pasta, denominado "psicoscópio". Esse aparelho possibilita identificar as vibrações da alma e observar a matéria, tudo isso sem grande concentração mental. Com ele, os Espíritos classificam, de imediato, as possibilidades de um médium ou de um grupo mediúnico, segundo as radiações que projetam: a moralidade, o sentimento, a educação e o caráter. Os três Espíritos (Áulus, André Luiz e Hilário) se dirigem ao plano terreno e adentram em uma "casa espírita cristã". André Luiz e Hilário deslumbram-se ao utilizarem o psicoscópio e verificar a harmonia dos dez médiuns, a se expressar por um sublime espetáculo de luzes, de ambos os Planos da vida. Veem raios vitais do Plano terreno que Áulus denominou de "raios ectoplásmicos".

CAP. 3 – EQUIPAGEM MEDIÚNICA

É realizada apresentação dos médiuns que formam o grupo mediúnico no qual André Luiz e Hilário irão permanecer em estágio de aprendizado, sob assistência de Áulus.

A "ficha psicoscópica" demonstra a natureza dos pensamentos do Espírito focalizado. É esclarecida a importância do cérebro, onde se concentram todas as manifestações da individualidade a governar as ações oriundas dos estímulos da alma, a partir dos pensamentos. É citado o perigo que ronda os médiuns que se julgam donos de recursos espirituais que não lhes pertencem.

> *RAUL SILVA (e) – 3/29 – Dirigente de reunião mediúnica.*
> *EUGÊNIA (e) – 3/29 – Médium psicofônica de grande docilidade, consciente, intuitiva.*
> *ANÉLIO ARAUJO (e) – 3/30 – Médium: clarividente, clariaudiente e psicógrafo (ainda educando a mediunidade, necessita de grandes cuidados).*
> *ANTÔNIO CASTRO (e) – 3/30 – Médium sonâmbulo (desdobra-se facilmente).*
> *CELINA (e) – 3/30 – Médium: clarividente, clariaudiente e de incorporação sonambúlica (age com responsabilidade e por isso é valiosa cooperadora do Plano Espiritual).*

(cabeça) pintalgada | 32 | (adj.) - pintada de cores variadas

CAP. 4 – ANTE O SERVIÇO

Os expositores evangélicos (de todas as religiões) são comparados a técnicos eletricistas, a desligar "tomadas mentais" de encarnados e desencarnados, através de suas boas palavras – que contêm princípios libertadores na esfera do pensamento. Por isso, são alvo de Espíritos vampirizadores que a eles se opõem ferreamente, às vezes, provocando sono nos ouvintes. Espíritos necessitados trazidos à reunião apresentam lesões perispirituais (mutilações, ulcerações, paralisias). Há descrição de dois casos de hipnotismo e obsessão: o primeiro, ligado a vigorosa sugestão pós-hipnótica (gerando amnésia) e o segundo, versando sobre força hipnotizante (acatamento de sugestão de maldição e consequente concretização dessa maldição).

imanização | 43 | (subst.fem.) – processo de imanizar; de imantar

CAP. 5 – ASSIMILAÇÃO DE CORRENTES MENTAIS

André Luiz utiliza o psicoscópio em encarnados. São descritos os preparativos espirituais para uma reunião mediúnica: o dirigente espiritual atenua seu tom vibratório para compatibilizar-se com o do dirigente encarnado, transferindo-lhe energia mental, que se traduz em forças que resultam em palavras e raios luminosos. É explicitado como cada pensamento tem peso próprio, seja de crueldade, revolta, tristeza, amor, compreensão, alegria, etc. Eles são expressos por onda mental (em palavras orais ou escritas).

Há valiosa explicação de como perceber e identificar o teor de interferências em nossa mente.

> CLEMENTINO (d) – 5/45 – Dirigente espiritual do Centro Espírita e do grupo mediúnico.

ensanchas | 48 | (subst.masc.) – sobejo; sobra
solilóquio | 49 | (subst.masc.) – fala de alguém consigo mesmo; monólogo

CAP. 6 – PSICOFONIA CONSCIENTE

É descrito um caso de obsessão por paixão. A psicofonia é descrita de forma simples, qual processo de enxertia neuropsíquica. O médium "empresta" seu órgão vocal e possibilidade das sensações, mas permanece no comando firme da vontade, limitando caprichos e excessos, mantendo dessa forma a dignidade do trabalho caridoso e do próprio recinto. O Mentor espiritual recomenda a abstenção de perguntas ao visitante espiritual necessitado (com alienação mental), perguntas essas que procurariam identificá-lo. Se um psicofônico em serviço duvidar de sua mediunidade, o visitante espiritual que estiver atendendo será expulso e o socorro, anulado.

> *LIBÓRIO DOS SANTOS (d) – 6/58 – Espírito obsessor atendido em reunião mediúnica.*

CAP. 7 – SOCORRO ESPIRITUAL

Este capítulo se constitui em preciosa aula de como doutrinar um Espírito sofredor e irônico. É descrito o processo de regressão de memória (no Plano Espiritual), com ajuda de uma tela (de um metro quadrado, aproximadamente) formada de gaze tenuíssima. O aparelho se denomina "condensador ectoplasmático" e funciona com apoio dos médiuns. As cenas vistas pelo protagonista — o Espírito necessitado — são também percebidas intuitivamente pelo doutrinador, possibilitando-lhe o amparo adequado.

> *SARA (e) – 7/62 – É a mulher que LIBÓRIO vem obsidiando há 5 anos.*

CAP. 8 – PSICOFONIA SONAMBÚLICA

Foi trazido à reunião mediúnica um Espírito infeliz que há mais de dois séculos permanecia estagnado no egoísmo e apegado aos bens materiais. Foi atendido por médium psicofônica passiva (exteriormente), mas com absoluto controle moral do exercício mediúnico no qual se manteve presente e responsável. Quando um médium de psicofonia não possui méritos morais para a autodefesa, pode ser levado à possessão.

> *JOSÉ MARIA (d) – 8/73 – Espírito necessitado atendido em reunião mediúnica.*

nume | 69 | (subst.masc.) – divindade mitológica; gênio; influxo divino
(horrenda) fácies | 69 | (subst.fem.) – o aspecto

de um corpo tal como se apresenta
Escarmento | 71 | (subst.masc.) – correção; castigo; punição

CAP. 9 – POSSESSÃO

Vemos aqui a inconveniência da presença de pessoas necessitadas na reunião mediúnica, principalmente as epilépticas. Nesses casos, geralmente ocorrem crises de epilepsia por possessão espiritual, que é detalhada neste capítulo. Tal crise, que para a medicina terrena é um ataque epiléptico, pelo Plano espiritual, é considerada um "transe mediúnico de baixo teor". No caso focalizado neste capítulo, quando o Espírito obsessor é admitido na reunião ocorre grave crise orgânica no obsidiado.

PEDRO (e) – 9/78 – Doente que comparece à reunião mediúnica e é assediado por obsessor

---

CAP. 10 – SONAMBULISMO TORTURADO

Novamente é confirmada à inconveniência de encarnados obsidiados assistirem à reunião mediúnica. Neste capítulo, com a chegada do Espírito perseguidor, a mulher perseguida (encarnada) começa a gritar, transfigurada, contorcendo-se em pranto convulsivo, tendo a respiração sibilante e opressa.

Obs. 1 – Nem precisamos alongar considerações, pois é evidente o perigo que tais acontecimentos podem representar para o encarnado, além do potencial desequilíbrio que tende a colocar em risco o clima vibratório da reunião mediúnica. A ajuda ao encarnado necessitado será produtiva com o seu encaminhamento às palestras evangélicas, à recepção de passes, ao engajamento em atividades assistenciais, ao estudo doutrinário constante e principalmente, por preces e autorreforma .

Obs. 2 – Novamente(*) vemos citação da aplicação de eletrochoque em pessoas com crises histéricas (dementes). Tal recurso médico atualmente se mostra improdutivo e mesmo contraindicado .

(*) No livro "No Mundo Maior", Cap. 7, foi citado o eletrochoque e na respectiva sinopse anotamos: "Atualmente, são outros os conceitos sobre o tratamento por choque elétrico, que tiveram seu emprego consideravelmente restringido após o progresso da psicofarmacologia."

(clamores) roufenhos | 88 | (adj.) – fanhoso

CAP. 11 – DESDOBRAMENTO EM SERVIÇO

É descrito detalhadamente o fenômeno de desdobramento do médium seguido de psicofonia, tudo sob ação do Plano Espiritual. Há referências sobre o "duplo etérico", aqui considerado como "eflúvios vitais" situados entre alma e corpo. O duplo etérico se desintegra com a morte física.

RODRIGO e SÉRGIO (d) – 11/102 – Vigilantes espirituais que, em excursão de auxílio, conduzem em volitação e com segurança, o perispírito do médium em desdobramento (ANTÔNIO CASTRO).

OLIVEIRA (d) – 11/103 – Abnegado companheiro do grupo mediúnico, desencarnado há poucos dias e que é visitado por ANTÔNIO CASTRO (o médium desdobrado).

CAP. 12 – CLARIVIDÊNCIA E CLARIAUDIÊNCIA

A fluidificação da água é mostrada, sendo relatados os benefícios de medicação que promove. A clarividência e a clariaudiência são faculdades mediúnicas de percepção mental. Surdos e cegos encarnados podem ouvir e ver através de outros recursos, se convenientemente educados para isso(!). Há preciosa lição sobre os sentidos físicos e a mente. Formas-pensamento positivas criadas por Mentor espiritual são vistas por médiuns clarividentes. Por meio desse mesmo processo obsessores sugerem às suas vítimas impressões alucinatórias.

CAP. 13 – PENSAMENTO E MEDIUNIDADE

Este capítulo é dedicado a uma sublime preleção de um Espírito muito evoluído, no encerramento da reunião mediúnica. Constitui, para todos nós, verdadeira metodologia científica espírita para a renovação íntima e progresso espiritual.

A renovação mental é tida como o único meio de recuperação da harmonia, particularmente nos casos de "mediunidade torturada". A educação mediúnica, a leitura de livros de autoria dos orientadores do progresso, a bondade — a elevação de si mesmo, enfim —, tais os deveres do bom médium.

"Amor e sabedoria: asas para o voo definitivo, no rumo da perfeita comunhão com o Pai Celestial".

calhaus | 120 | (subst.masc.) – fragmentos de pedra dura
grilheta | 120 | (subst.fem.) – grilhão; obrigação penosa
escabiose | 121 | (subst.fem.) (Medicina) – sarna

CAP. 14 – EM SERVIÇO ESPIRITUAL

Vemos aqui o caso de um marido temperamental e atrabiliário que cedo desencarnou e a seguir tentou transformar a viúva em serva, não conseguindo, por ela ser médium vigilante de excelsas virtudes. Em consequência, tal marido estagiou em zonas purgatoriais até reconsiderar suas atitudes. Posteriormente, passou a contar com o auxílio da ex-esposa (embora não seja regra, foi-lhe permitido semanalmente se aproximar do antigo lar), e a acompanhá-la no culto íntimo da oração e nas tarefas mediúnicas.

É citado o "piche gaseificado" que predomina nos ambientes trevosos.

Há proveitosa lição sobre obsessão recíproca entre encarnado e desencarnado.

ABELARDO MARTINS (d) – 14/127 – Marido de CELINA, em processo de melhoria espiritual.
JUSTINO (d) – 14/132 – Diretor de Instituição espiritual que socorre psicopatas.

CAP. 15 – FORÇAS VICIADAS

Vampirismo sobre alcoólatras e fumantes. Apontamentos sobre a inexorabilidade da Lei de Ação e Reação, por meio de dolorosas reencarnações às "almas necrosadas nos vícios": mongolismo, hidrocefalia, paralisia, cegueira, epilepsia secundária, idiotismo, aleijão de nascença e outras moléstias são recursos angustiosos, mas necessários. É citado o exemplo de um hábil médium psicógrafo que, bebendo e fumando num restaurante, escrevia ideias escabrosas que captava de um infeliz Espírito ao qual estava imantado. O objetivo desse obsessor era perturbar uma jovem encarnada, envolvida com um crime. Em oposição a esse triste quadro a equipe espiritual, com André Luiz, vê uma ambulância passar por eles e nela um médico acompanhado de um Espírito que lhe envolvia a cabeça em "roupagem lirial, com suaves irradiações calmantes de prateada luz".

CAP. 16 – MANDATO MEDIÚNICO

Narração de como é realizada a segurança da reunião mediúnica, a cargo do Plano Espiritual e, como uma médium dedicada, com o ideal de amor, é assistida pelos Benfeitores espirituais. É mostrado como proceder no atualmente chamado "atendimento fraterno", que se desenrola nos dois Planos, sem individualizar o auxílio, mas com sugestões evangélicas tendo endereço certo: os necessitados.

Vários obsessores "procuravam hipnotizar suas vítimas precipitando-as no sono provocado, para que não tomassem conhecimento das mensagens transformadoras ali veiculadas pelo verbo construtivo".

Notável citação é a do "espelho fluídico" que mostra aos Espíritos protetores o perispírito da pessoa ausente, para a qual alguém formulara petição por escrito: vendo as necessidades, inspiravam a médium psicógrafa a anotar a orientação e o atendimento adequados.

O "mandato mediúnico", aqui largamente explicitado, constitui apreciável condição do médium compromissado com o dever, mas sobretudo com o Evangelho de Jesus.

As instruções têm clareza e ao mesmo tempo advertências, sendo lição imperdível a todos os médiuns.

AMBROSINA (e) – 16/148 – Médium dedicada, com ideal de amor, em atividade há mais de 20 anos sucessivos.
GABRIEL (d) – 16/150 – Mentor de grupo mediúnico.

CAP. 17 – SERVIÇO DE PASSES

São oportunas as instruções deste capítulo, versando sobre passes e passistas. Tantas e sublimes são as explicações que impedem a síntese. Não obstante, eis os tópicos:

– "toque desnecessário"; chispas luminosas saindo das mãos; energias circulando da mente do passista às suas mãos; força magnética isenta de moral; médium curador sem moral, resvalando para situações difíceis; necessidade do estudo pelo médium; força da prece sincera; recepção positiva e negativa por parte do paciente; causas espirituais das doenças; a cura pela renovação dos pensamentos; passes à distância.

> *CLARA e HENRIQUE (e) – 17/161 – Médiuns passistas.*
> *CONRADO (d) – 17/162 – Orientador espiritual em atividade na "câmara de passes".*

colédoco | 169 | (adj. e subst.masc.) (Medicina) – porção terminal da via biliar principal

CAP. 18 – APONTAMENTOS À MARGEM

Nem sempre a solicitação de um encarnado (para ter notícias de ente amado que desencarnou), pode ser atendida. Isso se dá a benefício de ambos.

Novos apontamentos sobre a caridade de Jesus, o Espiritismo e a mediunidade.

CAP. 19 – DOMINAÇÃO TELEPÁTICA

Numa traição conjugal, o cônjuge traído se ressente da influência perturbadora, pois o casal respira em regime de clima espiritual mútuo. Detectada a traição, só o perdão incondicional pode imunizar aquele que está sendo traído, beneficiando-o com a paz da consciência. Nesses acontecimentos, tão generalizados, o lar se transforma em trincheira de lutas, campeando angústias e repulsão a desaguarem nas tormentosas águas da obsessão.

> *TEONÍLIA (d) – 19/179 – Assistente espiritual em equipe de auxílio.*
> *ANÉSIA (e) – 19/179 – Esposa traída e com dificuldades para*

educar 3 (três) filhas e cuidar da mãe, prestes a desencarnar.
JOVINO (e) – 19/179 – Marido de ANÉSIA.
MARCINA, MARTA e MÁRCIA (e) – 19/182 – Filhas de ANÉSIA e
JOVINO. São jovens.

CAP. 20 – MEDIUNIDADE E ORAÇÃO

Valiosos são os apontamentos sobre o casamento e o perdão, quando o lar vivencia traição de um cônjuge. Diz o Mentor Áulus: A vingança é a alma da magia negra. Mal por mal, significa o eclipse absoluto da razão(!).

Pela prece, o ofendido não muda os fatos, mas modifica a si mesmo, obtendo forças e amparo espirituais para administrar evangelicamente a crise conjugal.

ELISA (d) – 20/189 – Mãe de ANÉSIA. Está em avançado "processo liberatório" (desencarnação).

CAP. 21 – MEDIUNIDADE NO LEITO DE MORTE

Uma moribunda invigilante atrai o Espírito do filho (desencarnado) e imanta-se a ele, num verdadeiro transe mediúnico altamente prejudicial a ambos: o filho era alcoólatra e morreu assassinado. Em consequência dessa simbiose mental, imprudentemente autoconvocada e instalada, essa mãe passa a ter visões que são do desencarnado (perseguidores, serpentes e aranhas). Contudo, a lição prova, mais uma vez, que de todo mal Deus tira um bem: a ajuda do Plano Espiritual nos momentos finais é aqui repetida.

O capítulo descreve o rotineiro caso de comunicação nas ocorrências de morte: a moribunda, num sobresforço final, ainda como encarnada, consegue ir em perispírito visitar a irmã consanguínea que lhe restava na Terra, a qual, por sua vez, registra tal visita e depreende a morte da visitante.

OLÍMPIO (d) – 21/201 – Filho de ELISA (e irmão de ANÉSIA). Alcoólatra. Morreu assassinado.
MATILDE (e) – 21/205 – Irmã de ELISA, a qual, ao desencarnar, visita-a.

CAP. 22 – EMERSÃO NO PASSADO

Uma médium revive cenas do seu passado infeliz e apresenta um quadro de animismo. Não se trata de mistificação inconsciente ou subconsciente, mas sim de emersão no passado. Tal fato identifica uma doente mental, necessitada de auxílio evangélico, qual uma sofredora desencarnada, visitando a reunião mediúnica. No caso, muito comum entre encarnados, era alguém que renasceu pela carne, sem renovar-se em espírito, como acontece com mendigos que reencarnam envergando o esburacado manto da fidalguia efêmera que envergaram outrora!

CAP. 23 – FASCINAÇÃO

Um doloroso caso de mediunidade destrambelhada, sob ação cruel de um obsessor desencarnado, põe a descoberto fatos infelizes que já duram um milênio(!). A vítima de uma vingança, uma médium, tem tanta sintonia com seu algoz, que retransmite palavras num dialeto já morto, usado ao tempo passado no qual ambos se acumpliciaram em crime. Esse fenômeno caracteriza a "mediunidade poliglota" ou xenoglossia. De igual processualística ocorre a mediunidade pela qual um médium psicógrafo registra texto em idioma que lhe é desconhecido (na atual existência).

CAP. 24 – LUTA EXPIATÓRIA

É analisado o caso de uma pessoa que quando desencarnada esteve sintonizada e subjugada por Espíritos delinquentes. Ao reencarnar, essa pessoa trouxe deficiências orgânicas. A mediunidade entre familiares é exposta com preciosas advertências: eis que quase sempre, num lar, reencontram-se Espíritos que no passado vivenciaram desajustes, ou que tenham se unido para desajustar o próximo. Então, num e noutro caso, entre quatro paredes — no lar — o clima obsessivo resultante desse reencontro (proporcionado pela caridade de Deus, via reencarnação) tem abençoadas e múltiplas oportunidades de reconstrução individual e familiar, com a conquista da paz.

AMÉRICO (e) – 24/228 – Médium com deficiências orgânicas sintonizado a obsessores, com os quais se acumpliciou quando desencarnado.
MÁRCIO (e) – 24/228 – Alcoólatra (irmão de AMÉRICO).
JÚLIO (e) – 24/229 – Pai de AMÉRICO e MÁRCIO. Paralítico das pernas. Tem 5 (cinco) filhos.
LAURA, GUILHERME e BENÍCIO (e) – 24/230 – Os outros 3 (três) filhos de JÚLIO.

(estremeções) coreiformes | 225 | (adj.) – que se assemelha à coréia; instabilidade; diz-se de movimentação que lembra a da coréia. (Coréia – afecção que se manifesta por movimentos involuntários, breves, irregulares e de grande amplitude)

CAP. 25 – EM TORNO DA FIXAÇÃO MENTAL

A invigilância moral e os descaminhos dela resultantes geram angústias que, sem esforço, não se dissipam: ao contrário, fixam-se na mente de quem assim procede. Isso pode demorar séculos (cristalização do e no tempo), gerando "múmias espirituais", isto é, Espíritos hibernados no autodesequilíbrio. Por isso é que ocorrem as reencarnações compulsórias e difíceis, a benefício desses prostrados na evolução, a título de doce constrangimento (processo de reequilíbrio) da dor. A fixação mental gera os padecimentos da amnésia, esquizofrenia e paranóia.

Obs. – Sob risco de estarmos equivocados conjeturamos que também o autismo é um dos retratos fiéis do quadro espiritual da fixação mental prolongada.

CAP. 26 – PSICOMETRIA

Num museu: alguns objetos apresentam-se revestidos de fluidos opacos, fruto das multiplicadas lembranças dos que os possuíram (encarnados ou desencarnados). A imanação de objetos pela força mental sobre eles impregna-os de formas-pensamento, as quais, o médium psicômetra pode conhecer, mediante toque. "Almas e coisas", cada uma a seu modo, algo conservam do tempo e do espaço — eternos na memória da vida. Um relógio, um quadro e um espelho, no museu que a equipe espiritual visita, com finalidade de pedagogia mediúnica, ofertam interessantes lições, ratificando que todos os problemas criados por nós não serão resolvidos senão por nós mesmos.

librar | 244 | (verbo) – pôr em equilíbrio; equilibrar

CAP. 27 – MEDIUNIDADE TRANSVIADA

O ultraje à oração e à mediunidade é aqui exposto,

mostrando penoso quadro em que espíritas medianamente esclarecidos, mas médiuns ociosos, exploram Espíritos desencarnados de condição inferior para a solução de problemas materiais. A vampirização se torna recíproca (entre encarnados e desencarnados). André Luiz filosofa, mais uma vez, sobre a bênção da pedagogia divina: "a dor é o grande ministro da Justiça Divina"!

CÁSSIO (d) – 27/251 – Guardião espiritual que tenta recuperar um grupo mediúnico irresponsável.

QUINTINO (e) – 27/252 – Teimoso — e invigilante — diretor de um grupo mediúnico que promete solução para problemas materiais.

RAIMUNDO (e) 27/252 – Componente do grupo mediúnico sob direção de QUINTINO.

TEOTÔNIO (e) – 27/253 – Componente do grupo mediúnico sob direção de QUINTINO.

CAP. 28 – EFEITOS FÍSICOS

As chamadas "sessões de materialização", segundo o Plano Espiritual, só se justificam quando são realizadas com altos objetivos morais, como por exemplo, a cura de doentes encarnados. Os Espíritos desencarnados que agem nessas reuniões extraem forças de pessoas, de objetos e da Natureza, as quais se casam aos elementos espirituais.

São enérgicos os alertas quanto aos perigos dessas reuniões, tendo em vista que os encarnados que dela participam devem ter sentimentos purificados, a par de conduta cristã, o que dificilmente acontece coletivamente. As infinitas possibilidades de emprego do ectoplasma são aqui enunciadas, sendo explicitadas suas excelsas propriedades de transporte de matéria de qualquer natureza, inclusive o corpo humano (!), através da desmaterialização num ponto e rematerialização em outro, próximos ou distantes.

> GARCEZ (d) – 28/266 – Espírito técnico em atividades ligadas a "efeitos físicos".

CAP. 29 – ANOTAÇÕES EM SERVIÇO

Há ligeira crítica sobre a sinonímia utilizada pela Metapsíquica em contraponto à simplicidade evangélica. Prestes a concluir o proveitoso estágio na companhia do Assistente Áulus, André Luiz ainda narra novas e belíssimas considerações, ouvidas por ele, sobre o Espiritismo, a mediunidade e o comportamento dos médiuns.

acoimam | 275 | (do verbo acoimar) – multam; punem; castigam

CAP. 30 – ÚLTIMAS PÁGINAS

As várias e sublimes ações dos diferentes médiuns são aqui filosoficamente enunciadas, com raros timbres poéticos e morais. O sacerdócio da paternidade e da maternidade é expresso com eloquência evangélica, posto que é no lar que a mediunidade se mostra mais espontânea e mais pura (eis aqui uma informação, ou melhor, um esclarecimento, que nos induz a intensas reflexões...).

Agradabilíssima surpresa no fecho deste livro: o próprio André Luiz profere uma prece aos Benfeitores Espirituais. Sem identificar, a prece reporta-se à gratidão dele para com o bondoso Áulus.

Gratidão que também é nossa!

escopro | 282 | (subst.masc.) – instrumento de ferro e aço para lavrar pedra ou madeira

AÇÃO E REAÇÃO
9 CAPÍTULO

Neste livro, você vai encontrar uma descrição das regiões inferiores da esfera espiritual e do sofrimento a que se projeta a consciência culpada, após a morte do corpo físico.

André Luiz apresenta estudos de casos reais, oferecendo orientações sobre o débito aliviado, a lei de causa e efeito, os preparativos para a reencarnação, os resgates coletivos e o valor da oração.

O autor espiritual mostra-nos que as possibilidades na atual existência estão vinculadas às ações em existências passadas, do mesmo modo que as ações na atualidade condicionarão as possibilidades futuras.

```
┌─────────────────────────────────────────────┐
│                  CONVITE                      │
│   ESTUDO SISTEMATIZADO DE ESPIRITISMO         │
│   A PARTIR DE ................./20.....       │
│   --- 5ªS FEIRAS – 20 ÀS 21 H ---             │
│                                               │
│   INÍCIO DOS ESTUDOS DO LIVRO:                │
│   "AÇÃO E REAÇÃO" – (ANDRÉ LUIZ/ FRANCISCO     │
│                            CÂNDIDO XAVIER)    │
└─────────────────────────────────────────────┘
```

O sofrimento dos Espíritos desencarnados, que na romagem terrena obnubilaram a consciência, é descrito sem rodeios, servindo como poderoso alerta para todos nós.

Lendo esse livro é penoso verificar o quanto o homem ainda se demora em observar as Leis Morais, em particular a de Justiça Divina, que Deus instituiu, em sua sabedoria e amor, fazendo com que a cada ação invariavelmente ocorra a respectiva reação. Isso, tanto no moral quanto no material.

De forma tão pedagógica quanto interessante, André Luiz descreve inúmeros casos comportamentais de encarnados, expondo a seguir suas consequências no mundo espiritual.

Muitos delitos e monstruosidades vêm à tona, explicitando o porquê de duras condições resultantes, as quais, na verdade, constituem reajustamento à Lei.

Contudo, há também narrações de resgates aceitos com sincero arrependimento, humildade e resignação, carreando atenuantes, na razão direta do merecimento dos agentes.

De ponta a ponta da leitura sobressai o imensurável Amor do Pai para com todos os seus filhos, maximizado quando estes se ajustam, confirmando as palavras do Mestre Jesus que, de forma altissonante, proclamou que "do redil divino nenhuma ovelha se perderia".

ESTUDO SISTEMATIZADO DE ESPIRITISMO

PROGRAMA: Março a Agosto/2004
Livro: "Ação e Reação" (André Luiz/ Francisco Cândido Xavier)

Aulas Semanais	Assunto	Expositor/a
1ª – 04. Mar. 04	Abertura do Curso Comentários sobre a obra e o Prefácio Distribuição das sinopses aos frequentadores Cap. 1 – Luz nas sombras	
2ª –11. Mar. 04	Cap. 2 – Comentários do Instrutor	
3ª – 18. Mar. 04	Cap. 3 – A intervenção na memória	
25. Mar. 04	RECAPITULAÇÃO: Temas do mês: Perguntas e respostas	
4ª – 01. Abr. 04	Cap. 4 – Alguns recém-desencarnados	

Aulas Semanais	Assunto	Expositor/a
5ª – 08. Abr. 04	Cap. 5 – Almas enfermiças	
6ª – 15. Abr. 04	Cap. 6 – No círculo de oração	
7ª – 22. Abr. 04	Cap. 7 – Conversação preciosa	
29. Abr. 04	RECAPITULAÇÃO: Temas do mês: Perguntas e respostas	
8ª – 06. Mai. 04	Cap. 8 – Preparativos para o retorno	
9ª – 13. Mai. 04	Cap. 9 – A história de Silas	
10ª – 20. Mai. 04	Cap. 10 – Entendimento	
27. Mai. 04	RECAPITULAÇÃO: Temas do mês: Perguntas e respostas	
11ª – 03. Jun. 04	Cap. 11 – O Templo e o Parlatório	
12ª – 10. Jun. 04	Cap. 12 – Dívida agravada	
13ª – 17. Jun. 04	Cap. 13 – Débito estacionário	

ROTEIRO DE ESTUDOS DAS OBRAS DE ANDRÉ LUIZ

Aulas Semanais	Assunto	Expositor/a
24. Jun. 04	RECAPITULAÇÃO: Temas do mês: Perguntas e respostas	
14ª – 01. Jul. 04	Cap. 14 – Resgate interrompido	
15ª – 08. Jul. 04	Cap. 15 – Anotações oportunas	
16ª – 15. Jul. 04	Cap. 16 – Débito aliviado	
17ª – 22. Jul. 04	Cap. 17 – Dívida expirante	
29. Jul. 04	RECAPITULAÇÃO: Temas do mês: Perguntas e respostas	
18ª – 05. Ago. 04	Cap. 18 – Resgates coletivos	
19ª – 12. Ago. 04	Cap. 19 – Sanções e auxílios	
20ª – 19. Ago. 04	Cap. 20 – Comovente surpresa	
26. Ago. 04	Encerramento dos estudos: "AÇÃO E REAÇÃO" Reflexões sobre toda a obra	

OBSERVAÇÕES:

1. Os nomes dos Expositores(as) são divulgados a cada bimestre.

2. Resumo do Livro "AÇÃO E REAÇÃO":

– Entregue no início dos estudos (Março/2004) aos participantes.

– Os interessados retardatários deverão solicitar cópia ao Responsável pelo Curso.

3. Por se tratar de estudo sistematizado, de obra específica, rogamos aos expositores que, em suas apresentações, seja enfatizado o Capítulo em foco.

(Local e data)

_____
(Responsável pelo Estudo)

ESTUDO SISTEMATIZADO DE ESPIRITISMO

Coleção "ANDRÉ LUIZ"
Livro: "AÇÃO E REAÇÃO" (André Luiz/ Francisco Cândido Xavier)

IDENTIFICAÇÃO

TÍTULO: "AÇÃO E REAÇÃO" – 20 capítulos; 273 páginas

AUTOR: Espírito ANDRÉ LUIZ (pseudônimo espiritual de um consagrado médico que exerceu a Medicina no Rio de Janeiro)

PSICOGRAFIA: FRANCISCO CÂNDIDO XAVIER (concluída em 1956).

EDIÇÃO: Primeira edição em 1956, pela Federação Espírita Brasileira (Rio de Janeiro/RJ).

Para a realização deste trabalho, consultamos a 5ª edição/1976. Em 2006 foi lançada a 27ª edição, do 319º ao 323º milheiro de exemplares.

NOTA: Em 2003, na Bienal do Livro do Rio de Janeiro, comemorando a expressiva marca de 1,5 milhão de exemplares do livro NOSSO LAR, a FEB reeditou, com nova diagramação e capa, a coleção dos 13 (treze) livros de André Luiz com psicografia de Francisco Cândido Xavier e Waldo Vieira, tratando de "A Vida no Mundo Espiritual"!

O presente livro teve essa 1ª edição especial (2003) de 5.000 exemplares.

PREFÁCIO: ESPÍRITO EMMANUEL.

RESUMO – CAPÍTULO A CAPÍTULO

CAP. 1 – LUZ NAS SOMBRAS

ANDRÉ LUIZ e HILÁRIO vão à "Mansão da Paz", no umbral, para aprendizados ou complementações referentes à Lei de Causa e Efeito. Assistem a uma conferência, na qual são descritas as várias concepções das antigas civilizações sobre a vida além-túmulo, com resultantes respectivamente boas ou más, sob império implacável da Justiça, segundo as ações de cada um.

É explicitado o "carma" dos hindus: leis de causa e efeito.

No exterior da "Mansão da Paz" uma ventania ululante movimentava no ar uma substância escura como lama aeriforme, dentro da qual rostos humanos surgiam com lamentos de horror. Eram criaturas cruéis que, segundo o Instrutor Druso, "odeiam e aniquilam, mordem e ferem". Tais criaturas não podiam ser abrigadas, pois aniquilariam selvagemente seus eventuais acolhedores. Algumas vivem ali por séculos!

NOTA: Não é a primeira vez que vemos situação similar nas obras de André Luiz. Com efeito, já a partir de "Nosso Lar" (Cap. 28 – "Vampiro"), há casos de Espíritos extremamente fixados no erro, violentos e impenitentes, que não podem ser admitidos nas Instituições Espirituais socorristas, pois colocariam em risco o equilíbrio delas. Não se diga que isso é falta de caridade. Na verdade, trata-se de prudência!

O capítulo leciona que ao criminoso não bastam sofrimentos e purgações, em regiões infernais, sob revolta e inconformismo, mas sim, a cessação da febre de loucura e de rebelião, com o culpado entregando-se ao remorso e à penitência.

Naquele tormentoso clima vivem as almas sob condições infernais que elas próprias criaram, até que despertem para o bem. Em suma, todos aqueles conflitos e angústias servem para depurar os que se consagram à deliberada criminalidade. Por permissão do Senhor, as atividades do mal, de forma direta, fustigando os maus, proporcionam a eles que se curem com o próprio mal.

DRUSO (d) – 1/13 – Diretor há 50 anos da escola de reajuste "Mansão da Paz", na jurisdição de "Nosso Lar", mas encravada em zona de sombra espessa, tocada de ventania inquietante, quanto incessante.

HILÁRIO (d) – 1/14 – Colega de André Luiz em "Nosso Lar" (quando encarnado, também foi médico).

NOTA: Registramos aqui, como humilde homenagem e sincera gratidão, que esse Espírito (Hilário) tem presença marcante nos dois últimos livros de André Luiz, tendo a graça de, formando dupla com ele, acompanhar Instrutores celestes, realizando variados estágios de aprendizado espiritual, tanto no Plano em que se encontram, como também em multiplicadas visitas ao Plano terreno, em Centros Espíritas e em residências.

André Luiz demonstra grande fraternidade para com Hilário. E nós também!

"surdiam em esgares" | 15 | (do verbo surdir – sair da terra, brotar) e (subst.masc.) – caretas :"apareciam caretas", "apareciam carrancas"

CAP. 2 – COMENTÁRIOS DO INSTRUTOR

Em recinto confortável e amplo da "Mansão da Paz" reuniam-se cerca de duzentos assistidos, a maioria, de semblante disforme e triste. O capítulo contém numerosos ensinamentos sobre o bom ânimo e à construção individual do "destino", quando cada um de nós estagia ora no plano físico, ora no espiritual. Em suma: somos vítimas de nós mesmos, tanto quanto todos somos beneficiários da Tolerância Divina que nos concede infinitas oportunidades de correção e ressarcimento. Há a informação de que, Espíritos equilibrados, quando desencarnam, têm a memória de vidas passadas; já os Espíritos intranquilos, culpados, veem-se acometidos de amnésia, qual sombra eclipsando-lhes a visão (do passado). Há velada crítica à regressão de memória por meio de hipnose.

SILAS, HONÓRIO e CELESTINA (d) – 2/24 – Assessores (assistentes) na "Mansão da Paz".
PAULO (d) – 2/29 – Espírito sofredor, cuja mãe, em vão, procura ajudar.

CAP. 3 – A INTERVENÇÃO NA MEMÓRIA

Loucura por telepatia! Reencarnações em conexão com "planos infernais"! Encontramos neste capítulo exposição dessas situações, constituindo inédito aprendizado sobre o Plano Espiritual. Instrutores Espirituais do "Cenáculo da Mansão" agem como autoridades intermediárias nos processos reencarnatórios, que são decididos por mensageiros da luz (instância superior).

Fato assombroso: Espíritos trevosos, munidos de canhões de bombardeio eletrônico (!) atacam a Instituição ("Mansão da Paz"), que possui defesas eficientes.

BARRETO (d) – 3/33 – Assessor (assistente) na "Mansão da Paz".
JONAS (d) – 3/34 – Prestes a reencarnar (porém, a futura mãe o rejeita).
CECINA (e) – 3/34 – Futura mãe (de Jonas).
ANTÔNIO OLÍMPIO (d) – 3/42 – Acumulou tantos débitos morais que tem o perispírito deformado.

CAP. 4 – ALGUNS RECÉM-DESENCARNADOS

Equipes socorristas da "Mansão da Paz" atendem recém-desencarnados em desequilíbrio mental, mas credores de imediata assistência. Há várias narrações de recém-libertos da matéria que só então se mostram grandemente arrependidos. Um desses dolorosos casos, de grande impacto emocional, mostra a ingratidão filial, e em contraposição, o sublime amor maternal que a tudo perdoa. O capítulo leciona que as sombras da consciência só desaparecerão da alma do devedor com o suor do trabalho ou sob o pranto da expiação. Vemos também como a literatura perniciosa que descreve figuras demoníacas pode impressionar Espíritos frágeis, que os ideoplasmam, passando a conviver grandes tormentos com essas formas-pensamento autoedificadas. Há proveitosa explanação sobre como as energias mentais exteriorizadas por cada Espírito (na forma de pensamento, por exemplo) sempre retornam à origem, intensificadas pelos elementos — bons ou maus — que com elas se harmonizam.

(mútua) imanização | 53 | (do verbo imanizar –
magnetizar, imanar, imantar)
Debuxos | 54 | (subst.masc.) – esboço; rascunho; traço; projeto

CAP. 5 – ALMAS ENFERMIÇAS

Uma caminhada pelos arredores da "Mansão da Paz", pelas regiões das sombras densas, mostra compacta multidão de almas em reajuste, conturbadas e sofredoras, soluçando, gritando e blasfemando. Esses infelizes Espíritos são prisioneiros de si mesmos; só conseguirão ser amparados quando superarem a crise de perturbação ou de angústia na qual mergulharam, o que pode demorar dias, meses ou anos. Cães enormes prestam relevantes serviços naquela área trevosa.

Espíritos desencarnados, tanto quanto encarnados, vivem cercados de energia que irradiam, impressionando o olfato daqueles que estejam próximos, de modo agradável ou desagradável. Três Espíritos são mantidos em celas individuais, tendo cada um, por companhia permanente, apenas e tão somente, as escabrosas formas-pensamento que criaram, reflexo de sua equivocada vida terrena. Só poderão ser amparados quando modificarem sua tela mental.

ORZIL (d) – 5/62 – Guarda na "Mansão da Paz".
CORSINO (d) – 5/65 – Preso aos despojos, pela lembrança dos seus descaminhos.
VEIGA (d) – 5/65 – Fixado à herança que perdeu ao desencarnar.

Vastação (purificadora) | 61 | (subst.fem.) – devastação
enxovia | 67/92 | (subst.fem.) – cárcere subterrâneo, escuro, úmido e sujo
esvurmava | 68 | (do verbo esvurmar – limpar ferida do vurmo ou pus)
alcoice | 68/222 | (subst.masc.) – o mesmo que alcouce: prostíbulo; bordel
tugúrio | 69 | (subst.masc.) – cabana; refúgio; abrigo

CAP. 6 – NO CÍRCULO DA ORAÇÃO

Numa dependência da "Mansão da Paz", destinada à prece, há grande tela translúcida, de mais ou menos 6m², denominada "câmara cristalina". Ouvimos então comovente e sublime prece enfatizando a excelsitude do perdão, mesmo para os Espíritos de suprema perversidade. O grupo em oração vê na "câmara cristalina" surgir a figura do Ministro SÂNZIO, figura essa branda e aureolada de intensa luz, que se materializa. O capítulo se reveste de capital importância para o entendimento de como o Plano Espiritual reúne Espíritos reciprocamente faltosos numa mesma família, a fim de que, também em conjunto, agora, reparem arestas, refaçam o que, juntos, no passado, destruíram. Essa é a oportunidade de restabelecerem laços de fraternidade e amor.

MADALENA e SÍLVIA (d) – 6/76 – Foram irmãs que tiveram por maridos dois irmãos, também consanguineos, que se odiavam. Agora, abnegadas, tentam ajudá-los.
SÂNZIO (d) – 6/79 – Ministro da Regeneração, em "Nosso Lar".

Calcetas | 78 | (subst.masc.) – indivíduos condenados
à argola de ferro no tornozelo

CAP. 7 – CONVERSAÇÃO PRECIOSA

O Ministro SÂNZIO considera-se "funcionário humilde dos abismos" e reflete sobre a dor e sobre Espíritos mergulhados há séculos (!) nos despenhadeiros infernais; nenhum deles jamais foi esquecido pela Divina Bondade, afirma.

NOTA: André Luiz, de forma enigmática, "deixa no ar" que o Ministro SÂNZIO, em algum lugar, um dia, já o conhecera.
Este capítulo é forte na descrição do "carma", designado

como "conta do destino criada por nós mesmos". Essas contas permanecem sob controle universal do sistema de contabilidade da justiça inalienável da Casa de Deus. Gênios celestes são prepostos a administrar o amplo amor divino, concedendo empréstimos, "moratórias" e recursos extraordinários a todos os Espíritos encarnados ou desencarnados, segundo o merecimento de cada um. Tudo o que há no mundo — rigorosamente tudo — pertence a Deus, que empresta ao homem para que este efetue sua sublimação em conhecimento e virtude. E desses empréstimos, todos teremos que prestar contas, ante o juiz inexorável da morte.

Definindo o "bem" e o "mal":

– O bem é o progresso e a felicidade, a segurança e a justiça";

– o "mal" é a triste vocação de bem unicamente para nós mesmos" (egoísmo).

A forte tentação de um ex-suicida reencarnado por novo suicídio é aqui explicitada.

Há dívidas que só serão resgatadas por meio de várias reencarnações.

quadrava | 85 | (do verbo quadrar) – (Bras.) – dar postura ao corpo
pevide | 92 | (subst.fem.) – semente

CAP. 8 – PREPARATIVOS PARA O RETORNO

Vemos aqui como uma esposa de marido criminoso e extremamente infeliz se vale da prece para ajudá-lo, rogando retorno de ambos ao plano físico. A fixação no ouro leva os Espíritos à perda da razão, os quais, no Plano Espiritual, passam a apresentar aspecto horripilante. Há impressionante notícia da existência, no Plano Espiritual, de "escolas de vingadores", organizadas e mantidas por Inteligências criminosas, que identificam o chamado "desejo central" de cada Espírito para sobre ele passar a exercer influência obsessiva, dilatando-lhe, na personalidade, a ânsia resultante desse interesse íntimo. Crueldade, cobiça, maledicência, escárnio e irritação refletem desequilíbrio, tanto quanto elevação moral reflete santidade.

A ação de um vigoroso hipnotizador desencarnado sobre um cobiçoso fazendeiro encarnado entremostra o perigo da fixação nas posses materiais.

ADÉLIA (e) – 8/106 – Esposa de Luis.

---

misantropia | 100 | (subst.fem.) – aversão à sociedade, aos homens
onzenários | 105 | (adj.) – usurários; agiotas
(emprestam a juros de 11%)
Cérbero | 107 | (subst.) – cão que segundo a mitologia grega
guarda a porta do inferno; (fig.): guarda grosseiro, intratável

CAP. 9 – A HISTÓRIA DE SILAS

O capítulo é comovente, nele vemos como um bondoso Espírito confessa, em público, todos os descaminhos que palmilhou, entregue à usura e amor ao ouro. A confissão, expondo os tormentos da colheita obrigatória da má semeadura, evidencia a Bondade Divina que concede ao criminoso incessantes e inapreciáveis oportunidades de reconstrução moral, a qual passa, em primeiro plano, pelo trabalho em soerguer suas vítimas. A reflexão de que a má ação de um minuto por vezes demanda enorme tempo para o devido reajuste e refazimento emoldura o ensinamento sobre a ação do mal, que pode ser rápida, mas que ninguém sabe quanto tempo exigirá o serviço de sua reação.

AÍDA (e) – 9/121 – Segunda esposa do pai do Assistente Silas.
ARMANDO (e) – 9/122 – Primo de Aída.

---

epizootias | 115 | (subst.fem.) – doença, contagiosa ou não, que ataca numerosos animais, ao mesmo tempo
avoengos | 119 | (subst.masc.) – antepassados; avós
(casa) solarenga | 124 | (adj.) – que tem aspecto ou feitio solar

CAP. 10 – ENTENDIMENTO

O criminoso contumaz, após a morte, purga nas regiões trevosas por longos períodos e por diversas vezes volta a reencarnar em dificílimas condições; sendo que, em cada desencarnação, volta também a estagiar nas mesmas regiões infernais. Cada reencarnação, nesse caso, constitui bênção, pelo olvido temporário da sua triste biografia. Dois Espíritos vingativos são levados à presença de um pianista (encarnado) que é intuído a executar a 6ª (sexta) Sinfonia de Beethoven (a "Pastoral"). O balsamizado império da boa música os sensibiliza.

Lições de perdão, humildade e amor emolduram o reencontro desses vingadores com uma abençoada mulher, que, quando encarnada, lhes fora cunhada e que, por culpa de ambos, que obsidiavam terrivelmente o marido (irmão deles, que os assassinara), desesperou-se: atirou-se num lago, vindo a desencarnar. Em próxima reencarnação viria a ser-lhes mãe amorosa!

LUDOVINO (d) – 10/132 – Vigilante espiritual em atividade num hospital terreno.
LAUDEMIRA (e) – 10/132 – Enferma, prestes a passar por cirurgia. Vítima de obsessores.
PAULINO (d) – 10/145 – Mantém-se no lar terreno tentando amparar o filho, ainda encarnado.

---

cavaqueavam | 130 | (do verbo cavaquear – conversar com intimidade)

CAP. 11 – O TEMPLO E O PARLATÓRIO

No "Templo da Mansão" uma cruz informa e recorda a todos os que ali vão orar que Jesus está presente. Nichos, aparentemente vazios, proporcionam a cada Espírito eleger diante de qual fará suas preces, segundo a fé que abraça. Vê-se ali como o ser humano ainda carece de símbolos, mas vê-se também como os Poderes Divinos, diante da fé sincera, propiciam amorosa veneração. Assimilando a faixa mental dos Espíritos em oração foi dado ver nos nichos as belas imagens que suas mentes formavam, ouvir o que diziam seus rogos e esperanças, expressados com respeito e fé.

NOTA: É explicado como um Espírito protetor (no caso, o Dr. Bezerra de Menezes) atende às dezenas de súplicas, simultaneamente: "centenas de Espíritos estudiosos e benevolentes obedecem-lhe às diretrizes nas lavouras do bem, nas quais opera ele em nome do Cristo".

Já do lado de fora do Templo, outro era o clima: ali era o "parlatório" da Mansão, onde grandes fileiras de almas sinceras e sofredoras, em desespero, oravam também, mas aos gritos, com rogativas ardentes e apelos desenfreados.

RICARDO (e) – 11/161 – Viúvo e em rudes provas. Sua ex-esposa, na Espiritualidade, ora por ele.

---

recolta | 154 | (subst.fem.) – colheita

CAP. 12 – DÍVIDA AGRAVADA

Espíritos com "sentimentos tigrinos" não podem ser acolhidos em ambientes onde reina a Paz (no caso, o "Templo da Mansão") pois não resistiriam ao impacto da claridade dominante, dosada em fotônios de teor eletromagnético, ajustada à segurança daquela casa de oração. Só com sinceridade nas rogativas e ausência de revolta na alma é que o acesso se torna livre. Isso demonstra que o socorro espiritual está sempre de braços abertos à provação e ao sofrimento, mas não à rebeldia e ao desespero.

Ao apelo de uma mãe, acontece um sublime atendimento espiritual à filha, evitando o suicídio desta.

O capítulo se reporta ao fato de um devedor cometer as mesmas faltas, agravando seu débito perante a Justiça Divina.

LUÍSA (d) – 12/166 – Mãe em desespero que solicita amparo para filha encarnada.

MARINA (e) – 12/166 – Filha de Luísa. Está prestes ao suicídio. Tem a chamada "conta agravada".

JORGE (e) – 12/169 – Marido de Luísa. Internado em leprosário, para tratamento.

ZILDA-NILDA (d) – 12/169 – (e) 12/171 – Zilda foi Irmã de Luísa. Suicidou-se e a seguir reencarnou como filha de Marina, chamando-se Nilda.

---

aresto | 171 – 238 | (subst.masc.) – decisão de um tribunal; acórdão
singultos | 173 | (subst.masc.) – soluços

CAP. 13 – DÉBITO ESTACIONÁRIO

A prece humilde de um Espírito bom, plena de fé e caridade, subtrai uma mulher à desencarnação precoce.

NOTA: Salvo melhor juízo, a forma como se processa esse sublime atendimento lembra, em parte, a "apometria" (sistema de atendimento espiritual a paciente encarnado, em reunião mediúnica, com desdobramento perispiritual tanto do paciente quanto de um médium, o qual retransmite ao(s) médico(s) encarnado(s) presente(s), para as providências médicas terrenas decorrentes, o diagnóstico proferido por Espíritos atendentes. Ainda em caráter experimental no Movimento Espírita).

No presente caso vimos que o atendimento se deu diretamente, sem o concurso de encarnados.

Passamos a ter conhecimento do assombroso caso de um Espírito (ora encarnado) que há mais de mil anos (!) vinha praticando delitos cruéis, em ambos os Planos, e, por isso, cristalizado que se acha no crime, teve seu débito "congelado", com hibernação espiritual compulsória. Na atual reencarnação, esse Espírito, "prisioneiro ainda perigoso", renasceu em corpo de anão e paralítico ("engaiolado", na expressão do Autor espiritual). Essa forma proporcionou-lhe ocultação provisória, tornando-o incomunicável e irreconhecível não só às numerosas vítimas (buscando vingança) como às suas ligações nos planos infernais. Na Terra ou no Espaço, reconhecível, provocaria perturbações e tumultos de consequências imprevisíveis.

NOTA: S.M.J., este é um dos mais importantes esclarecimentos inéditos trazidos por André Luiz: quer nos parecer que a partir dele o mongolismo, a idiotia e os demais casos de deficiência mental e/ou cerebral, até mesmo para alguns espíritas, passaram a ter um enfoque de lógica irretorquível, não espelhando castigo, mas, grande bênção.

POLIANA (e) – 13/175 – Enferma. Pobre. Prestes a desencarnar.
SABINO (e) – 13/176 – Filho de Poliana. É anão e paralítico. Sofre de idiotia completa.

CAP. 14 – RESGATE INTERROMPIDO

Um marido infiel torna-se rancoroso com a esposa e um filhinho, ao tempo que mantém amor paternal por duas filhas. Tresloucado, intenta assassinar a esposa para poder entregar-se por inteiro à paixão infeliz. O pensamento do marido forma imagens nítidas e sucessivas, recebidas com extrema nitidez por desencarnados. Impedido pelos Protetores de praticar o homicídio, o marido opta pela deserção dos compromissos com a família. Por isso, em outra reencarnação terá que voltar perante os débitos que agora não quita, os quais estarão acrescidos.

Comentários sobre o divórcio trazem à tona que os casais, via de regra, unem-se por vínculos do passado, quase sempre com débitos recíprocos, fazendo surgir arestas a serem amparadas, em esforço mútuo. O cônjuge que de forma mais proveitosa velar pelo bem familiar, com mais sacrifícios no serviço incessante pela felicidade familiar, certamente será o que mais se elevará na glória do Amor Divino.

ILDEU e MARCELA (e) 14/187 – Casados. Ildeu deixou-se seduzir por Mara.

MARA (e) 14/187 – Moça leviana que induz Ildeu a abandonar o lar.

ROBERTO, SÔNIA e MÁRCIA (e) 14/187 – Filhos do casal Ildeu-Marcela.

---

pantomima | 189 | (subst.fem.) – expressão
por meio de gestos; mímica

CAP. 15 – ANOTAÇÕES OPORTUNAS

O capítulo aborda, de início, o trabalho do famoso médico austríaco Sigmund Freud (1856-1939), comentando que nele faltou estudos sobre a reencarnação, com ênfase na explicação do "campo emotivo das criaturas pela medida absoluta das sensações eróticas".

A seguir, obtemos preciosos ensinamentos sobre o sexo, que é de substância mental e mentalmente determina as formas em que se expressa. O sexo, assim, é uma energia variável da alma — uma força do Criador nas criaturas, destinada a expandir-se em obras de amor e luz. A irresponsabilidade sexual, do homem ou da mulher, resultará em dolorosas consequências, sendo que o Autor espiritual cita uma grande quantidade de doenças advindas dos abusos sexuais, que tanto mal causam aos parceiros; e por reação, ao agentes. A inversão sexual é tratada como renascimento corretivo — em alguns casos, raros, não se trata de correção e sim de renúncia de Espíritos de belos caracteres que solicitam esse quadro pessoal para melhor poderem se desincumbir de tarefas missionárias, tarefas que a solidão ajuda a cumprir.

As terríveis consequências do aborto provocado são a seguir explicitadas.

ensanchas | 201 | (subst.fem.) – porção de pano que se deixa a mais; sobra
coonestar | 210 | (verbo) – dar aparência de honestidade, de decente
metrite e metralgia | 211 | (subst.fem.) – inflamação e dor (no útero)

CAP. 16 – DÉBITO ALIVIADO

Um homem com doença grave dedica-se a ajudar ao próximo! No desdobramento do sono é atendido por dois médicos espirituais. O capítulo mostra esse comportamento heróico e fraterno e o expõe como um débito do passado que se alivia. Esse homem fraternal, no passado, cometeu grave crime contra o pai e, após sofrer horrível perseguição paterna, reencarna. Em pouco tempo se vê órfão para aprender a valorizar a bênção de se ter pai.

É de sublime poesia a inefável maneira como um Espírito (encarnado), afetado por cruel enfermidade, administra sua existência, recebendo com amor paternal filhos enjeitados, que em vida pretérita ele desencaminhara.

ADELINO CORREIA (e) – 16/213 – Palestrante espírita, enfermo, "o irmão da fraternidade pura".
LEONTINA (e) – 16/216 – Mãe de Adelino.
MARISA (e) – 16/217 – Adolescente (9/10 anos presumíveis). É filha de Adelino.
MÁRIO e RAUL (e) – 16/217 – Cúmplices de Adelino em vida anterior.
ANTÔNIO e LUCÍDIO (d) – 16/218 – São, respectivamente, Mário e Raul, que reencarnaram como dois meninos enjeitados que foram adotados pelo mesmo Adelino, que os desencaminhara em vida passada.
MARTIM GASPAR (d) – 16/217 – Foi pai de Adelino em outra encarnação.
MARIA EMÍLIA (d) – 16/218 – Em outra encarnação foi esposa de Martim e madrasta de Adelino.

CAP. 17 – DÍVIDA EXPIRANTE

Também neste capítulo é citado o caso de um enfermo grave que, na atual encarnação, ressarce seu pesado débito: suportando com humildade e paciência os golpes reparadores, consegue conquistar a felicidade de encerrar citado débito definitivamente. Transcrevemos a lição:

" — Quando a nossa dor não gera novas dores e nossa aflição não cria aflições naqueles que nos rodeiam, nossa dívida está em processo de encerramento".

LAGO (d) – 17/229 – Atendente na "Mansão da Paz", em atividades num pavilhão de indigentes.
LEO/ERNESTO (e) – 17/229 – (d) 17/235 – Leo, enfermo, prestes a desencarnar, em vida anterior se chamava Ernesto.
HENRIQUE (e) – 17/232 – Irmão de Leo, que o declarou incapaz. Desencarnou com febre insidiosa.

FERNANDO (e) – 17/235 – Irmão de Leo, sofrendo idiotia, assassinado por Leo em outra reencarnação.

CAP. 18 – RESGATES COLETIVOS

É descrito o socorro espiritual às vítimas fatais de um acidente aéreo. A equipe dos atendentes era formada de Espíritos rigorosamente treinados em técnicas especialíssimas para esse tipo de auxílio. Dentre os mortos, alguns poderiam ser logo desligados dos despojos, outros ainda se demorariam jungidos à armadura física, tudo proporcional ao nível de desprendimento material atingido quando encarnados. "Morte física" é uma coisa, "emancipação espiritual", outra: o trabalho no bem comum e a caridade, a fé e o bom ânimo, o otimismo e a arte, bem como as preces intercessórias, são fatores que amenizam as duras provações!

As perdas de entes queridos, que tanta dor causam aos familiares, mormente em tais situações, sinalizam que estes, de alguma forma, podem ter sido, em vidas passadas, os coparticipantes dos delitos daqueles mesmos entes (no caso, as vítimas do acidente aéreo). Agora, todos resgatam coletivamente tal débito, de uma forma ou de outra.

ASCÂNIO e LUCAS (d) – 18/247 – Respeitados Assistentes em Esfera Superior.

cairel | 246 | (subst.masc.) – fita ou galão estreito; borda; beira

CAP. 19 – SANÇÕES E AUXÍLIOS

O corpo humano, quando enfermo, encontra-se em estado evolutivo espiritual e suas enfermidades constituem retificação. O álcool, a gula, a leviandade nos esportes e na dança, a calúnia, a perversão dos sentimentos, os abusos dos dotes físicos, o escárnio e a audição que desencadeiam a criminalidade — todas essas deficiências comportamentais geram, em vidas futuras, veículos fisiológicos com problemas patológicos correspondentes. É de se notar que tais expiações são imploradas pelos próprios agentes, sendo concedidas como exaustores cármicos. Eis algumas dessas solicitações: câncer, lepra, lesões genésicas, paralisias, reumatismos, neoplasmas, mudez, surdez, cegueira, inibições cerebrais, diabetes, epilepsia, pênfigo, etc. Tais anomalias orgânicas surgem por zonas de atração magnética, configurando exteriormente as deficiências do Espírito.

Há ainda, neste capítulo, reflexões e conceitos inéditos (e extremamente lógicos) sobre a dor:

a. "dor-evolução" – nos animais e nas plantas

b. "dor-expiação" – promove a regeneração do ser

c. "dor-auxílio" – para evitar maiores quedas ou para recuperação de antigos enganos.

CAP. 20 – COMOVENTE SURPRESA

André Luiz justifica o título do capítulo ao conduzir a narrativa deste capítulo final pela trilha sempre divina e dulcificada do Amor, fazendo com que a emoção vá ao topo da sensibilidade. De propósito, silenciamos quanto aos detalhes, deixando que cada leitor brinde seu coração com a sublime lição que dali emerge com alcandorado impacto.

Finalizando, o Autor espiritual relata, em introspecção, os três anos que passou no Cenáculo ("Mansão da Paz"), refletindo sobre a bondade de Druso, o administrador central.

Como fecho, mais uma vez é demonstrado o quanto Deus é justo e bondoso, bem como o quanto é sábia a Lei de Causa e Efeito!

AÍDA (d) – (20/267) – Ex-esposa de Druso, em vida passada, além de ter sido madrasta de Silas.
ARANDA (d) – 20/270 – Instrutor que substituirá Druso, que está prestes a reencarnar.

---

acúleo | 269 | (subst.masc.) – espinhos; ponta aguçada

EVOLUÇÃO EM DOIS MUNDOS
10 CAPÍTULO

CONTEÚDO DOUTRINÁRIO (*)

"Nesta obra altamente reveladora, o autor espiritual nos convida: "Estudemos a rota de nossa multimilenária romagem no tempo para sentirmos o calor da flama de nosso próprio espírito a palpitar no imorredouro na Eternidade (...)".

Para estudar o processo evolutivo do ser, André Luiz alia os conceitos da Ciência com a mensagem consoladora de Jesus reavivada pelo Espiritismo, oferecendo admirável estudo científico sobre o harmonioso elo existente na evolução da alma nos dois planos da vida: o mundo material e o mundo espiritual".

Em sua primeira parte, esta obra instrui sobre fluido cósmico, corpo espiritual, evolução e sexo e muitos temas.

Na segunda parte, através de perguntas e respostas, trata de questões sobre alimentação dos desencarnados, matrimônio e divórcio, gestação frustrada, determinação do sexo, além de outros assuntos relevantes.

(*) Texto da FEB, na 4ª capa da "edição especial", a partir de 2003.

```
┌─────────────────────────────────────────────┐
│                  CONVITE                      │
│   ESTUDO SISTEMATIZADO DE ESPIRITISMO         │
│   A PARTIR DE ................./20.....       │
│   --- 5ªS FEIRAS – 20 ÀS 21 H ---             │
│                                               │
│     INÍCIO DOS ESTUDOS DO LIVRO:              │
│   "EVOLUÇÃO EM DOIS MUNDOS" – (ANDRÉ LUIZ/ FRANCISCO │
│            CÂNDIDO XAVIER – WALDO VIEIRA)     │
└─────────────────────────────────────────────┘
```

DETALHES BIBLIOGRÁFICOS:

– Obra psicografada em 1958 por dois médiuns: Dr. Waldo Vieira (em Uberaba/MG) e Francisco Cândido Xavier (em Pedro Leopoldo);

– Compõe-se de duas partes:

1ª – vinte capítulos científicos;

2ª – vinte textos doutrinários: perguntas e respostas.

– Os dez primeiros capítulos da primeira parte contêm sete subtítulos, cada; os dez restantes, oito subtítulos. Assim, encontramos 150 (cento e cinquenta) temas nessa primeira parte científica (!).

– Tanto a primeira quanto a segunda parte, foram psicografadas em atividade semanal, sendo os capítulos de número ímpar por Waldo Vieira e os pares, por Francisco Cândido Xavier;

– Editada pela Federação Espírita Brasileira (FEB). Até 2006 já havia 24 (vinte e quatro) edições, totalizando 260,5 milheiros (duzentos e sessenta mil e quinhentos exemplares);

– Em 2003 a FEB reeditou toda a coleção, com nova

diagramação e capa, realizando uma primeira edição do "Evolução em Dois Mundos" em Julho, com 5.000 (cinco mil) exemplares.

ESTUDO SISTEMATIZADO DE ESPIRITISMO

PROGRAMA: Setembro/2004 a Março/2005
Livro: "Evolução Em Dois Mundos" (André Luiz/ Francisco Cândido Xavier – Waldo Vieira)

Aulas Semanais	Assunto	Expositor/a
02. Set. 2004	Abertura do Curso Comentários sobre a obra e o Prefácio Distribuição dos resumos aos frequentadores Considerações iniciais sobre o cientificismo da obra	
Primeira Parte		
1ª – 09. Set. 2004	Cap. 1 – Fluido Cósmico	
2ª – 16. Set. 2004	Cap. 2 – Corpo Espiritual	
3ª – 23. Set. 2004	Cap. 3 – Evolução e Corpo Espiritual	
30. Set. 2004	RECAPITULAÇÃO: Temas do mês: Perguntas e respostas	

Aulas Semanais	Assunto	Expositor/a
4ª – 07. Out. 2004	Cap. 4 – Automatismo e Corpo Espiritual	
5ª – 14. Out. 2004	Cap. 5 – Células e Corpo Espiritual	
6ª – 21. Out. 2004	Cap. 6 – Evolução e Sexo	
28. Out. 2004	RECAPITULAÇÃO: Temas do mês: Perguntas e respostas	
7ª – 04. Nov. 2004	Cap. 7 – Evolução e Hereditariedade	
8ª – 11. Nov. 2004	Cap. 8 – Evolução e Metabolismo	
9ª – 18. Nov. 2004	Cap. 9 – Evolução e Cérebro	
25. Nov. 2004	RECAPITULAÇÃO: Temas do mês: Perguntas e respostas	
10ª – 02. Dez. 2004	Cap. 10 – Palavra e Responsabilidade	
11ª – 09. Dez. 2004	Cap. 11 – Existência da Alma	
12ª – 16. Dez. 2004	Cap. 12 – Alma e Desencarnação	
13ª – 23. Dez. 2004	Cap. 13 – Alma e Fluidos	

Aulas Semanais	Assunto	Expositor/a
30. Dez. 2004	Confraternização: NATAL e ANO NOVO	
14ª – 06. Jan. 2005	Cap. 14 – Simbiose Espiritual	
15ª – 13. Jan. 2005	Cap. 15 – Vampirismo Espiritual	
16ª – 20. Jan. 2005	Cap. 16 – Mecanismos da Mente	
27. Jan. 2005	RECAPITULAÇÃO: Temas do mês: Perguntas e respostas	
17ª – 03. Fev. 2005	Cap.17 – Mediunidade e Corpo Espiritual	
18ª – 10. Fev. 2005	Cap. 18 – Sexo e Corpo Espiritual	
19ª – 17. Fev. 2005	Cap. 19 – Alma e Reencarnação	
20ª – 24. Fev. 2005	Cap. 20 – Corpo Espiritual e Religiões RECAPITULAÇÃO: Temas do mês: Perguntas e respostas	

Segunda Parte - Perguntas e respostas -

Aulas Semanais	Assunto	Expositor/a
21ª – 03. Mar. 2005	1 – Alimentação dos desencarnados 2 – Linguagem dos desencarnados 3 – Corpo espiritual e volitação 4 – Linhas morfológicas dos desencarnados	
22ª – 10. Mar. 2005	5 – Apresentação dos desencarnados 6 – Justiça na Espiritualidade 7 – Vida social dos desencarnados 8 – Matrimônio e divórcio	
23ª – 17. Mar. 2005	9 – Separação entre cônjuges espirituais 10 – Disciplina afetiva 11 – Conduta afetiva 12 – Diferenciação dos sexos	
24ª – 24. Mar. 2005	13 – Gestação frustrada 14 – Aborto criminoso 15 – Passe magnético 16 – Determinação de sexo	
25ª – 31. Mar. 2005	17 – Desencarnação 18 – Evolução e destino 19 – Predisposições mórbidas 20 – Invasão microbiana	

CONSIDERAÇÕES INICIAIS

O livro "EVOLUÇÃO EM DOIS MUNDOS" é o 10º da abençoada coleção A Vida no Mundo Espiritual (composta por 13 – treze livros).

Apresenta particularidades especiais, não só quanto à sua feitura — dois médiuns psicógrafos —, mas, principalmente, quanto ao conteúdo: características da evolução do Espírito (desde sua criação), quer no Plano Espiritual, quer no material.

O Espiritismo bem evidencia que, encarnado ou desencarnado, o Espírito tem acesso ao plano diferente daquele no qual se encontra. Por ex: quando encarnado convive no Plano Espiritual, em média, por um terço ou um quarto da sua existência, através do desdobramento diário do sono; já quando desencarnado, tem também liberdade parcial para comparecer no Plano Terreno, o que é bem caracterizado e comprovado pelos mecanismos da mediunidade (vidência), além da ampla divulgação desses comparecimentos, explicitados em inúmeras obras psicografadas.

Outra característica ímpar desta obra: aliando Ciência à Doutrina dos Espíritos, o Autor espiritual oferta-nos material de estudo e aprendizado que engloba, praticamente, todas as áreas do conhecimento humano e todas as nuanças de como a Vida se desdobra, em continuum, "na Terra e no Céu". Apenas para "mostra do pano" basta dizer que encontramos notícias do nosso nascimento há 1,5 bilhão de anos! É isso mesmo: 15 (quinze) milhões de séculos, eis como o Autor registra dados aproximados da nossa idade!

Não é obra para ser apenas lida: é para ser

meticulosamente estudada, com releituras, redobrado senso de pesquisa e análise, além da companhia de bom dicionário e enciclopédia, preferencialmente voltados às áreas de ciência humanas.

A propósito, há à disposição dos leitores nas distribuidoras/livrarias espíritas duas obras que atendem em parte a essa nossa sugestão (ambas se reportam apenas à 1ª Parte):

– "Ciclo de Estudos Sobre a Obra EVOLUÇÃO EM DOIS MUNDOS", do Dr. Paulo Bearzoti – Edição da AME/ SP, 1987;

– "Elucidário de EVOLUÇÃO EM DOIS MUNDOS", de José Marques Mesquita, Edição da USEERJ, 1984.

Estudo em grupo será mais proveitoso, sobretudo, junto a alguém com formação em Medicina e/ou Biologia.

Realizar simplificação desta alentada obra, capítulo a capítulo, como agora nos propomos é tarefa arriscada. Se por um lado tornará acessível ao entendimento parte do texto e da mensagem, por outro, necessariamente, implicará em perda de substância. Estamos cientes disso. Não obstante, com olhos voltados para a tolerância do Autor espiritual e a compreensão dos leitores, nos esforçamos para que do nosso trabalho, entre perdas e ganhos, resulte que estes prevaleçam.

Assim, comentá-la sob reducionismo (simplificação), com muito mais boa vontade do que competência: imaginamos que apenas isso nos seja permitido.

Para tanto, suprimiremos a terminologia técnica e sublinharemos a mensagem.

— Qual a justificativa para tão arriscada tarefa?

— Fundamentalmente, porque a obra não cita personagens, não contém o roteiro de um acontecimento, não se prende a um tema específico ou a uma determinada área científica, de uma época, uma civilização ou alguém em particular. Contém ensinamentos inéditos sobre a Vida de cada um de nós, a partir da nossa gênese, monádica, ao nosso futuro: ascensão angélica!

Fala-nos de Deus, da Criação e de todas as criaturas; do Tempo, das imensidões siderais, dos gigantes cósmicos, das subpartículas atômicas.

Nesta obra André Luiz empregou termos biológicos sofisticados, talvez utilizados apenas por técnicos que lhes domine a sinonímia. Todavia, mesmo sem formação em Medicina ou Biologia molecular, tentaremos captar o sentido de suas assertivas.

Dizer que esta obra é pujante é pouco. Só nos ocorre considerá-la única, ímpar!

Imperioso dever de gratidão é a reflexão de que esta obra é um sublime presente para quem quiser iluminar seus passos evolutivos. Por isso, elevamos o pensamento a Deus rogando que bênçãos fluam sobre o grande repórter da Espiritualidade que é André Luiz. E que os médiuns Francisco Cândido Xavier e Waldo Vieira sejam visitados, onde estiverem, pelas alegrias resultantes daqueles que trilham a estrada dos ensinos do Mestre Jesus, aqui brilhantemente inseridos.

CONCEITOS:

Para abrir a obra André Luiz indicou que fossem apostos conceitos de Allan Kardec, os quais citamos abaixo (as fontes estão registradas no livro):

1. A marcha dos Espíritos é progressiva, jamais retrógrada.

2. No conhecimento do perispírito está a chave de inúmeros problemas até hoje insolúveis.

3. O Espiritismo mostra que a vida terrestre não passa de um elo no harmonioso e magnífico conjunto da Obra do Criador.

4. No intervalo das existências humanas o Espírito torna a entrar no mundo espiritual, onde é feliz ou desventurado segundo o bem ou o mal que fez.

5. O Espiritismo e a Ciência se completam reciprocamente; a Ciência, sem o Espiritismo, se acha na impossibilidade de explicar certos fenômenos só pelas leis da matéria; ao Espiritismo, sem a Ciência, faltariam apoio e comprovação.

ANOTAÇÃO:

Após a psicografia da obra o Espírito Emmanuel nos dá "anotações" que resumimos:

– comentários sobre o perispírito, cujo aprimoramento é de nossa responsabilidade;

– o Espírito mergulha na carne qual processo da fotografia na câmara escura (nosso corpo físico);

– o Apóstolo Paulo é citado (1ª Epistola aos Coríntios, capítulo 15, versículo 44):

"Semeia-se corpo animal, ressuscitará corpo espiritual.

Se há corpo animal, há também corpo espiritual".

(Emmanuel comenta que corpo físico e corpo espiritual são veículos da mente, para nossa evolução rumo a Deus).

NOTA AO LEITOR:

Em "nota ao leitor", encerrando a introdução do livro, André Luiz arremata os tópicos iniciais, conclamando ou questionando (em síntese nossa):

– morte é o passaporte para o país da VERDADE;

– a civilização é um navio prodigioso, no qual muitos passageiros não se forram da solidão e angústia;

– a civilização já progrediu de forma esplêndida, mas a parte moral deixa a desejar.

– sabe a Medicina regular os fluxos sanguíneos, porém não tira o coração do cárcere de sombras.

– realizam-se maravilhosas cirurgias nos olhos – que não os livram da visão das trevas.

– há fantásticos implantes ortopédicos, mas e as lesões do sentimento?

– controla-se o metabolismo, mas como anular as síndromes da aflição e da loucura?

Esclarece que é por isso que volta "para escrever um livro simples sobre evolução da alma nos dois planos" aos torturados que perguntam sobre o fim da viagem. E arremata: "Foi assim, meu amigo, que este livro nasceu por missiva de irmão aos irmãos que lutam e choram".

Como palmilhamos um mundo de provas e expiações, nada objeta considerar que "irmãos que lutam e choram" somos todos nós.

1 – FLUIDO CÓSMICO
1.1 – PLASMA DIVINO

O fluido cósmico, também conhecido como plasma divino, é o hausto (aspiração) corpuscular do Criador, força nervosa do Todo Sábio.

É nesse elemento primordial que vibram e vivem constelações e sóis, mundos e seres - como peixes no oceano.

OBS: Se o primeiro subitem, na abertura da obra, apresenta economia de informações sobre a Codificação do Espiritismo, podemos inferir que é suposição do Autor Espiritual que o leitor detenha conhecimentos que dispensem detalhes ou citação de fontes bibliográficas.

1.2 – COCRIAÇÃO EM PLANO MAIOR

Sob qualquer denominação é energia que emana de Deus, sendo o elemento primordial, origem de tudo e de todos que vibram e vivem. Espíritos no mais alto grau de evolução, sob Delegação Divina, convertem o fluido cósmico em bilhões e bilhões de corpos estelares, radiantes ou obscuros, sólidos ou gaseificados. Essas cocriações superiores servirão (como vêm servindo) de moradia aos seres vivos de todo o Universo, seres esses incessantemente criados por Deus.

OBS: Por estarmos no início desses estudos, sob a sistemática da síntese simplificadora, rogamos aos leitores que tenham em mente que, nos vinte capítulos dessa primeira parte, invariavelmente, encontraremos menção de que Espíritos

Elevadíssimos agem sob ordens diretas de Deus, em benefício das Humanidades. Isso demonstra quanto Amor Deus dispensa a todos os Seus filhos.

1.3 – IMPÉRIOS ESTELARES

Falar da grandeza dessas cocriações é inimaginável, sendo verdade que a Astronomia, que pode ser considerada a ciência que mais se aproxima desse entendimento, capta dessa grandeza aquilo mesmo que uma criança de um mês de idade já sabe da civilização e de todo o conhecimento humano.

Matéria, tempo e espaço se harmonizam, sob comando de Mentes Poderosas, resultando assombrosas construções na vastidão dos céus universais. Sóis e planetas, quais mães protetoras e seus rebentos, desfilam em seus passeios, em absoluta perfeição de rota.

1.4 – NOSSA GALÁXIA

Sob a atuação sublime dos Arquitetos Siderais surgem as galáxias, subordinadas a impecável uniformidade, ofertando fantásticos sítios de progresso para o Espírito. Ordem e harmonia celestiais regulam a existência dessas vastidões siderais, nas quais sóis e planetas, magneticamente interligados, trilham órbitas específicas.

Os números astronômicos são sempre grandiosos e o Autor Espiritual cita-os nesta obra para enaltecer a Sabedoria e Grandeza de Deus, jamais para humilhar a Humanidade. Diz-nos, por exemplo, sobre a "nossa" Via Láctea: a onda de rádio, à velocidade da luz, gasta mil séculos terrenos para percorrer-lhe o diâmetro. Houvesse um hipotético viajante nesse trajeto e ele veria milhões de estrelas magistrais e mundos sem fim, todos habitados!

Há infinitos lares remotíssimos e outros tantos, recentes.

OBS: Isso apenas na Via Láctea – e existem milhões de galáxias...

1.5 – FORÇAS ATÔMICAS
Deslumbrante em toda a Criação é o fato de que ela é constituída por elementos materiais agregados (invisíveis a olho nu) a que os gregos deram o nome de átomo. Eles julgavam que o átomo era indivisível e a menor partícula possível da matéria. Estavam enganados: o átomo, na realidade, é composto de dezenas e dezenas de subpartículas.

As construções siderais, a cargo de Inteligências Superiores, erguem-se à base de irradiações mentais (delas). Assim os mundos são criados para servirem de berço das mônadas celestes (o Princípio Inteligente, individualizado, nas suas primeiras manifestações).

1.6 – LUZ E CALOR
As infinitas variações (combinações) de agregação atômica e de pressão eletromagnética dos corpos celestes irão determinar as condições de vida — luz e calor — para os seres que neles irão habitar.

A luz — maravilha das maravilhas — opera em todo o Universo à velocidade de 300.000 (trezentos mil) quilômetros/segundo. Tal proeza, só seria mesmo possível a Deus criar e ofertar. É de se imaginar que à luz estão associadas outras forças eletromagnéticas, absolutamente desconhecidas para nós.

1.7 – COCRIAÇÃO EM PLANO MENOR

As inteligências humanas não ficam excluídas do processo de cocriação, sendo-lhes facultada em grau menor, posto que nosso veículo fisiopsicossomático (corpos físico e perispírito, simultaneamente) demanda do fluido cósmico, possibilitando-nos viver, comunicar e erguer as civilizações, abrangendo a Humanidade Encarnada e a Humanidade Desencarnada.

Os homens de mente desequilibrada aglutinam no microcosmo, que é o planeta Terra, os lugares das grandes dores resultantes dos crimes contra a Lei Divina e onde irão estagiar, resgatando o mau emprego daquele mesmo fluido cósmico com o qual as Inteligências Superiores modelam as edificações macrocósmicas.

Assim, tudo o que o homem manipula provém do fluido cósmico, que da primeira à última análise, é posse plenipotenciária de Deus.

Deus é o Sublime dispensador de todas as manifestações do fluido cósmico — Seu hálito — mas é da Lei Divina que todo uso é feito, exclusivamente, visando o Bem de todos.

2 – CORPO ESPIRITUAL
2.1 – RETRATO DO CORPO MENTAL

Aqui é registrada a existência do corpo mental (envoltório sutil da mente), sendo este assunto raramente incluído nos estudos espíritas.

De fato, o corpo mental, ora assinalado, vem acrescentar um quarto componente na generalizada ideia de grande parte dos espíritas, a de que temos, quando encarnados, Espírito, Perispírito e Organismo Físico; quando desencarnados, apenas os dois primeiros (obviamente, mas enfatizamos para deixar claro que o corpo mental está com o Espírito, num e noutro Plano da vida).

O Autor Espiritual registra dificuldade para definir melhor o corpo mental, por carência da linguagem terrena.

Devido à desencarnação o perispírito modifica suas atividades genésica e nutritiva, sempre sob comando da mente, e, em estreita sintonia com a condição moral do Espírito. É dessa forma também que o desencarnado se ajusta (ou é ajustado compulsoriamente) na região do Plano Espiritual consentânea com sua condição evolutiva.

2.2 – CENTROS VITAIS

Como informação inédita nas obras espíritas, encontraremos no livro do mesmo autor e médium "Entre a Terra e o Céu", de 1957, edição da FEB, no Cap XX, pormenorizada descrição dos (então denominados) "centros de força".

Agora, denominados de "centros vitais", deles temos novos detalhes, com especificidade de funções, influenciando tanto o corpo espiritual (perispírito) como o corpo físico.

Eis os centros vitais, todos localizados no perispírito, com suas respectivas funções reguladoras/controladoras psicossomáticas:

– centro coronário: localizado na região central do cérebro (sede da mente) rege o corpo físico e perispírito e supervisiona os demais centros, que assim se lhe subordinam;

– centro cerebral: influencia os demais centros, a produção e liberação dos hormônios; administra o sistema nervoso;

– centro laríngeo: controla respiração e fala;

– centro cardíaco: dirige emotividade e circulação sanguínea;

– centro esplênico: regula atividades ligadas às variações sanguíneas;

– centro gástrico: responsável pela digestão e absorção alimentar;

– centro genésico: guia a modelagem de novas formas orgânicas na reprodução humana e responde por forças criativas da alma.

2.3 – CENTRO CORONÁRIO

Capta estímulos do Plano Superior, mas também as influências do Plano Espiritual (luz ou trevas, segundo as boas ou más ações) retransmitindo aos demais centros vitais, daí advindo, respectivamente, tanto prazer, quanto sofrimento — segundo a opção do Espírito.

Talvez possamos inferir que é neste centro vital que estão indelevelmente impressas as consequências dos nossos pensamentos e ações, desencadeando méritos ou débitos.

2.4 – ESTRUTURA MENTAL DAS CÉLULAS

Refere-se o Autor Espiritual apenas aos desencarnados, acrescentando que eles estavam estudando (estávamos em 1958) a estrutura mental das células, em razão da integração de fluidos aos corpos de origem mental, cuja essência é o Hausto Corpuscular de Deus ("fluido cósmico universal").

2.5 – CENTROS VITAIS E CÉLULAS

Os centros vitais, sob orientação da mente, agem sobre as células físicas, determinando sua estrutura energética e especializada para funções bem definidas, a saber: revestimento (pele), secreção (glândulas), contração e locomoção (músculos), sustentação (ossos), defesa (glóbulos brancos), metabolismo (fígado), depuração (rins), impulsos (nervos) e tantas outras substâncias construtoras no nosso corpo físico.

Será nos microscópicos espaços entre os órgãos que líquidos extracelulares, acoplados ao plasma sanguíneo, traçarão a estrutura aquosa da constituição humana (fisiopsicossomática - nos domínios do corpo físico e do perispírito).

2.6 – EXTERIORIZAÇÃO DOS CENTROS VITAIS

Os centros vitais são exteriorizáveis no corpo físico e no perispírito.

Isso ocorre, entre encarnados, na vigília ou no sono.

No primeiro caso, por sensibilidade, através de ação magnética dos passistas.

No segundo caso, por ação de médicos e/ou enfermeiros desencarnados, atendendo diretamente o perispírito do encarnado, então desdobrado pelo sono. Tudo isso, em razão do merecimento. No futuro, praza aos Céus, essa será a tônica no atendimento a enfermos do corpo e da alma.

Sobre atendimento médico a encarnados, via perispírito, ouçamos Kardec em "Obras Póstumas", 1ª Parte, I – "O perispírito como princípio das manifestações", p. 44, 21ª Ed., 1985, FEB, RJ/RJ:

"(...) 12. Sendo um dos elementos constitutivos do homem, o perispírito desempenha importante papel em todos os fenômenos psicológicos e, até certo ponto, nos fenômenos fisiológicos e patológicos. Quando as ciências médicas tiverem na devida conta o elemento espiritual na economia do ser, terão dado grande passo e horizontes inteiramente novos se lhes patentearão. As causas de muitas moléstias serão a esse tempo descobertas, e, encontrados poderosos meios de combatê-las".

Lembramos aqui proclamação do Instrutor Ministro Clarêncio, no livro "Entre a Terra e o Céu", Cap. XIII, "Análise Mental", p. 82 e 83, 13.Ed., 1990, FEB, RJ/RJ, do Espírito André Luiz, psicografia de Francisco Cândido Xavier: "A mente, tanto quanto o corpo físico, pode e deve sofrer intervenções para reequilibrar-se. Mais tarde, a ciência humana se evolverá em cirurgia psíquica, tanto quanto hoje vai avançando em técnica operatória, com vistas às necessidades do veículo de matéria carnal. No grande futuro, o médico terrestre desentranhará um labirinto mental, com a mesma facilidade com que atualmente extrai um apêndice condenado".

OBS. 1 – Alguns grupos espíritas vêm desenvolvendo há alguns anos a técnica da Apometria (do grego Apó – fora de – Metron – medida), método de trabalho mediúnico, pelo qual médiuns especializados se prestam a auxiliar pessoas com problemas obsessivos graves.

Tal prática consiste, em linhas gerais, no desdobramento espiritual de um médium, o qual, desdobrado, tem condições de vislumbrar cenas no plano astral e as condições do perispírito do paciente (este também desdobrado, ou, projetado).

Orientado por protetores espirituais (médicos desencarnados), o médium descreve o que vê, facilitando o diagnóstico das mais complexas síndromes espirituais, ou, eventualmente, narrando o processamento de cirurgias no perispírito do paciente.

OBS. 2 – Perguntei a diversos companheiros, estudiosos do Espiritismo, qual a opinião sobre a Apometria:
Pouquíssimos sabiam do que se tratava.

Então, em 1999, dirigi a mesma pergunta à FEB e seu Presidente respondeu que, embora o assunto estivesse sendo tratado com a devida seriedade pelo grupo do pioneiro dessa prática, aquela Federação aguardaria que a Espiritualidade Amiga, através de diversos médiuns, sérios e dedicados, aconselhasse a utilização apométrica, caracterizando a universalização do fato, segundo premissas do próprio Allan Kardec quanto à autoridade da Doutrina Espírita.

(Pedimos desculpas pelo alongamento das observações).

2.7 – CORPO ESPIRITUAL DEPOIS DA MORTE

Expressando claramente a lição de Jesus "a cada um segundo suas obras", lição que consubstancia a Justiça Divina, na plenitude, encontraremos o perispírito do desencarnado literalmente espelhando quem ele é, o que fez e faz, o que pensa e como vive.

Nesse quadro, o perispírito estará com algumas alterações em relação a quando revestia um corpo físico: no centro vital gástrico, face nova alimentação e no genésico, quando sublima o amor, canalizando as energias para melhoria do patamar evolutivo, seu e do próximo.

Aprimora-se o perispírito, tanto na esfera carnal quanto na espiritual.

Nas disfunções da alma, desestrutura-se, provocando doenças físicas.

No entanto, pela Bondade Infinita do Pai, a reencarnação representa uma verdadeira "internação hospitalar" de inigualável amparo, em que os eventuais desgastes ou danos serão refeitos.

Essa, indubitavelmente, é bênção ainda deslembrada por muitos de nós.

3 – EVOLUÇÃO E CORPO ESPIRITUAL
3.1 – PRIMÓRDIOS DA VIDA

Dentro da sublime obra divina, que pontifica a Criação, temos que o planeta Terra teve primorosa feitura cósmica, de forma que viesse a constituir-se em lar para seres vivos de infinitas espécies.

O calor, a princípio quase incalculável, esteve presente sempre, depois foi se abrandando até estabilizar no patamar adequado à vida.

Naqueles tempos em que os anos se contam por bilhões, Entidades Siderais fizeram aportar aqui o princípio inteligente (PI), que sendo magnetizado permanentemente por séculos e séculos, na expressão de mônadas celestes, de início se jungiram ao protoplasma que dali em diante lhes daria vida evolutiva estuante.

Vemos assim que o planeta Terra é a casa. O PI, inquilino. Temporariamente.

3.2 – NASCIMENTO DO REINO VEGETAL

Este subitem nos convida a mergulhos profundos, em reflexões sobre o surgimento, no campo da existência terrena, primeiro, dos vírus. Sabendo que eles não têm vida própria (só sobrevivem no interior das células vivas) e que são agentes de afecções em plantas, animais e no homem, podemos concluir que o planeta Terra seria mesmo ambiente de provas e expiações, como Kardec viria a diagnosticar, no século XIX. Na sequência — sempre cronometrada por milênios —, as mônadas passaram a subdividir-se, evidenciando as bactérias primevas que, por sua vez, subdivididas em raças e grupos variados, estagiariam nos minerais, na construção do solo.

(Perdoem a repetição, mas assim como André Luiz, sempre enfatizaremos: "milênios e milênios transcorrem...").

3.3 – FORMAÇÃO DAS ALGAS

Os rudimentos de vida já citados necessitam de recursos que lhes promova a sustentação da vida. Assim, é precisamente nessa fase que, sob orientação sideral, surge como alimento a clorofila, contendo magnésio e possibilitando à mônada erguer-se como alga! A metabolização da clorofila nada mais foi, ou é, do que projeção primordial do que virá a ser o sangue, quando essa alga for promovida a animal. Porém, por enquanto, é assexuada.

A evolução, sempre supervisionada pelos Construtores da Vida, promoverá a alga, de monocelular a pluricelular. E, nesta condição, já passível de reprodução sexuada.

3.4 – DOS ARTRÓPODOS AOS DROMATÉRIOS E ANFITÉRIOS

A evolução prossegue, a bordo dos milênios superpostos.

Vamos encontrar então a mônada vivenciando experiências entre os animais primitivos de esqueleto externo, já com mais compostos minerais no sangue. Evoluindo sempre, vê-se guindada à crisálida da consciência, no reino dos animais superiores, com o sangue mais enriquecido. É inexorável, pela aceitação da Sabedoria Divina, captar que daí em diante, em termos de vastas programações para incontáveis e variados aprendizados (tudo isso diretamente cadenciado por

Entes Angelicais), a escalada evolutiva levará esse PI a estágios na classe dos mamíferos, antessala do reino da razão.

3.5 – FAIXAS INAUGURAIS DA RAZÃO

A mônada já detem infinitas experiências no mineral, no vegetal e em numerosas classes de animais. É hora de, novamente promovida, vivenciar experiências mais elevadas entre mamíferos das águas e do solo. Nessa fantástica mudança de condição vivencial, expressando tudo aquilo que assimilou nos estágios antecedentes, nos reinos citados, diplomou-se nos rudimentos da reprodução, da memória, do instinto, da sensibilidade, da percepção e da sobrevivência.

Chega, enfim, o grande momento: essa mônada será contemplada com três incomparáveis bênçãos: inteligência contínua, livre-arbítrio e consciência. Em outras palavras: humaniza-se.

3.6 – ELOS DESCONHECIDOS DA EVOLUÇÃO

A mudança de classe, de animal para hominal, não tem como elo apenas as experiências físicas, mas, e principalmente, os intervalos do ser na Espiritualidade, em que, nas fases que antecedem à promoção como integrante da Humanidade, seu perispírito sofre necessárias e indispensáveis adaptações.

Não devemos nos alongar aqui, mas o famoso "elo perdido", realmente, não se acha na Terra, mas no Plano Espiritual, onde competentíssimos geneticistas espirituais promovem as referidas alterações/modificações psicossomáticas.

(Informações mais detalhadas no Cap. IX, 1ª Parte).

3.7 – EVOLUÇÃO NO TEMPO

A concessão da vida é atribuição exclusiva de Deus. Hoje a natureza nos mostra a Sabedoria do Criador em programar um roteiro evolutivo para todas as criaturas, a partir da criação de cada Princípio Inteligente. Contemplado com a imortalidade, esse PI galgará todos os degraus que o levarão, do instante da criação, ao reino angelical.

O longo roteiro de vidas sucessivas nas mais diferentes ambientações, de também diferentes classes de seres vivos, conferirá às células disciplina útil na vida de cada ser, rumo à destinação programada.

Por reflexão automática, com ajuda de Espíritos Siderais e por méritos, o ser edificará o centro vital coronário, "pai" dos demais, dos quais a seguir se verá equipado.

Finalizando o subitem, eis um dado cronológico espantoso: numa estimativa, "quase que superficial", o Autor espiritual dimensiona que o roteiro evolutivo dos homens de hoje teria demandado quinze milhões de séculos, ou seja, 1.500.000.000 anos!!!

Diz mais: para chegar da pedra lascada à atualidade, o homem gastou duzentos mil anos(!). Isso significa que ainda estamos engatinhando no domínio dos conhecimentos de psicologia, até alçarmos o voo cósmico que, por méritos morais próprios, nos capacite a moldar corpo e perispírito.

4 – AUTOMATISMO E CORPO ESPIRITUAL

O conteúdo deste capítulo nos leva a refletir num fato sublime: como os Arquitetos Espirituais, cumprindo orientação divina, cumularam cada ser vivo com diversos automatismos biológicos.

A biogenética nos dá pálida ideia do que seja isso: examinando o homem, ser vivo situado no mais alto grau da escala evolutiva do reino animal, verificamos que ele:

– na fecundação (enquanto zigoto – célula viva, "ativa", ainda não dividida) é praticamente monocelular;

– na fase adulta tem mais de três trilhões de células, agrupadas em aproximadamente duzentas espécies, as quais, agindo automaticamente, formam o corpo físico;

– é graças aos vários automatismos inseridos pela Engenharia Divina no corpo humano (metabolismo) que ele se mantém vivo, desempenhando intensas e permanentes atividades durante toda a vida, independentes da nossa vontade, do nosso comando e até mesmo do nosso conhecimento(!).

4.1 – AUTOMATISMO FISIOLÓGICO

O princípio inteligente, ao longo dos tempos, por multiplicadas experiências terrenas e espirituais, em esticados tempos formou seu veículo de exteriorização, dominando células vivas — terrenas e espirituais —, para poder preservar e renovar a própria vida.

4.2 – ATIVIDADES REFLEXAS DO INCONSCIENTE

Para se aprender a ler e escrever é preciso esforço na assimilação do alfabeto e da escrita. Para isso dirigimos nossa atenção ao uso dos olhos, lábios e mãos. É assim que aprendemos a ler e a escrever, fazendo-o mecanicamente, no emprego apenas de registrar, na mente ou no papel, a verdade daquilo que o pensamento formulou.

Nesse ponto deduzimos que leitura e escrita passam a ser automáticas, mas seu entendimento exige esforço.

De posse dessas conquistas é que as vidas sucessivas dão ao princípio inteligente as chamadas "atividades reflexas do inconsciente".

(Vamos nos esforçar para só daqui a alguns capítulos repetir que "milênios e milênios transcorreram" até a chegada neste ponto. Perdoem-nos).

4.3 – TEORIA DE DESCARTES

[René Descartes (1596-1650) – filósofo e matemático francês, autor de várias obras literárias consagradas, fundador do método que permite ao homem acesso ao conhecimento claro e distinto, aquele cuja veracidade situa-se em Deus. Sua obra "Discurso Sobre o Método", afirma que a verdade está em Deus e reforça a ligação entre experiência e conhecimento. Dizia: "pode-se duvidar de tudo, menos da própria dúvida, pois há uma evidência no ato de pensar" — o cogito, do célebre "cogito ergo sum" (penso, logo existo)].

Descartes, espantado e refletindo sobre a complexidade dos nervos criou a "teoria dos espíritos animais" que vivem no cérebro e promovem a vida vegetativa (os vários automatismos), por atos reflexos, independentes da vontade.

OBS: Pena que não tenha incluído as vidas sucessivas (reencarnação) em suas reflexões.

4.4 – AUTOMATISMO E HERANÇA

O indivíduo trabalha para a coletividade e esta, em contrapartida, opera em favor do indivíduo. É assim que ele vai se ajustando na espécie em que vive, sem solução de continuidade.

No homem, a inteligência gera razão, que gera responsabilidade.

Na escalada da Civilização há o reflexo, depois o instinto, depois o conhecimento.

Por milhares de anos esses conhecimentos levaram o princípio espiritual, de fôrma em fôrma, a homem.

Com a evolução, que é incessante, chegará à angelitude.

Nessa sublime escalada não podemos esquecer que tudo se deve ao surgimento do automatismo.

Assim, a Fisiologia não se separa da Psicologia. Temos:

a. atração no mineral
b. sensação no vegetal
c. instinto no animal.

4.5 – EVOLUÇÃO E PRINCÍPIOS COSMOCINÉTICOS

(Princípios cosmocinéticos – forças que mantêm o movimento dos astros).

Os dias mosaicos da Criação, na verdade, compreendem épocas imensas!

A modelagem do corpo físico e do corpo espiritual atual demandou incontáveis milênios (como vimos no n° 3.7 do Capítulo anterior: 1,5 bilhão de anos). Os Instrutores Divinos, presentes sempre, orientam e supervisionam a evolução terrestre.

Como os Espíritos são criados é questão atribuída apenas a Deus, mas a evolução, como Lei Divina, é a mesma para todos no Universo. Aliás, é pelo fato da Lei da Evolução ser para tudo e para todos que há o equilíbrio tanto na vida dos seres, quanto na rotina cósmica dos astros!

O perispírito, capeando a individualidade espiritual, com ela progride desde as "vidas menores", além do sepulcro e na reconstituição do berço.

4.6 – GÊNESE DOS ÓRGÃOS PSICOSSOMÁTICOS

Os órgãos do corpo espiritual (perispírito), como fôrma aos do corpo físico, foram construídos (e progredindo) de acordo com a qualidade de vida do ser no campo terrestre:

a. tato: adquirido na passagem pelas células nucleares (dos protozoários) com seus movimentos semelhantes aos das amebas;

b. visão: principiou pela sensibilidade do plasma (massa formadora) nos flagelados (filamentos que servem de órgãos locomotores – os flagelos) expostos à luminosidade do Sol;

c. olfato: começou nos animais aquáticos mais simples;

d. gosto: surgiu nas plantas, armadas de pelos viscosos, destilando sucos digestivos;

e. primeiras sensações sexuais: algas marinhas providas não só de células masculinas e femininas, com atração mútua, mas também num esboço de epiderme sensível – geneticamente simpáticas.

4.7 – TRABALHO DA INTELIGÊNCIA

A reflexão permanente – inteligência contínua – gera o automatismo inteligente no corpo espiritual, com ações espontâneas, levando o princípio inteligente de homem a Anjo, segundo a Lei Divina do merecimento. Esta Lei permite ao homem ganhar a imortalidade no Céu por esforço próprio.

OBS: Como vimos, os automatismos biológicos e perispirituais foram todos elaborados e implantados no homem pelos Arquitetos Siderais.

Nossa parte (responsabilidade individual), o processo evolutivo consiste em igualmente elaborarmos e implantarmos no Espírito automatismos morais, consubstanciados nas diversas virtudes: a moral cristã!

5 – CÉLULAS E CORPO ESPIRITUAL
5.1 – PRINCÍPIOS INTELIGENTES RUDIMENTARES

Decorrido bastante tempo da criação do Princípio Inteligente (P.I.) vamos encontrar cada célula, de alguma forma, agindo qual um "sub-P.I.", isto é, um P.I. rudimentar, sendo mais nobre nos animais superiores e nos seres humanos.

Característica fundamental dos seres é a renovação celular que ocorre durante toda a vida, tanto no corpo físico, quanto no perispírito.

A modulação vibratória das células é diretamente proporcional ao estado inteligente e evolutivo do ser, animal ou homem.

5.2 – FORMAS DAS CÉLULAS

Células têm diferentes formas, mas, de modo geral, assemelham-se a "abelhas" da colmeia orgânica na qual vivem.

A variedade de formas decorre das múltiplas funções que cada uma irá desempenhar (formação e natureza dos tecidos) e isso em obediência ao comando mental responsável por sua existência.

Agregam-se "quase que inteligentemente" por eletromagnetismo, sob comando da mente, obviamente subordinada ao controle do Espírito.

OBS. 1 – Julgamos oportuno citar as quatro forças fundamentais que regem o Universo:

1ª – GRAVIDADE: Mantém os planetas numa órbita regular em torno do Sol;

2ª – ELETROMAGNÉTICA: Mantém os átomos inteiros (é o caso das células);

3ª – FORÇA NUCLEAR FRACA: Responsável pela produção de energia do Sol;

4ª – FORÇA NUCLEAR FORTE: Mantém unidos os tijolos fundamentais de toda matéria (os quarks, que são elementos subatômicos).

(Atualmente há quem ensaie sobre a existência de uma 5ª força, mas não vem ao caso discutir isso).

OBS. 2 – No mongolismo, cegueira de nascença, defeitos congênitos: tudo indica que a mente está desestruturada, pelo que o centro coronário preside formação anormal de dependência do projeto do corpo material ou espiritual.

5.3 – MOTORES ELÉTRICOS MICROSCÓPICOS

Podemos inferir que as células assemelham-se a funcionárias posicionadas com disciplina, segundo a obra que formarão:

a. reprodução, no centro genésico

b. trabalhadoras da digestão

c. operárias da respiração/fonação/circulação, etc.

Sublime é essa funcionalidade "individualizada" das células, que se agrupam para formar estruturas físicas, parciais, que somadas às outras estruturas feitas por suas "colegas", constituem os corpos (material e perispiritual).

Assim, cada célula pode ser considerada um motor microscópico, qual mini-usina, isto é, com vida própria.

A ação das células é mantida e vivificada no ambiente

interno do organismo pelos líquidos que as visitam, energizando-as.

5.4 – O TODO INDIVISÍVEL DO ORGANISMO

Não será demais repetir que é sempre sob comando da mente que as células compõem tecidos, e estes, órgãos.

O conjunto passa a funcionar, indivisível, sob controle do sistema nervoso e pela ação de hormônios específicos (adrenalina, insulina, testosterona, etc.).

5.5 – AUTOMATISMO CELULAR

As células adquirem aspectos diversos, mas pelas incontáveis e milenares repetições, suas atividades se tornam automáticas para as tarefas que a Vida lhes reserva.

5.6 – EFEITOS DO AUTOMATISMO

Estudos sobre células especializadas, com cultura em fragmentos de tecidos, demonstram que tais tecidos podem ser mantidos vivos em soro adequado, desde que mantidos em temperatura semelhante à do corpo humano. Porém, logo excretam produtos que intoxicam o soro, exigindo renovação deste. Fora do comando da mente comportam-se como amebas: liberdade para agir, pelos próprios impulsos.

OBS: Muito diferente da época em que este livro foi elaborado é a atual manutenção de células, que permanecem intactas: em hidrogênio líquido, a uma temperatura de -196°C (caso, por ex., das células germinativas mantidas assim nos laboratórios que realizam fecundação assistida).

5.7 – FENÔMENOS EXPLICÁVEIS

Células com poucos dias de formação (embrionárias), se forem enxertadas em outros tecidos "in vivo", conseguem gerar órgãos-extras, por vezes monstruosos (Isso em 1958).

OBS: Na atualidade, vislumbramos o fantástico elenco de possibilidades que as chamadas "células-tronco" ofertam à Medicina, prova cabal do quanto o Alto vem repassando à humanidade para melhoria da vida física. Convém ressaltar nossa opinião sobre o emprego das células-tronco: só as do próprio indivíduo e para fins terapêuticos, jamais embrionárias ou para eventual clonagem humana.

Faquirismo em sessões experimentais de Espiritismo: sob comando mental superior, arremessando fluidos de impulsão em plantas, estas crescem de modo anormal. Pelo mesmo processo se explicam as materializações mediúnicas (o ectoplasma que escapa do médium atua sobre células que, exteriorizadas, sob comando do Espírito desencarnado, produzem fenômenos incríveis, demonstrando a imortalidade da alma).

OBS: Vamos inserir abaixo alguns dados elementares sobre as células e o corpo humano, para melhor compreensão do presente capítulo.

– CÉLULA – unidade morfológica dos seres vivos; variáveis na dimensão e forma. Todas têm a mesma estrutura: limitadas por uma membrana, apresentam duas partes: o citoplasma (substância fundamental) e o núcleo (geralmente é único) em que se encontram os cromossomos, que contêm o DNA, que contêm os genes; em suma: o núcleo é o responsável pela transmissão dos caracteres hereditários;

– Para ocorrer fecundação, duas células germinativas se encontram: um espermatozóide e um óvulo;

– Ocorrida a fecundação, as duas células se transformam em apenas uma, que pode ser denominada de zigoto, ovo ou embrião;

(Algo a ver com as palavras de Jesus, em Mt. 19:5: "Dois serão uma só carne"?)

– Logo o zigoto começa a se subdividir (clonagem natural) em progressão aritmética: 2, 4, 8, 16, 32, etc.;

(Eis aqui o primeiro dos automatismos biológicos em ação, maravilha que só Deus poderia engendrar)

– Por volta do terceiro dia de existência do zigoto ele tem de 32 (trinta e duas) a 64 (sessenta e quatro) células, num esboço embrionário denominado mórula (aspecto de amora);

– Do terceiro ao quinto dias, já serão de 100 (cem) a 200 (duzentas) células não especializadas, as atualmente famosíssimas "células-tronco", num conjunto denominado blastócito;

– Em uma semana já estarão definidos todos os rumos das células-tronco, que se subdividindo, formam os tecidos e órgãos do corpo humano;

Até um mês, esse conjunto ainda é microscópico!

– Em três meses o conjunto se denomina feto;

– Em nove meses nascerá – é o bebê (!);

– Por volta dos vinte anos, formado por 30 (trinta) a 40 (quarenta) mil genes, o conjunto terá aproximadamente três trilhões de células.

E pensar que tudo começou com apenas uma!!!

6 – EVOLUÇÃO E SEXO
6.1 – APARECIMENTO DO SEXO

A simplicidade do título deste subitem pode induzir à impressão de que o sexo é um fator a mais na vida do ser. Monumental engano: o sexo é, sem descolorir as demais sublimidades divinas do Criador, aquela sobre a qual se fundamenta a evolução de cada indivíduo, arrimando-o de incomparável energia, eterna, criadora.

De início, nos reinos inferiores, garante a perpetuação das espécies.

Já no reino da razão, qual um altar da Vida, age como laboratório das formas físicas, estrutura a família e, sobretudo, ocasiona abençoadas criações nas várias atividades humanas, avalizando o progresso espiritual da Humanidade. É energia da alma, para os labores da Natureza.

E mais: pelo sexo fluem forças divinas, promovendo nascimentos e renascimentos — no santo processo da reencarnação.

Bactérias, sabemos, são organismos microscópicos, unicelulares, de várias espécies, que se reproduzem por divisão transversal.

Célula, por sua vez, é a menor unidade de função e de organização capaz, por si mesma, de multiplicação e de relação, que apresenta todas as características de vida.

Pois bem: umas e outras, assexuadas, foram compelidas a atravessar milênios reproduzindo-se assexuadamente, isto é, sem o concurso de elementos sexuais.

Foi então que os Espíritos Siderais, guardiões da Vida e com delegação Divina para promover o progresso terreno, insculpiram em determinado grupo de bactérias e células, qualidades magnéticas positivas e negativas. Eis que se aproxima o abençoado momento de eclodir a evolução animal!

6.2 – BACTÉRIA DIFERENCIADA

O grupo de bactérias leptótrix destaca-se de todos os demais grupos.

Impressionante: nutre-se apenas de ferro!

Possui revestimento ferroso que logo perde e vê-se coagido a nadar, o que resulta na formação de novo revestimento. Instrutores da Vida Maior supervisionam e dirigem tal atividade.

A dinâmica que tais bactérias são obrigadas a vivenciar lhes proporciona aproximação, jungindo-se umas às outras, preludiando o que estava por vir: reprodução sexuada. Antes, morte em massa as visita, para depois elas próprias ressurgirem no mesmo ambiente.

De experimentação em experimentação, sempre sob coordenação do Bem Eterno, surgirão as algas verdes.

Estava inaugurada, no planeta Terra, a comunhão sexual!

6.3 – AS ALGAS VERDES

— Seriam as algas verdes descendentes das algas azuladas?

Essa pergunta ainda não foi respondida pelos biologistas.

É que as bactérias leptótrix, dinamizadas, direciona-das e conduzidas pelas Inteligências Superiores, invadiram as águas onde encontraram as colônias de algas de cor azulada, vivendo em águas e terrenos úmidos — seu habitat natural.

Essas bactérias foram submetidas às multiplicadas modificações de ordem espiritual e, desse convívio surgiram as algas verdes.

6.4 – CONCENTRAÇÕES FLUÍDICO-MAGNÉTICAS

Nos planos da Vida, cujos passos, desde a formação planetária foram intermitentes, os habitantes do mundo vêm atravessando épocas imensas, e em cada uma delas, sempre metamorfoseando e evoluindo.

As concentrações fluídico-magnéticas a que se refere André Luiz são, em primeira e última análise, os cromossomos.

O Princípio Inteligente, nessa rota evolutiva, já habitando constituição orgânica mais elaborada, recebe também (sempre dos Arquitetos Sublimes) condições mais elaboradas de reprodução — os cromossomos.

Para efeito de entendimento singular, os cromossomos podem ser comparados a moldes tipográficos onde são posicionadas as letras, formando texto que, uma vez escrito, ruma para a eternidade.

OBS: Pelos "editores de texto" dos computadores modernos é mais fácil entendermos como, por exemplo, dezenas de parágrafos de um texto podem, cada um, ser grafado com um tipo de letra e mesmo as letras, com cores infinitamente diferentes. A página seria o corpo, os parágrafos os cromossomos e as letras, os genes.

No corpo físico os cromossomos se localizam no núcleo celular; já no perispírito, no citoplasma (célula sem núcleo).

OBS: No Plano Espiritual as células astrais são destituídas de núcleo. Podemos inferir que isso acontece porque, lá, não há reprodução — dispensado pois, o reservatório cromossômico!

Alongando nossa digressão: o corpo físico é formado de matéria terrena e o corpo espiritual (perispírito) da psicosfera do planeta; o primeiro é renovado a cada existência física; já o segundo, terá duração igual à soma de todas as encarnações num mundo, até que o Espírito vá viver em outro, onde apropriará matéria para formar novo perispírito.

A germinação nas plantas constitui bateria de testes e análises para as transformações na química das algas verdes, impulsionando-as a dar mais passos na caminhada evolutiva.

6.5 – FILTROS DE TRANSFORMISMO

O princípio da reprodução é cada vez mais aperfeiçoado no Princípio Inteligente, que aos poucos vai formando veículo físico/espiritual, deixando para trás as vidas nos reinos mineral e vegetal.

Contudo, permanecem as experiências e automatismos ali adquiridos.

Importante anotar que ainda hoje temos, na Terra, as bactérias e as algas, demonstrando taxativamente que Deus cria sem cessar.

Aparecem e desaparecem seres considerados monstruosos, na aparência e no tamanho.

Permanecendo imortais os cromossomos de cada espécie de seres vivos, provavelmente nos centros vitais (já que no Plano Espiritual não há órgãos reprodutores), fica assegurada a hereditariedade.

6.6 – DESCENDÊNCIA E SELEÇÃO

As atividades garantidoras da descendência e da seleção ocorreram gradativamente e nos dois Planos da vida.

À medida que o Princípio Inteligente passava e repassava pela experiência da morte, mergulhava em diferentes campos vibratórios, adquirindo cada vez mais condições de transformação e mesmo de mutação de espécie.

Funções fisiológicas propiciadoras de expansão e herança tiveram e têm por base as energias físicas e espirituais, ofertando condições para que as químicas do núcleo celular e do citoplasma se reúnam.

6.7 – GENEALOGIA DO ESPÍRITO

O homem criou a Paleontologia (ciência que estuda os animais e vegetais fósseis, via traços deixados nos sedimentos geológicos) e nem ela lhe faculta explicitar a evolução.

A formação embrionária e o nascimento de todos os seres vivos, do leptótrix ao homem, comprovam que há uma linhagem física para cada um deles, restando comprovar a existência de uma "linhagem" espiritual.

Falando assim, tão despreocupadamente "do leptótrix ao homem", parece que tudo foi simples e rápido.

— Será?

É hora de quem está lendo respirar fundo e pensar intensamente em Deus: de um a outro (da bactéria leptótrix ao homem) foram consumidos quinze milhões de séculos!

Ou, se quiserem, dizendo de outra forma: 1,5 bilhão de anos.

Pois é: essa é a nossa idade, caro leitor.

Acrescentaremos abaixo um quadro versando sobre a idade do planeta Terra, citando as diversas ERAS, respectivos PERÍODOS e CARACTERÍSTICAS principais (das ERAS). Lembramos, desde logo, que tais dados não são unanimidade, havendo outras estimativas dos geólogos.

ERA	PERÍODOS	CARACTERÍSTICAS
ARQUEOZÓICA – Durou 4 bilhões de anos	AZÓICO ARQUEANO ALGONQUIANO	Formação e consolidação do Planeta; crosta; oceanos; Surgimento da vida: algas e invertebrados
PALEOZÓICA (Primária) – Durou 250 milhões de anos	CAMBRIANO ORDOVICIANO SILURIANO DEVONIANO CARBONÍFERO PERMIANO	Diversificação dos invertebrados; Primeiros artrópodes terrestres; Primeiras plantas terrestres; Primeiros anfíbios; Primeiros répteis; Primeiros insetos; Florestas de samambaias; Diversificação dos répteis.
MESOZÓICA (Secundária) – Durou 130 milhões de anos	TRIÁSSICO JURÁSSICO CRETÁCEO	Primeiros mamíferos; Domínio dos dinossauros; Primeiras aves; Extinção dos dinossauros; Primeiros primatas; Primeiras plantas com flores.
CENOZÓICA (Terciária) – Dura 70 milhões de anos	PALEOCENO EOCENO OLIGOCENO MIOCENO PLIOCENO PLEITOCENO ATUAL ou HOLOCENO	Evolução dos mamíferos (primatas); Evolução das plantas monocotiledôneas e dicotiledôneas; SURGE O HOMEM!

7 – EVOLUÇÃO E HEREDITARIEDADE
7.1 – PRINCÍPIO INTELIGENTE E HEREDITARIEDADE

Tanto quanto a Geometria estuda aquilo que acontece dentro de determinado espaço, assim também a hereditariedade é como lei que estuda e define a vida, palpitando na parte exterior desse espaço.

Tendo por base o núcleo da célula, cuja formação ainda escapa ao conhecimento do Autor Espiritual, registra ele que a massa formadora da célula que recapa esse núcleo foi estruturada por Arquitetos Espirituais, por delegação Divina.

Essa estruturação no Princípio Inteligente (P.I.) insere nele a forma, tanto do corpo físico, quanto do espiritual (perispírito).

Já se pode vislumbrar que o porvir está chegando, nessa sublime rota evolutiva do P.I.

OBS: Cabe registrar que também havia sido longo o percurso desse P.I. até aqui, para que a ele aqueles mesmos Engenheiros Siderais da Vida pudessem incorporar vários automatismos biológicos – de ação espiritual e terrena.

7.2 – FATORES DA HEREDITARIEDADE

Por ativo magnetismo foram sendo fixados no núcleo de cada célula (comparadas a microscópicas máquinas) substância colorida corante, a qual iria contribuir para a organização de fórmulas vitais, com vistas à reprodução. É aqui que se iniciam os experimentos das divisões celulares (clonagem natural), a cargo do Plano Maior.

Deixamos de detalhar esse processo, pelo qual todos nós passamos um dia (!!!), mas não podemos deixar de render a mais profunda gratidão a Deus e aos Seus

Prepostos, que contemplaram cada espécie atendendo por inteiro às necessidades hereditárias de cada uma.

7.3 – ARQUIVO DOS REFLEXOS CONDICIONADOS

O P.I. vai vencendo os séculos, os milênios...

O Sol, de pontualidade absoluta, no horizonte ao amanhecer ou no poente, todos os dias, por bilhões de vezes, aquece o mundo e todos os que nele habitam. É o grande protetor da Vida, testemunha de nascimentos, mortes e renascimentos infinitos.

O reino vegetal é exuberante e o P.I. vive durante muito tempo nele.

Acumulando toda a enorme gama de experiências e aprendizados naquele reino, chega o tempo de avançar – sempre avançar – e então já está habilitado a estágios mais elevados, agora no reino animal! Para tanto, recebe um incomparável equipamento: sistema nervoso, paralelamente a um indelével departamento de arquivo, onde são preciosamente guardadas as experiências até então vivenciadas. Com isso, inaugura-se a ação dos reflexos condicionados, de incalculável valia para o futuro.

7.4 – CONSTRUÇÃO DO DESTINO

O P.I., sob supervisão das Entidades Celestiais, já no reino animal, avança e progride, adquirindo pequenos órgãos que irão realizar funções de nutrição/digestão/excreção/reprodução.

A partir de então terá que buscar alimento para sobreviver.

Todavia, a Natureza é mãe dadivosa e pródiga e aloca cada espécie em habitat consentâneo ao atendimento às necessidades de seus indivíduos.

Na sucessão de incontáveis tempos e experiências, diferenciam-se e aprimoram-se os órgãos, que por infinitas metamorfoses levam o P.I. para o reino hominal!

No reino humano, pela própria vontade, edifica as bases do seu destino.

7.5 – HEREDITARIEDADE E AFINIDADE

Se nas épocas remotas os Semeadores Divinos guiavam o P.I. na elaboração das formas, agora, já no reino hominal, essa é tarefa individual dele (P.I.). O que fizer será de sua inteira responsabilidade.

OBS: Convém repertir que, ao ser promovido para viver em humanidade, o Espírito é galardoado pelo Criador com três formidáveis e sublimes potências, que manejará a seu critério: inteligência contínua, livre-arbítrio e consciência. Com a primeira, resolverá qualquer problema e mais que isso, será cocriador na obra da Criação; com a segunda, escolherá que caminho seguir ou que aplicação fará com os meios colocados por Deus à sua disposição; a terceira ser-lhe-á bússola infalível, cujo norte sempre apontará para o Bem.

Por hereditariedade e afinidade viverá entre semelhantes, seja no plano material, seja no extrafísico. O progresso no bem dá ao Espírito o poder sobre fatores circunstanciais.

7.6 – GEOMETRIA TRANSCENDENTE

Agentes magnéticos, com imortalidade adquirida na soma de muitas experiências, darão ao Espírito a chave para a formação do corpo, atendendo ao seu programa evolutivo e obedecendo às Leis Divinas de merecimento.

Se a Geometria terrena trata das formas, a Geometria transcendente (espiritual) tem foco na Lei de Causa e Efeito.

Tal é a expressão da Justiça Divina!

7.7 – HEREDITARIEDADE E CONDUTA

A hereditariedade nos diz que o corpo herda o corpo, em consonância com a sintonia anterior da mente com outras mentes (em vidas passadas).

Surge aqui a figura da hereditariedade relativa, mas compulsória.

A responsabilidade individual nos esclarece que a escolha do bem ou do mal situará o homem na área de afinidade para reencarnar, segundo suas aquisições ou necessidades, em condições nobres ou graves.

OBS: Nesse contexto pontifica a bênção da família, que só o Amor e a Sabedoria do Pai poderiam engendrar, sempre a nosso benefício. Por isso, abençoemos a nossa família, ninho abençoado, ponto de encontro com velhos amores e velhas contas.

8 – EVOLUÇÃO E METABOLISMO
8.1 – SUPRIMENTOS DA VIDA

Verificando como a Vida surgiu no planeta Terra é forçoso lucubrar o cuidadoso planejamento que precedeu tal aporte.

Com efeito, imaginando — nada mais do que apenas imaginando — como Deus, "causa primária de todas as coisas", na Sua infinita Sabedoria e Bondade, engendrou e engendra a sagrada obra da Criação, temos que admitir, diante de tão incalculável perfeição, que de fato não existe o acaso.

É do consenso científico que os corpos celestes se formam a partir de aglomeração de partículas (poeira) cósmicas, num trabalho em que inimagináveis forças gravitacionais e de atração agem.

Compactado o planeta, nele desabrocha, estuante, a Vida!

Assim aconteceu com nosso abençoado planeta — lar, escola, oficina.

Nos primórdios a Natureza ficou encarregada de suprir as necessidades fisiológicas dos habitantes de todos os tempos:

– de início as bactérias, como operárias da Natureza, joeirando na terra primitiva, para que ela se tornasse fecunda;

– depois, os vegetais — de infinitas espécies e propriedades;

– a seguir, os animais, equipados de instinto, com potencial para progredir para a inteligência;

– só então, o virgem e abençoado solo terreno recebeu a pegada do primeiro homem, qual Robinson Crusoé, o solitário personagem do romance do escritor inglês Daniel Defoé (1660-1731); porém, diferente deste, aquele Robinson não era náufrago sobrevivente, nem o único, mas, um sublime pioneiro "adâmico" vivenciando o glorioso porvir da Humanidade, partindo do "marco zero" do reino da razão na Terra!

OBS: Será que as coisas se passaram mesmo assim?

Pedimos aos leitores que relevem nosso devaneio, mas nossas reflexões não passam de uma humilde "hipótese de trabalho".

8.2 – FASES PROGRESSIVAS DO METABOLISMO

Talvez seja hora de nos fixarmos um pouquinho nos meandros do metabolismo, para melhor entendermos as fulgurantes lições que o Autor Espiritual nos repassa no presente capítulo.

Metabolismo – Conjunto de fenômenos complexos e incessantes de transformação da matéria em energia por uma célula ou um organismo durante os processos de formação ou degradação orgânica.

(Grande Enciclopédia Larousse Cultural, Vol. 7, p. 2184, 1990, Ed. Universo, SP/SP)

Nos vários reinos da Natureza os seres, indissociavelmente equipados com o instinto de conservação, para sobreviver aprendem a nutrir-se:

– fotossíntese: assimilação clorofiliana (consome energia luminosa) no império verde;

– desprendimento de oxigênio: com isso, constitui o ar atmosférico;

– quimiossíntese: formação de substâncias orgânicas, a partir de inorgânicas (em ambiente sem luz solar);

– respiração: aprendizado desenvolvido pelo vegetal (absorção de oxigênio e eliminação de gás carbônico); as bactérias aprendem e desenvolvem várias técnicas de transformação de vários elementos minerais e ácidos;

– diástase: fermentos que decompõem alimentos — aprendizado que as bactérias demoraram vários milênios para aprender;

– além de todos esses impulsos biológicos, voltados para os tecidos e órgãos do corpo físico, verificam-se impulsos mentais de formação no Corpo Espiritual (perispírito) de centros vitais, destinados a assimilar energias vitais cósmicas, das quais o Universo é eterno celeiro.

8.3 – EXCITAÇÕES QUÍMICAS

Sob ação contínua dos Engenheiros Siderais, que têm delegação de Deus para orientar a Vida, o Princípio Inteligente é submetido a atrações e repulsões, haurindo energias extraídas dos alimentos da Natureza.

Para poder conservar-se, defender-se e reproduzir-se,

as células masculinas dos fetos atraem os ácidos encontrados nos frutos, enquanto as bactérias prosseguem sua tarefa, obedecendo a estímulos químicos.

Os óvulos de certos peixes, sem a fêmea que os tenha produzido (que os abandona), têm o poder de atrair os espermatozóides separados da mesma espécie!

Já entre os animais ocorre procura mútua das suas células de reprodução, expressando evolução dos corpos físico e perispiritual.

8.4 – ADMINISTRAÇÃO DO METABOLISMO
A mente do homem, ainda sob tutela das Entidades Celestiais, já controla quase plenamente o corpo com que o Espírito se exprime.

Sistemas de enzimas e glandulares agem automaticamente, produzindo hormônios, fermentos, proteínas e vitaminas.

Essa produção é estocada para ser utilizada quando necessário.

Tudo isso se dá sob comando instintivo da mente! Eis a saúde!

8.5 – ACUMULAÇÕES DE ENERGIA ESPIRITUAL
Mitocôndrios são reservatórios de energia espiritual, em forma de grânulos, e estão em grande quantidade no interior das células. Cumpre ressaltar que essa energia, proveniente da mente, ao derramar-se pelas células, determina o estado físico do homem.

Foi assim que, pelas multimilenárias experiências acumuladas, formaram-se os agentes imunológicos e os anticorpos, sob ação do Espírito e destinados ao seu bem-estar, proteção e segurança. Tal ação também é automática, mantendo o equilíbrio orgânico e principalmente a PAZ do indivíduo.

8.6 – IMPULSOS DETERMINANTES DA MENTE

A Medicina terrena aprenderá a manobrar e descobrir o potencial de várias enzimas para garantir a saúde física e espiritual do homem!

Sono, paixão artística, êxtase religioso, mediunidade: eis os estados especiais do mundo orgânico, regidos por circuitos celulares oriundos de fermentos sutís nascidos na mente e que chegam aos diversos órgãos, podendo desencadear reações de vários tipos, visando saúde.

Traumas cerebrais, cólera, colapsos nervosos, epilepsia, esquizofrenia e outros estados alterados obedecem a essas mesmas fermentações celulares, mas sob o império de energias degeneradas.

8.7 – METABOLISMO DO CORPO E DA ALMA

O metabolismo subordina-se à direção do Espírito, de acordo com sua evolução.

É assim que forças criadoras e renovadoras surgem da escalada individual de evolução espiritual, agindo na matéria, no espaço e no tempo, espelhando a vivência de cada homem ("destino").

9 – EVOLUÇÃO E CÉREBRO
9.1 – FORMAÇÃO DO MUNDO CEREBRAL

Os Espíritos Siderais, sob delegação de Deus e encarregados de promover a Vida no planeta Terra, ao longo dos milênios proporcionam ao Princípio Inteligente (P.I.) a capacidade de manifestar-se: engendram a construção do cérebro, sublime ferramenta, fundamental, na qual se alojará a mente.

A construção cerebral obedece a sucessivas etapas de progresso, com estágios precedentes nos invertebrados e a seguir, nos vertebrados.

É assim que pode ser verificado que o cérebro progride dos peixes aos anfíbios, destes aos répteis, despontando a glândula pineal na forma espiritual no grupo dos sáurios (lagartos). Há apontamentos na zoologia que dão à glândula pineal a condição de "abandonada pela Natureza" e alguns místicos que a denominam o terceiro olho. A nós, espíritas, o estudo das funções dessa glândula é indispensável, possibilitando-nos compreender os sutis mecanismos da reflexão e do pensamento, bem como das atividades cerebrais envolvidas na mediunidade.

OBS: Muito há a comentar sobre a glândula pineal. Contudo, este não é o espaço adequado. Aos interessados, recomendamos a obra "Missionários da Luz", capítulo 2 – Epífise, do mesmo Autor Espiritual, Edição da FEB.

9.2 – GIRENCEFALIA E LISSENCEFALIA

(Girencefalia – característica dos cérebros com circunvoluções);

(Lissencefalia – condição de cérebro sem circunvolução);

(Circunvolução/cerebral – saliência sinuosa na superfície do cérebro).

É nas aves que o cérebro segue sua marcha evolutiva, com aumento de massa e respectivas dotações, rumando a um maior desenvolvimento ainda nos mamíferos.

Interessante notar que ao aumento dos hemisférios cerebrais (as duas metades do cérebro, divididas por uma fenda) corresponde uma diminuição do volume do cerebelo (posicionado na parte inferior do crânio, responsável pelo equilíbrio do corpo e pela atividade sexual). Como nota, o Autor Espiritual registra que esse aumento (progressão) de massa cerebral não corresponde a aumento de inteligência. Explica, também, que a inteligência não guarda proporcionalidade com a quantidade de circunvoluções cerebrais. E exemplifica: mamíferos, quais o coelho, o canguru, o ornitorrinco e alguns primatas são animais que têm o cérebro liso (sem circunvoluções – lissencefalia).

Cérebro liso ou com circunvoluções são ensaios dos Engenheiros Siderais da Vida, aplicados nos vertebrados, como simulado do que virá a ser o cérebro humano.

Neste ponto o Autor Espiritual presta transcendental informação, que convém transcrever:

"À maneira de crianças tenras, internadas em jardim de infância para aprendizados rudimentares, animais nobres desencarnados, a se destacarem dos núcleos de evolução fisiopsíquica em que se agrupam por simbiose, acolhem a intervenção de instrutores celestes, em regiões especiais, exercitando os centros nervosos".

OBS: Pedimos licença ao leitor para reproduzir outro trecho, desta vez da obra do Espírito Emmanuel, na obra "A Caminho da Luz" – Cap. II, páginas 31 e 32, item "A grande transição", 13ªEd., 1985, Ed. FEB, RIO/RJ:

" (...) Os antropoides das cavernas espalharam-se, então, aos grupos, pela superfície do globo, no curso vagaroso dos séculos, sofrendo as influências do meio e formando os pródromos das raças futuras em seus tipos diversificados;

(...) Os séculos correram o seu velário de experiências penosas sobre a fronte dessas criaturas de braços alongados e de pelos densos, até que um dia as hostes do invisível operaram uma definitiva transição no corpo perispiritual pré-existente, dos *homens primitivos, nas regiões siderais e em certos intervalos de suas reencarnações".*

Como podemos inferir, a biogenética espiritual e os geneticistas siderais são realidade há milênios. E dessa nota, surge o "elo perdido", pois ele não está perdido, na Terra, já que a transição se dá no Plano Espiritual.

9.3 – FATOR DE FIXAÇÃO

Neurônios são células diferenciadas, pertencentes ao sistema nervoso, do qual são as unidades funcionais. Estima a Medicina que o córtex cerebral possua 14 (quatorze) bilhões de neurônios. Pelas múltiplas existências eles nascem e se renovam, milhões de vezes, em ambos os planos (espiritual e material), estruturando cérebros experimentais. No homem, a cada existência física, formam-se até os quatro meses e meio de gestação e depois disso não há mais formação de novos neurônios. Assim, se a célula nervosa for destruída, não será substituída, mas é possível que outra célula nervosa (neurônio) assuma a função daquela que findou sua atividade.

A relação dos neurônios com o corpo espiritual (perispírito) é intensa e eles são tão especiais que sustentam a formação do pensamento.

Há muito tempo estudiosos espíritas realizam ensaios dando conta de que o sistema nervoso, no todo, é praticamente uma expressão/continuidade do perispírito. Agora, pelas reflexões do Autor Espiritual, talvez nos seja permitido conjecturar que assim como o corpo físico, o perispírito é originalmente formado de células, que embora sejam imortais, modificam-se a cada experiência terrena.

OBS: Quando mencionamos imortalidade ao perispírito será sempre bom ter em conta que nos referimos ao tempo (longo tempo) de experiências evolutivas na Terra. Sabendo que o perispírito é formado de matéria da psicosfera de cada corpo celeste, imaginamos que quando o Espírito é promovido e vai habitar "nova morada", deixará aqui os despojos perispirituais. Com o Espírito estará a mente, sua ferramenta primordial. E, para viver nesse "novo mundo", o Espírito apropriará uma porção da matéria astral (psicosfera) de lá, com a qual estruturará um novo perispírito.

De forma sublime, quando tais células se fixam, insubstituíveis, pela respiração e no descanso do corpo físico, o perispírito capta das forças cósmicas uma energia que as restauram.

A biologia detectou um pigmento ocre a envolver os neurônios e no plano espiritual esse pigmento recebe o nome de Fator de Fixação. É como se a mente do ser humano se encerrasse nesse Fator, demonstrando maior ou menor densidade, conforme as atitudes e pensamentos do Espírito na existência terrena.

9.4 – REFLEXOS/TIPOS

Nos capítulos iniciais desta obra fomos informados sobre a inserção no corpo físico dos chamados "automatismos biológicos", a cargo dos Engenheiros da Vida. Vemos agora, na já adiantada fase evolutiva em que se encontra o Princípio Inteligente (P.I.), o estabelecimento dos centros nervosos nele, ainda a cargo daquelas Entidades Angelicais.

Os centros nervosos, nas várias espécies animais, respondem não só pela recepção de sinais, interiores e principalmente exteriores — desconforto postural, necessidades fisiológicas, injúria física, emergências defensivas, etc —, bem como pela sua decodificação, demandando reação reflexa, fruto da decisão daqueles centros, adequada à melhor ação/tipo.

9.5 – FORMAÇÃO DOS SENTIDOS

A estruturação dos sentidos e sua respectiva fixação nos animais superiores (uma vez consolidada uma incipiente consciência) é um momento de grandiosidade na vida do P.I.! Simboliza a recepção de láurea divina!

Então, emergem:

– o tato, cuja principal ferramenta é o maravilhoso órgão da pele;

– o olfato, que se adestra pela atenção, definindo a qualidade e/ou a propriedade das substâncias que excitam as células receptivas dos odores;

– o paladar, sentido químico que, associado ao olfato, define o gosto das substâncias, elegendo as boas e, eventualmente, evitando as indesejáveis.

9.6 – VISÃO E AUDIÇÃO

A visão, pela recepção da luz, identifica imagens, objetos, panoramas. Em estreita ligação com as profundezas do cérebro, é por lá, onde se aninha a mente, que o que é visto é interpretado, fixado, memorizado.

A audição, por sua vez, prodígio dos prodígios da Engenharia Divina, também se vale do sublime auxílio da mente, selecionando sons, tons, intensidade e timbre, tudo a serviço da Vida, numa incomparável interpretação de ações em tempo real, como valioso índex e bússola, complementares à administração do viver.

OBS: Sabe-se que os sons são vibrações. A partir de certa intensidade sonora (volume), além de ouvirmos os *sons, passamos a sentir suas vibrações. E essas sensações nos levam inconscientemente a mexer com nosso corpo, marcando compasso com os pés, tamborilando sobre uma mesa, fazendo algum batuque improvisado, ensaiando passos de dança, alguns requebros, etc.*

Isso tem uma explicação científica. Bem ao lado da cóclea (estrutura que faz parte do sistema auditivo) fica o aparelho vestibular (responsável pela sensação de equilíbrio do corpo humano).

Quando os sons atingem certo volume, em geral a partir de 90 (noventa) decibéis, eles fazem vibrar o aparelho vestibular, que não é responsável pelo sentido da audição, mas pelo equilíbrio.

Não é difícil de entender: os sons, a partir de 90 decibéis, deixam de ser apenas escutados, são também sentidos pelo corpo, na forma de vibrações. E é isso que provoca aquelas reações.

É por isso que os deficientes auditivos, mesmo não ouvindo os sons, conseguem senti-los. E por esse mesmo motivo, os sons altos são capazes de levantar uma plateia, seja num ensaio de escola de samba ou num show de rock, e ás vezes, fazer os incomodados se retirarem...

Arriscamo-nos, assim, a imaginar que os cinco sentidos, na verdade, são seis. Além de visão, olfato, paladar, tato e audição, temos o sentido do equilíbrio.

9.7 – MICROCOSMO PRODIGIOSO

É chegada a hora do animal superior contar com um sistema nervoso autônomo, isto é, capaz de também coordenar as funções das vísceras (as vísceras compreendem os órgãos alojados na cavidade craniana, na torácica e na abdominal).

Pelos nervos, em direção ao cérebro, correm os impulsos captados pelos sentidos e chegam aos músculos as respectivas respostas, como reação reflexa.

Nesse processo, tão automático quanto maravilhoso, as fibras nervosas "conversam" com os músculos, retransmitindo-lhes a decisão do cérebro, infalível e inquestionável, para reação de ordem motora.

Por essa mesma processualística sabemos que o Espírito, conforme sua evolução, captará sentimentos e controlará as reações emocionais, dispensando-lhes a respectiva cota de energia mental necessária.

O centro coronário (que responde pelo bom funcionamento de todo o sistema nervoso central, por sua ligação direta com o perispírito) associa-se com o centro cerebral, resultando na sede onde o Espírito comandará todo o conjunto físico/espiritual. Então, pelo livre-arbítrio, poderá construir seu porvir, rumo à felicidade. Quaisquer que sejam os empeços dessa ascensão para Deus ocorrerão por conta única e exclusiva das escolhas feitas.

10 – PALAVRA E RESPONSABILIDADE
10.1 – LINGUAGEM ANIMAL

Mesmo sendo repetitivo, pelo que peço desculpas, será sempre um dever de gratidão lembrar, permanentemente, que a Engenharia Divina, por intermédio dos Gênios Veneráveis, pouco a pouco — milênios sobrepostos a milênios — foi equipando o Princípio Inteligente (P.I.) de alcandoradas possibilidades de progredir.

E progredir sem cessar!

No estágio avançadíssimo desse lento, mas progressivo

sistema de sublimes doações, encontramos os animais sendo promovidos a seres que já podem atender à necessidade de comunicação, uns com os outros. Chegava assim a linguagem ao planeta!

Num primeiro passo, cada espécie animal passou a se comunicar de maneira específica. Por mímica (gestos), por mimetismo (mudança de cor: camaleão, borboletas), por silvo (alguns répteis), pelo coaxar (dos sapos), ou pelos diversos sons próprios das aves.

Com a evolução e já num segundo passo, encontraremos o lobo que grita para o companheiro, o gato que demonstra vários estados de ação, os cavalos relinchando de alegria ou contrariedade, a galinha cacarejando, como a informar e a chamar os pintinhos para alimentá-los. É nesse passo que o cão quase se compara ao homem quando, inquestionavelmente, demonstra alegria ou humilhação. Enquanto a maioria dos animais silencia ante a dor, o cão gane, informando que está sofrendo.

10.2 – INTERVENÇÕES ESPIRITUAIS

Os primeiros hominídeos (homem infraprimitivo) recebem dos Instrutores Siderais intervenções sutis para poderem articular a palavra.

Para nós, terrenos, é ainda inalcançável a ciência das alterações perispirituais (cirurgias especialíssimas) realizadas (sempre no Plano Espiritual) por sublimes Geneticistas Siderais, objetivando dotar os P.I. de órgãos de fonação, nesse estágio que estamos considerando.

Bocejar e cantar são algumas das novas adequações que surgem.

OBS: Para entender o já elevado nível de evolução em

que o homem já se encontra, basta raciocinar que hoje no mundo, existem centenas e centenas de línguas e dialetos e que, graças ao equipamento de que dispõe o corpo humano, é possível se expressar em um ou mais deles!

10.3 – MECANISMO DA PALAVRA

Em demorada e apuradíssima processualística de confecção, os Técnicos da Espiritualidade Superior vão compondo as cartilagens, inferiores e superiores, na região da laringe, tudo isso em estreita adequação com as modificações anteriores da faringe e traqueia.

São implantadas então as cordas vocais, chamadas de "verdadeiras", pois existem as denominadas "falsas": estas, sem influência na fonação e aquelas, cuja vibração produz a voz.

OBS: Sabemos que nas preciosas lições da obra em estudo não é oportuno inserir comentários doutrinários. Contudo, pedimos um "habeas corpus" literário para transcrever duas citações extraídas de obras do mesmo Autor Espiritual desta, ambas sobre a faculdade de falar:

– Quando a palavra é boa:

"O verbo gasto em serviços do bem é cimento divino para realizações imorredouras. Conversaremos, pois, servindo aos nossos semelhantes de modo substancial, e nosso lucro será crescente".

(Instrutor Calderaro, em "No Mundo Maior", André Luiz/ Francisco Cândido Xavier, cap. 3, p. 42, 7ª Ed., 1977, FEB, RJ/RJ);

– Quando a palavra não é boa:

"Meus irmãos, para o médico desencarnado o verbo mal conduzido é sempre a raiz escura de grande parte dos processos patogênicos que flagelam a Humanidade".

(Espírito André Luiz, em "Instruções Psicofônicas", cap. 9, p.52, 6ª Ed., 1955, FEB, RJ/RJ).

10.4 – LINGUAGEM CONVENCIONAL

Ainda nesta fase evolutiva do homem ele conta com abençoado amparo dos Sábios Tutores, que lhe ofertam inspiração para, com a força mental, utilizar os já instalados implementos físicos que possibilitarão a voz: surge a linguagem convencional.

O homem passa a exprimir o que se passa em sua alma: alegria ou tristeza, certeza ou dúvida, amizade ou rancor. E a palavra articulada lançará descargas fluídico/eletromagnéticas positivas ou negativas. Estavam inaugurados os primórdios da educação, pela troca verbal de impressões sobre a natureza ou por reflexões de outros, emitindo ou ouvindo opiniões: os mundos íntimos se exteriorizam.

10.5 – PENSAMENTO CONTÍNUO

Podendo falar, o homem passa a poder pensar mais e melhor: há integração de pessoas, sociedades, povos, culturas.

Está quase na hora do homem assumir responsabilidades.

As Inteligências Divinas diminuem a assistência até então dispensada aos homens e surge o pensamento contínuo, expressão fantasticamente superior às ideias fragmentárias ou apenas instintivas que tinha quando estava no reino animal.

A meditação é resultante das reflexões sobre os limites carnais.

É o tempo das inquirições, dos porquês.

No repouso do sono desprende-se o perispírito e o homem recebe a visita dos Benfeitores Espirituais que lhe lecionam lições morais.

No alicerce do automatismo a ideia contínua erige um monumento: a memória, que agirá qual armazém automático de pensamentos, lembranças, testemunhos e aprendizados.

10.6 – LUTA EVOLUTIVA

Da barbárie ao progresso o homem inaugura o infinito mundo das indagações filosóficas: "qual a causa disso?"; "qual a origem das coisas?"; "por que estou com esta prole?". Capta, intimamente, que não mais pode agir sob impulsos instintivos, como vivem os animais.

Refugiado no amor egoísta de sua família vê o Sol, as estrelas e começa a divagar e conceber um Criador para tantas sublimidades.

Sente que não mais deverá obedecer a moldes primitivos, bárbaros.

Desponta na Humanidade o conceito de civilização — viver e conviver em sociedade.

OBS: Num salto gigantesco na estrada da civilização e progresso humanos, podemos situar numa ponta a caverna e a canoa tosca, e na outra ponta, o apartamento de cobertura e o transatlântico.

10.7 – NASCIMENTO E RESPONSABILIDADE

Nascendo a ideia de Deus surge a Religião.

As perguntas constituem prenúncio da Filosofia.

A seguir, as experimentações da Ciência.

Solidariedade instintiva prenuncia o amor puro.

A busca do conforto e do belo responde pela criação das indústrias e das artes.

Ante a morte, desentendendo-a, o homem aprende a chorar pela perda física dos que ama e assim, desorientado, busca ajustar-se às Leis Divinas. Nessa fase, percebendo que nada pode contra os desígnios da vida, sente-se frágil e pequeno. Multiplicadas reflexões...

Entende que só a ele cabe construir seu destino.

Agora sim: Chega à Terra o princípio da responsabilidade!

Agora sim: chega à Terra o princípio da responsabilidade!

11 – EXISTÊNCIA DA ALMA

(A partir deste, cada capítulo passa a ter oito itens)

11.1 – EVOLUÇÃO MORFOLÓGICA E MORAL

Devido aos ensinamentos dos bons Espíritos, o progresso dos seres vivos é contínuo, por decisão Divina.

A evolução, porém, ocorre em duas vertentes: nas formas e na moral.

– na primeira, o aprimoramento craniano é lento, os braços se adéquam ao porvir, as mãos — incomparáveis ferramentas universais — são dotadas de sensibilidade táctil e os sentidos, cada vez mais, se aprimoraram em percepção.

– já na segunda vertente, sem os Benfeitores tutelando-o integralmente, o homem inicia tentativas de progresso do espírito; formula perguntas audaciosas, deixa a imaginação vagar a bordo da mentalização. Nesse patamar, no desprendimento natural pelo sono, equiparação das células físicas com as perispirituais é facilitada.

Os milhões (!) de estágios diferentes nos reinos inferiores são para o P.I., agora já em considerável estágio evolutivo, patrimônio inviolável e útil. Usando muito o instinto, depois de demorados tempos de progresso incessante, nele brota o amor!

11.2 – NOÇÃO DO DIREITO

Nessa fase surgem os primórdios da abençoada instituição Divina da família, fazendo emergir na face da Terra a noção da reciprocidade: respeitar para ser respeitado, nada fazer daquilo que não gostaria que lhe fosse feito. A noção de posse deixa de ser selvagem, isto é, sem predação ou usurpação, na base do "meu território é onde vivo com minha família e não será lícito que tome nada do meu vizinho, para que igualmente nada me seja tomado".

11.3 – CONSCIÊNCIA DESPERTA

O homem se conscientiza de que sua existência na vida terrena tem objetivos ainda não totalmente esclarecidos. A lei de ação e reação desponta com força irresistível: "o que eu fizer receberei...", "o que eu negar me será negado...". Segue monologando: "tanto posso matar quanto posso ser morto...", "da forma como trato os outros eles também me tratam...". Essa chocante noção de retorno confere-lhe mais sintonia com as Inteligências Siderais, das quais capta mais e mais instruções evolutivas. Mais do que nunca o livre-arbítrio se apresenta como opção de agir, no bem ou no mal. É também por Lei Divina que, automaticamente, receberá o que der.

11.4 – A LARVA E A CRIANÇA

Por comparação e em sentido figurado, a criança que deixa o útero assemelha-se aos insetos de vida curta. A larva que cresce, se nutre e troca de pele é igual à criança que se desenvolve ao longo dos anos, a partir dos quais e, sob o comando da mente, promove ajustes celulares, adequando tecidos e órgãos físicos ao corpo espiritual (o perispírito).

11.5 – METAMORFOSE DO INSETO

Referindo-se aos insetos, o Autor espiritual, num ousado esforço de síntese, reduz a metamorfose deles em três fases distintas, até atingir o estágio de pleno desenvolvimento: larva, ninfa, inseto adulto.

Com efeito, a larva se encasula, depois permanece como ninfa (fase intermediária entre larva e inseto adulto) por dias ou meses e finalmente se transforma nas borboletas noturnas (falenas).

Essas fases, de transformações contínuas, envolvem maravilhas da natureza, com processos automáticos de mudança de formas, ora aniquilando matéria já utilizada, ora criando novos equipamentos físicos (tecidos orgânicos).

11.6 – "HISTOGÊNESE ESPIRITUAL"

(Histogênese – formação e desenvolvimento dos tecidos orgânicos)

Já o homem, da infância à velhice mantém a mesma forma, mas ao rarearem as forças vitais (pela idade ou por doenças terminais) mal se alimenta, contempla a inércia física, busca repouso, quase sempre deitado.

Então, ao ocorrer a morte física, a decomposição dos tecidos (histólise) induz à histogênese espiritual, em que a mente e o patrimônio moral do desencarnante plasmam novas condições do corpo espiritual. Iniciado o ciclo da cadaverização o Espírito se enovela, pelos próprios pensamentos, num casulo de forças mentais, reflexo de sua mentalização. Assim poderá permanecer por horas, dias, meses ou até anos.

OBS: Se na reencarnação o perispírito passa por restringimento (miniaturização), na desencarnação, sob o comando da mente ele aproveita o energético desprendido no ciclo de desagregação celular para se desvencilhar. Quase num processo de involução, as células astrais embrionárias promovem profundas alterações perispirituais, com a elaboração de órgãos novos — afetando algumas partes do perispírito. Visto do panorama espiritual, isso parece guardar algumas semelhanças com as perspectivas da Medicina quanto à ação das chamadas "células-tronco", embrionárias ou não, sobre as quais já comentamos.

11.7 – DESENCARNAÇÃO DO ESPÍRITO

A criatura desencarnada só abandona o corpo físico quando está renovada. Já morta, aquela criatura, que não se preparou, passa a ter nova densidade e atende sua alimentação por meio de trompas (órgãos ocos e alongados) de sucção.

Quanto a essas trompas, citadas como sendo fluídico/magnéticas, diz-nos o Autor espiritual tratar-se de pequenas raízes na aura dos encarnados, funcionam nos desencarnados como antenas de matéria sutil que repelem ou assimilam emanações das coisas e dos seres que nos cercam e a nossa própria irradiação.

OBS: Causam perplexidade informações como essa, mostrando como esta sublime obra pode nos informar e ensinar sobre Deus e a Criação.

11.8 – CONTINUAÇÃO DA EXISTÊNCIA

Após a metamorfose espiritual proveniente da

desencarnação, o homem mantém a personalidade e prossegue se educando. Dessa forma, a chegada no Mundo Espiritual é semelhante à reencarnação, com a criatura espelhando e colhendo o resultado do que plantou na existência terrena, vivenciando e acumulando experiências na rota de elevação que um dia o levará à angelitude.

12 – ALMA E DESENCARNAÇÃO
12.1 – METAMORFOSE E DESENCARNAÇÃO

O Autor Espiritual compara a mudança de forma dos insetos durante a vida com a desencarnação dos seres de natureza superior (o homem, por exemplo).

Os mamíferos mais próximos do homem, ao desencarnarem, agregam-se aos companheiros encarnados. Sem substância mental consciente — pensamento contínuo —, esses animais, ao desencarnarem, repete-se, não têm condições de manter a forma perispiritual, cuja renovação não ocorre.

Nessa fase ficam em dilatada vida latente e logo reencarnam, sendo que em algumas raras espécies isso não acontece de imediato.

Por vezes, alguns animais são aproveitados pelos Espíritos socorristas, para atividades assistenciais. Os que não fazem parte desse processo caem em forte letargia, como numa hibernação espiritual. Mas logo são atraídos para nova reencarnação, na espécie a que ora estão ajustados, trazendo os automatismos já incorporados anteriormente e com programa evolutivo consentâneo com o aprendizado acumulado de experiências repetidamente vivenciadas em tantas e tantas existências físicas.

12. 2 – ALÉM DA HISTOGÊNESE

Muitas e muitas vezes o Princípio Inteligente (P.I.) reencarna, acumulando experiências, sempre ajudado por Inteligências Superiores. Ascendendo à condição infra-humana, esse P.I., rústico por excelência, desnorteia-se quando a morte o surpreende. Contudo, como já adquiriu a capacidade de pensar e repensar integram-se-lhe ao perispírito substâncias mentais, capacitantes à metamorfose perispiritual. Sob arrimo de Amparadores Siderais, que o acompanham pari passu, essa criatura humana dorme o bendito sono da morte, ao tempo que segrega substâncias mentais renovadoras.

Graças aos avançados automatismos que conquistou e que lhe são patrimônio inalienável, esse homem primitivo já reúne condições para desligar-se por completo da influência exercida em vida pelas células do seu organismo físico.

12.3 – O SELVAGEM DESENCARNADO

O homem de vida primitiva, selvagem, quando morre entra em medo da nova situação e refugia-se na companhia de semelhantes. Isso porque percebe que não mais tem o poder escravizador sobre criaturas mais fracas que eles (animais e mesmo outras criaturas humanas da floresta em que vivia). O desconhecido o apavora. Ansioso, almeja ardentemente retornar ao status quo anterior (vida física). Nele, a vida tribal fala alto. Não vê alternativa, senão o retorno à matéria.

Não é difícil a nenhum de nós imaginar o que sente um selvagem ao chegar ao mundo espiritual (que nem nós mesmos conhecemos direito, nós, espíritas, que tanto lemos, estudamos e ouvimos a respeito...): ante a vastidão sideral e sendo visitado por seres extraterrestres (até seus Protetores) sente-se presa de intenso medo. Concebe os Espíritos que o visitam como deuses — bons ou maus...

Desnorteado, só pensa em voltar ao ninho doméstico e à companhia dos familiares — pai e mãe —, e dos seus herdeiros de sangue, com os quais se comunica de igual para igual — linguagem e interesses.

OBS: Dr. Paulo Bearzoti, que no "Boletim Médico-Espírita 5" (AME/SP, 1987) comenta esta obra de André Luiz, faz neste ponto oportuno e fraternal lembrete, quanto ao carinho e profundo respeito que um Espírito dessa natureza deve receber se comparecer à reunião mediúnica.

12.4 – MONOIDEÍSMO E REENCARNAÇÃO

A ideia fixa (única, aliás) do selvagem que morreu é voltar à taba.

Essa fixação atrofia seus órgãos perispirituais, definhando-os por disfunção, induzindo-os a se dirigirem unicamente ao comando mental, em que se encapsulam.

Nessa fase, tais criaturas humanas são como algumas bactérias que, apartadas do seu meio ambiente, tornam-se indenes ao frio e ao calor e se mantêm imóveis por anos, mas que entram em atividade tão logo alocadas no ambiente que lhes é peculiar.

Citado monoideísmo age como auto-hipnotizante, causando depressão, com perda do corpo perispiritual que se transubstancia num corpo ovoide.

OBS: A Editora FEB lembra aqui o livro "Libertação", do mesmo Autor espiritual – capítulos VI e VII, págs. 84 e seguintes, com detalhes sobre estas formas ovoides. Lendo-os, talvez nos seja permitido inferir que esta é a situação mais infeliz a que um Espírito endividado pode chegar e da qual só se libertará depois de expiações dilacerantes.

Como o tema perispírito é muito relevante, transcrevemos aqui palavras do venerável Espírito Gúbio, ainda no livro "Libertação" e no mesmo capítulo, lecionando ao Autor espiritual daquela e desta obra:

(...) "O vaso perispirítico é também transformável e perecível, embora estruturado em tipo de matéria mais rarefeita. (...) Viste companheiros que se desfizeram dele, rumo a esferas sublimes, cuja grandeza por enquanto não nos é dado sondar".

Há casos de homens civilizados que também se transformam em ovoides, por terem se fixado em ideias e comportamentos maléficos.

Não obstante a gravidade dessa ocorrência, tais ovoides encerram, em si mesmos, de forma virtual, todos os órgãos e demais componentes dos corpos físico e perispiritual, tanto quanto o ovo guarda a poderosa ave de amanhã ou como a semente que contém, embrionariamente, a frondosa árvore do porvir.

12.5 – FORMA CARNAL

Se para nascer a ave necessita que o ovo receba calor (no ninho ou na chocadeira), tanto quanto a semente para se converter numa árvore monumental carece da tepidez da terra, o Espírito desencarnado e com ideia fixa na reencarnação precisa de um útero que com ele se harmonize, ao qual se jungirá. Sob as leis da reencarnação e da afinidade/sintonia, a mente desse Espírito elaborará novo corpo físico, consentâneo com seu patamar evolutivo.

Essa nova forma física reverberará no perispírito por meio de células sutis. E, desde o nascimento, esse perispírito evoluirá a ponto de manter essas eventuais alterações, desde o nascimento até a próxima desencarnação, a persistir além do túmulo.

12.6 – DESENCARNAÇÃO NATURAL

Após incontáveis encarnações e desencarnações a alma vai incorporando experiências nessas ocorrências: méritos e deméritos.

Pelo mérito, suas formas perispirituais e físicas, sucessivas, se aprimoram, vindo a alcançar plenitude, em obediência ao domínio da inteligência. Na escada da evolução, isso acontecerá quando vários degraus forem superados!

Assim, tal conquista se deu sob a égide da inteligência apurada, do processo rudimentar da bactéria a esse patamar humano de automatismo perfeito, com lições de vida sendo praticadas tanto no plano físico, quanto no espiritual.

12.7 – REVISÃO DE EXPERIÊNCIAS

De morte em morte o Espírito se familiariza com o Plano espiritual.

Quando reencarna, recapitula por dias, no aconchego interno uterino, os passos de sua longa trajetória evolutiva, valendo-se dos prodígios da memória. Essa ocorrência guarda símile com a mesma recapitulação (automática) de que nos dão notícia os recém-desencarnados. Essa revisão de acontecimentos, na reencarnação e na desencarnação imprime diretrizes magnéticas no corpo físico ou no perispírito, conforme, respectivamente, vá prosseguir sua existência num ou noutro plano. Com isso, as vidas se interligam como elos de uma corrente.

OBS. 1: Da mesma forma, em minutos ou horas, o ser que desencarna reproduz na memória os acontecimentos de sua vida física. Essas duas recapitulações demonstram a existência de uma memória permanente, integral, eterna.

Cumpre anotar ainda que pessoas que escaparam por pouco da morte (suicidas, por exemplo), relatam o fenômeno dessa revisão, rápida para eles.

OBS 2: Citada revisão no pós-morte, parece indicar a existência de um tribunal na consciência.

12.8 – LEI DE CAUSA E EFEITO

Com a consciência da responsabilidade, o homem vai se dando conta de que ele — e somente ele — é o construtor de sua própria vida. A Lei de Causa e Efeito garante a retribuição do bem e do mal praticado.

Desencarnado, o homem culpado se agita nos planos sombrios do Grande Espaço Cósmico, sofrendo e se agrupando a outros tantos infelizes, em quadros de desvarios mentais, prenunciando tormentos que só encontrarão escoamento em reencarnações compulsórias, reparadoras.

Da mesma forma, ocorrem agrupamento de almas heróicas, cujos corações, plenos de piedade e tocados de compaixão, descem missionariamente aos planos trevosos e infelizes para, sob inspiração das Potências Angélicas, consolar os que ali jazem em sofrimento e orientá-los sobre o reinício da caminhada na rota evolutiva.

13 – ALMA E FLUIDOS
13.1 – FLUIDOS EM GERAL

OBS: Consideramos curial definir fluido, pois para nós, espíritas, em particular, esse é um tema ou conceito que a todo instante importa compreender.

A Grande Enciclopédia Larousse Cultural define fluido:

"Diz-se de um corpo sem forma própria, que toma a forma do recipiente que o contém, podendo sofrer escoamento.

Pela Química: Diz-se de uma substância cujas moléculas têm pouca adesão e podem deslizar livremente umas sobre as outras (líquidos) ou se deslocar independentemente umas das outras (gases), de modo que a substância em seu todo tome a forma do vaso que a contém.

Pela Física: Nome genérico dos líquidos, dos gases e dos plasmas, que têm em comum a propriedade de poder tomar qualquer forma sob efeito de forças tão pequenas quanto se queira".

Mentalizando, raciocinando e pensando o homem passa a administrar, a conviver e a adaptar-se com as diversas forças da Natureza.

Fluido, de uma ou outra procedência, é um corpo cujas moléculas não resistem à pressão, por menor que seja. Essas moléculas, em meio à contenção, permanecem retidas, contudo, entregues a si mesmas, separam-se.

São várias as espécies de fluidos: líquidos, elásticos, aeriformes (gasosos), fluidos imponderáveis (que provocam fenômenos de luz, calor, etc.)

13.2 – FLUIDO VIVO

Desencarnado, o homem tem a bênção de que de sua própria alma "nasce" um fluido vivo, de variadas formas, ardente, permanente...

— Que fluido seria esse?

— Caracteriza-se por ser subproduto do fluido cósmico (presente em todo o Universo), absorvido pela mente humana de forma semelhante à respiração, vitalizando o ser e, tornando-se parte das criações elaboradas por ele.

Esse fluido é seu próprio pensamento ininterrupto,

transformado em energia absolutamente insondável, inimaginada. É possível encontrar no Plano espiritual a mesma matéria terrena, em outra densidade .

Se pela Química (Tabela de Classificação Periódica dos Elementos Químicos) os elementos são catalogados e enumerados por densidade atômica, indo do hidrogênio ao urânio — menor e maior números atômicos, respectivamente —, na Espiritualidade há elementos ainda mais sutis e de outras propriedades.

Considerando que o Espírito é revestido de matéria quintessenciada (o perispírito é a sede das sensações), ele não notará diferença entre o mundo espiritual e o mundo material, pois há adequação de densidade e, por consequência, de percepções, num e noutro.

13.3 – VIDA NA ESPIRITUALIDADE

No Plano espiritual o homem desencarnado encontra condições de tempo (dias e noites) semelhantes às do Plano físico.

O clima é mais equilibrado: nem inverno, nem verão são rigorosos. Plantas e animais que ao longo do tempo tenham sido domesticados pelo homem, lá permanecem em aprimoramento, submetidos a mutações espontâneas para que se ajustem, ao regressarem à matéria, às espécies a que pertencem.

O mundo espiritual que envolve a Terra é de dimensões fantásticas e nele são encontrados núcleos de Espíritos vivendo em condições de maior ou menor facilidade, de acordo com o mérito de cada um. Mas, naquelas imensas paragens, encontraremos também Espíritos vivenciando condições infernais, evitando e detestando a luz, buscando refúgio nas sombras.

13.4 – ESFERAS ESPIRITUAIS

Vários Espíritos têm informado que assim como o Plano físico, o Plano espiritual está "subdividido" em várias esferas. Essa subdivisão pode ser constituída por planos ascendentes, com densidades morais diferentes, indo das esferas mais densas, na crosta, às mais elevadas. A faixa do espaço na qual se situam essas esferas é o que podemos denominar psicosfera terrestre. Da mesma forma, na parte física, da barisfera (núcleo da Terra) à ionosfera (região aérea, de 60 a 700 km acima do solo) há múltiplas camadas, ora incandescentes, ora líquidas, ora de grandes cavidades, ora de placas tectônicas, muitas delas cobertas de grandes massas de águas oceânicas.

Os continentes flutuam sobre massa basáltica de espessura média de cinquenta quilômetros e todas as civilizações, juntas, constituem uma única faixa espacial.

13.5 – CENTROS ENCEFÁLICOS

Conforme o que pensa, o homem projeta uma imagem autocriada. Assim, o pensamento de cada Espírito é o passaporte para a esfera espiritual à qual aportará, ao desencarnar.

Supervisionados por Inteligências Siderais, cada ser associa o centro coronário ao centro cerebral, os quais agem sincrônicos e sintonizados.

O centro coronário, pela mente, projeta a forma (aparência) espiritual e é responsável por grande parte da administração da vida espiritual.

O centro cerebral responde no córtex encefálico pelo controle de sensações e impressões.

É dessa forma que o pensamento, fluindo da mente e impressionando por secreções sutis, imprime ao

Espírito – primeiro na parte cerebral e depois nos demais membros do organismo físico – um halo psíquico, aqui denominado psicosfera individual. Esse halo, que em última análise é a resultante energética da somatória dos pensamentos e ações de cada ser, pode operar maravilhosas combinações entre si, com aplicação para determinados fins — todos de elevado teor.

OBS: Neste tópico deduzimos que os chamados "milagres", quase todos de realização inimaginável, talvez sejam manipulação caridosa dessas energias alcandoradas, emanadas e processadas pelos Orientadores do Bem.

13.6 – REFLEXÃO DAS IDEIAS

Tanto quanto o átomo é poderosa força viva, embora sem ação própria, a matéria mental que se derrama do Espírito, formada de partículas de variadas intensidades energéticas, pode ter boa ou má aplicação.

A partícula do pensamento é semelhante ao átomo e é pelo sentimento do bem ou do mal que se converte em "raio da emoção" ou "raio do desejo" — ambos, força criadora.

Como exemplo elementar do que acontece com nossas ideias, cito, na vertente física, o caso do aço que, segundo os objetivos pelo qual é usinado, pode se transformar em punhal ou bisturi. Na vertente espiritual, temos a forma-pensamento, que dirigida contra alguém pode ser prejudicial e, como prece caridosa, beneficiar um sofredor.

Foi por esse abençoado mecanismo que, desde as primeiras eras da civilização, as Mentes Benfeitoras inspiraram aos primeiros homens a melhor forma de progredir, física e espiritualmente.

13.7 – INTELIGÊNCIA ARTESANAL

No Plano físico o ser inicia a evolução. No Espiritual, ela é aprimorada.

No primeiro plano emerge a vida. No segundo, aperfeiçoa-se.

Nasce o homem para experiências, das quais, as dispensáveis, a morte subtrai, espelhando no Espírito a evolução moral.

OBS: Perguntamos:

— Que "experiências dispensáveis" são subtraídas pela morte?

— Imaginamos que podem ser, por exemplo, algumas das habilidades físicas (datilografia, direção de veículos, desempenhos esportivos, etc). A propósito, cabe lembrar que todos nascemos analfabetos e, refletir sobre o fato de que Rui Barbosa, ao reencarnar, terá que ser alfabetizado, tanto quanto Einstein terá que aprender as propriedades mais elementares da matemática.

Mesmo o homem primitivo, impulsionado pela necessidade, olha para o céu e sonha com uma vida melhor, abrindo as portas da inspiração, ensejando a criatividade.

Inaugura-se assim, a fase primordial da fabricação de ferramentas e utensílios (machado, escada, roda, anzol, panela, canoa, etc), chegando aos nossos dias com infinita gama de utilitários e processos.

13.8 – PLASMA CRIADOR DA MENTE

O fluido mental vindo das Elevadas esferas induziu e vem induzindo o homem ao progresso material e, principalmente, moral.

Provêm também do Mais alto, em troca e em expansão

permanente de pensamentos de cultura e beleza, as grandes realizações da Ciência, da Arte, da Indústria e as criações da Religião, da Virtude e da Educação.

Esse é o grande plano do progresso! Tanto que o corpo espiritual (perispírito) está em constante aperfeiçoamento, com reflexos no corpo físico, que aos poucos muda de hábitos.

É claro que no foco dessa mudança estão contidas multiplicadas eras.

Graças ao Criador e aos incansáveis Orientadores do Progresso, somos hoje candidatos à angelitude, embora nos primórdios das aulas enobrecedoras. Porém, se esse fanal está longínquo, não devemos nos esquecer de que também nosso primeiro segundo de vida, como Princípios Inteligentes recém-criados por Deus, já está distante, muito distante.

14 – SIMBIOSE ESPIRITUAL
14.1 – SUSTENTO DO PRINCÍPIO INTELIGENTE

Já arrimado da condição de mentalizar, mesmo que primariamente, encontramos o Espírito, quando desenfeixado da vestimenta física, buscando novos meios de se exteriorizar, para com isso melhorar seu sustento.

No físico, as experiências acumuladas pelo Princípio Inteligente (P.I.) ao longo das várias etapas percorridas, particularmente a partir do reino vegetal, culminaram na propriedade de absorver energia solar, a qual, depois de aproveitada, metaboliza e expele de si, gases que participarão do equilíbrio atmosférico — bom ar. Tudo isso sem deslembrar o aprendizado proporcionado pela apropriação da oxidação mineral, por parte de certas bactérias.

Evoluindo agora, já humano, o P.I. haure energias oriundas de alimentos (anabolismo), transformando-as em substâncias orgânicas em si mesmo. É assim que é garantida a permanente renovação celular (crescimento, do bebê ao adulto). Em processo subsequente, ocorre a desassimilação (catabolismo) dos líquidos, sólidos e gasosos degradados, inaproveitáveis ou supérfluos.

14.2 – INÍCIO DA "MENTOSSÍNTESE"

Detentor do pensamento contínuo inicia-se o que o Autor espiritual denomina "mentossíntese", ou seja, troca (emissão e recepção) de fluidos de várias gradações energéticas, geradoras de radiações e ideias.

Como resultado, brota-lhe a sublimidade do amor — o que antes era anseio sexual com desejo de posse, agora se afigura como busca de vivência afetiva constante.

A morte física expõe ao Espírito que qualquer posse material é e sempre será transitória, bem como se interrompe a presença do objeto humano afetivo. As vidas sucessivas causam-lhe revolta pela "perda" dos afins, aos quais busca fixar-se (eis aí um dos quadros da obsessão). Custará, mas um dia entenderá que essa sublime engenharia é a mesma que regula a poda das plantas, com isso proporcionando-lhes abençoada renovação.

14.3 – SIMBIOSE ÚTIL

Na simbiose dois seres de diferentes espécies se associam, influenciando-se reciprocamente, resultando bênçãos ou problemas, para ambos ou apenas para um deles. Vejamos simbioses "boas":

– Nos vegetais, o exemplo é a simbiose do cogumelo e da alga: aquele a esconde e protege da perda de água, originando alguns liquens (vegetais); em contrapartida, quando a alga elabora a fotossíntese e elementos nutritivos, estes são apropriados pelo cogumelo.

– Em outras circunstâncias naturais, dois liquens formados por diferentes cogumelos poderão coabitar talo comum, no fenômeno denominado parabiose (união natural e permanente de indivíduos vivos — caso, por exemplo, dos gêmeos xifópagos).

– A mesma alga poderá produzir liquens diversos, com vários cogumelos. No caso dos cogumelos sofrerem sucessão poderá ocorrer mudança de aspecto dos respectivos líquens.

– Há simbiose próspera também entre algumas leguminosas e certas bactérias, as quais se fixam nas raízes, com isso fixando o nitrogênio no solo, a benefício da gleba.

14.4 – SIMBIOSE EXPLORADORA

Vejamos agora aquelas simbioses que podemos considerar "danosas":

– Orquídeas podem se parasitar ou morrer se suas raízes se associarem a cogumelos invasores;

– há associações entre algas e animais, com aquelas se alojando no plasma (massa formadora e essencial de um órgão) das células que atacam. É o caso de protozoários (animais unicelulares) e esponjas (animais marinhos ou de água doce); turbelários e moluscos (lesmas, ostras, caramujos, etc).

14.5 – SIMBIOSE DAS MENTES

OBS: Precisamente aqui, em nossa opinião, o Espiritismo se viu brindado com a abençoada e minuciosa explicação de como se processam os meandros da obsessão.

Pedagogicamente o autor expôs as simbioses acima e agora apropria os mesmos fundamentos ao caso das mentes, de desencarnados, inseguros, por desconhecerem a própria situação.

Tendo como apoio o choro dos encarnados que lamentam sua passagem, sobre eles lançam radículas perispirituais, sugando-lhes a energia vital, ás vezes por longo tempo.

A mente do encarnado, como a alga, entrega-se à do desencarnado, aqui representando o papel do cogumelo. Dessa triste associação, em que o desencarnado realiza domínio sobre o encarnado, ambos se bastam, com o encarnado, quase sempre desconhecendo que está sendo "assaltado" por forças desconhecidas. Essa ignorância mútua merece nossa compaixão, pois ambos inauguram processo obsessivo inconsciente, a guisa de um equivocado sentimento: "amor recíproco".

Temos aqui, à mão, característico, o caso de mediunidade destrambelhada: o encarnado fazendo de tudo para cada vez mais fortalecer os grilhões que ele próprio permitiu que lhe fossem atados e o desencarnado, com pavor de perder a fonte da qual se supre.

Ambos fogem da reflexão, da prece e dos estudos que os libertariam.

14.6 – HISTERIA E PSICONEUROSE

Em simbioses como a citada acima, não ocorrem apenas "proteção" do desencarnado ao encarnado contra outras influências maléficas: surgem doenças nervosas complexas, tais como a histeroepilepsia (espasmos convulsivos, em que o encarnado permanece consciente). Esse é um quadro efetivo de mediunidade que ocorre quase sempre quando o desencarnado se vale dos instantes de emoção violenta do encarnado, que com isso, se desguarnece por inteiro.

Na Terra são incontáveis os indivíduos psiconeuróticos, cujos quadros são difíceis de serem diagnosticados e que se aproximam da loucura completa.

Indispensável detalhar o futuro dessas simbioses: longa duração, fanatismo, atraso evolutivo. Quando, por Bondade Divina, a Lei do Progresso aciona dispositivos para mudança de rota de ambos, entram em ação as dificuldades, sofrimentos diversos ou a própria dor, como remédio derradeiro, mas infalível.

14.7 – OUTROS PROCESSOS SIMBIÓTICOS

No quadro das simbioses enfocadas neste capítulo surge o espantoso caso daquelas nas quais o desencarnado, mais sábio do que o encarnado que subjuga mentalmente e do qual furta energias, por temor ou inadaptação ao Mundo Espiritual, e ainda mais por egoísmo, repassa ideias que proporcionarão melhoria deste (algo como "adubo intelectual", se assim posso dizer).

Mas pode ocorrer o contrário, sempre calcado em tal equivocada união: o desencarnado que cristaliza na mente o ódio ou maldade contra a vítima (encarnada) inocula nesta fluidos letais (caso do cogumelo contra a orquídea). Resultado: condições físicas anormais, quando não o vampirismo, passível de levar à morte.

14.8 – ANCIANIDADE DA SIMBIOSE ESPIRITUAL

Simbiose humana tem registro antigo na humanidade, nela os chamados "mortos" acoplam-se aos "vivos" e com eles mantém coabitação, naturalmente sugando-lhes a energia vital.

O processo tipifica claramente mediunidade, consciente ou inconsciente. Quando um dos dois, mas principalmente o encarnado, se propõe ao estudo edificante, do que resulta vivência das virtudes, obtém a chave que o liberta de tais algemas, que ele próprio implantou, via de regra desconhecendo que o fazia.

OBS: Tal libertação é como sublime alvorada que visita a alma tanto de um quanto do outro, pois como registra o dito popular "a palavra convence, mas o exemplo arrasta".

15 – VAMPIRISMO ESPIRITUAL
15.1 – PARASITISMO NOS REINOS INFERIORES
Nos reinos inferiores da Natureza (vegetais e animais) encontraremos o parasitismo, seja por simbiose fisiológica (microrganismos hospedados no trato intestinal de hospedeiros) ou no caso de animais que trazem hóspedes inoportunos encerrados na intimidade dos seus tecidos, invasão essa que administram, ora conseguindo expulsá-los, ora submetendo-se, mas sempre padecendo consequências graves. O invasor está sempre em vantagem e em qualquer caso, tal convivência é danosa ao hospedeiro. Mas o risco é recíproco: compromete a vida do hospedeiro e este, vindo a morrer, cessa o abastecimento do hóspede, que também morre. Desta forma, pode até acontecer a extinção das respectivas espécies.

No caso das plantas, o parasitismo é de superfície.

Nos animais, os parasitas infiltram-se nas partes internas da vítima. Exceções, raras, ficam por conta daqueles que se alojam externamente (pulgas, carrapatos, etc).

15.2 – TRANSFORMAÇÕES DOS PARASITAS

Parasitas têm ação:

– temporária: sanguessugas, insetos hematófagos, etc, que realizam invasões periódicas;

– ocasional: não são propriamente parasitas, contudo, surgindo oportunidade, agem como se fossem (morcegos, por ex.);

– permanente: alojam-se num hospedeiro exclusivo ao qual se ajustam indissoluvelmente (caso de alguns vermes, bactérias, etc);

– heteroxênica: esse parasitismo se dá até o hóspede tornar-se adulto, usufruindo ora numa vítima, ora noutra;

– hiperparasitismo: parasitas agindo sobre outros parasitas.

Entre os animais, os parasitas adaptam-se ao organismo que invadem e no qual se alojam. Considerando a multiplicidade de espécies é de se concluir que parasitas sofrem incessantes mutações, muito embora estejam infensos às eventuais defesas do ambiente em que se encontram. Ausentes predadores ou ataques, já que se alojam em zonas de difícil acesso, gozam de larga fecundidade e de excepcionais condições de sobrevivência, tolerando largos períodos de frio, calor e até de jejum completo, após se locupletarem, modificando a própria estrutura, para armazenarem grandes quantidades do que necessitam.

15.3 – TRANSFORMAÇÕES DOS HOSPEDEIROS

Ainda na área do parasitismo sobre animais é observado que os parasitas lhes constituem grave ameaça, multiplicam-se e com isso as vítimas, além da perda de vitalidade, sofrem traumatismo dos tecidos, lesões parciais ou totais, infecções — não raro, a morte.

Nessa verdadeira batalha há casos em que o hospedeiro se arroja em defender seu patrimônio e consegue aniquilar e expulsar os invasores.

Como caso crucial cita o Autor espiritual o "Trypanossoma cruzi"*, germe que se hospeda num gênero de percevejo do grupo dos barbeiros e depois, num quadro complicado de transmissão, evolução e instalação, infecta o ser humano, onde reside até que este se aniquile.

* *Germe causador da doença descoberta e estudada pelo cientista brasileiro Carlos Chagas (1879-1934), veiculada por um inseto hemíptero (asas curtas), mais conhecido como "barbeiro", sendo a doença conhecida pelo nome de "doença de Chagas". O nome "cruzi" é homenagem a Oswaldo Cruz (1872-1917), pioneiro da medicina experimental no Brasil.*

15.4 – OBSESSÃO E VAMPIRISMO

Após prolongados estágios nos reinos inferiores, os espíritos, pela Lei do Progresso, são promovidos e ingressam na Humanidade. Chegam trazendo bagagem suficiente para saber o desconforto da dor e assim optar pela continuidade evolutiva através da fraternidade. Infelizmente não é o que acontece, com a maioria deles — nós. Perpetrando violências e crimes sem conta, muitos espíritos tornam-se inimigos ferrenhos, ficando as vítimas distantes do perdão, que impediria a continuidade do conflito (vingança contra o vingador) por inúmeras encarnações sucessivas. E essas vítimas, desenfeixadas da carne, não encontram dificuldade em adentrar à faixa mental dos ofensores/vingadores, a eles se acoplando em simbiose sinistra e prejudicial. Outros desencarnam e cobram de Deus a paz que eles próprios detonaram, por atitudes vis, acovardam-se diante da única maneira de se refazerem (autorreforma moral), tornando-se dissipadores de repetidas oportunidades que a Providência lhes concede.

15.5 – "INFECÇÕES FLUÍDICAS"

Espíritos vingadores acercam-se dos inimigos encarnados e exercem domínio mental destrutivo sobre eles, de forma que, não raro, a loucura é consequência dessa "infecção fluídica".

Outros, algemados a paixões de toda sorte, imantam-se a encarnados, deles não se afastando de forma alguma.

Agindo por períodos curtos ou prolongados, encontramos ainda espíritos que, sintonizados com vítimas na carne, nelas insuflam substâncias químicas espirituais que lhes modificam as próprias ideias.

Essa afinidade une uns aos outros automaticamente.

Verdugos endurecidos e equipados apenas de sentimentos de vingança surpreendem as vítimas em completa invigilância e, dominando-lhes o controle mental, promovem distúrbios de toda classe. Quais vampiros subtraem a coragem naqueles dos quais se vingam e a substituem por medo. Tamanho e tanto é o teor de tal maldade que o resultado é o surgimento de doenças de toda sorte nas vítimas.

15.6 – "PARASITAS OVOIDES"

Monoideisticamente fixados em vingança, ou em permanecer em determinados ambientes terrestres, ou ainda em se anexar a entes amados encarnados, há espíritos que, por desuso dos órgãos perispirituais, perdem a forma normal e assemelham-se a ovoides*. É nessa condição anormal que se anexam às suas vítimas, nutrindo-se das ondas mentais dos que os hospedam.

Ovoide quer dizer que tem a forma similar à do ovo. No livro "Libertação", do mesmo Autor espiritual desta obra, há detalhes esclarecedores dessa triste transformação e suas consequências.

Naturalmente, esse infeliz processo de perda da forma perispiritual é manobra sem quantificação nos padrões conhecidos de tempo e espaço. Aqui o Autor espiritual o compara a um certo tipo de crustáceo que tem prolongamentos ocos, quais raízes, logo sendo parasito do caranguejo, quando perde a forma original e se transforma em massa celular parasitária. De pasmar!

15.7 – PARASITISMO E REENCARNAÇÃO
Na condição acima descrita, ocorrendo a desencarnação da vítima, prossegue essa terrível junção de espírito a espírito. Nessas circunstâncias, só mesmo o Amor do Pai desatará tal nó e permitirá, àquele que primeiro manifestar vontade de melhoria, ou ao que tenha algum mérito, o retorno à reencarnação.

A gravidez decorrente trará enorme desconforto para tal gestante, via de regra, àquela que tenha débitos com a gravidez (não necessariamente copartícipe do processo obsessivo). A criança que irá nascer padecerá, da meninice à fase adulta, a influência do vingador até que, quase sempre pelo casamento, venha a ser pai dele, obtendo assim, ambos, sublime oportunidade de aparar as doloridas arestas do passado.

Nesse processo, sendo muitos os vingadores desencarnados, alguns deles poderão parasitar os filhos ou afins de quem odeiam, utilizando-os como hospedeiros intermediários, neles inoculando fluidos tão maléficos que, por tabela infernizarão a alma e a mente dos pais ou hospedeiros definitivos, podendo prosseguir até ao momento da própria morte.

15.8 – TERAPÊUTICA DO PARASITISMO DA ALMA

As ocorrências citadas subordinam-se à Lei Divina de ação e reação, espelhando as obras de ontem, dos envolvidos.

Assim como há remédio para o parasitismo orgânico, há também para o parasitismo da alma: a prática do bem.

A vítima, reconhecendo sua culpa e esforçando-se na prática do amor ao próximo, reajustará a si e ao que lhe persegue.

Somos observados amiúde pelos invisíveis, principalmente por aqueles aos quais, indebitamente, nos vinculamos. Quanto a estes, nosso exemplo dignificante tem incomparável poder de arrastá-los à mudança moral, com pacificação recíproca.

Conscientizando-nos voluntariamente de nossos limites e deficiências, que certamente nos tornaram devedores de outrem, boa postura será — sem nos importarmos com a identidade de quem quer que tenhamos lesado ontem — exercitar agora a humildade e o auxílio aos necessitados, orar com sinceridade, atraindo para nossa proximidade amigos, também desconhecidos por enquanto.

Nossos adversários, ao nos encontrar transfigurados e esforçados no bem, serão contagiados desse proceder e, bem depressa, desarmados para a continuidade do mal.

16 – MECANISMOS DA MENTE
16.1 – ALMA E CORPO

Alma e corpo são aqui equiparados ao musicista e seu instrumento: aqueles, para os progressos da vida, nos planos físico e espiritual, e estes, na execução de uma página musical.

Dessa forma, as desarmonias mentais na maioria dos Espíritos são consequência do que tenham feito em seu roteiro existencial.

A alma dirige. O corpo obedece. Daí que, do comportamento do indivíduo, nos diversos setores da existência, ele extrairá benesses ou angústias, as quais sensibilizarão, de retorno, seus órgãos de manifestação. Essa equação é da Lei Divina de Justiça.

16.2 – SECÇÃO DA MEDULA

A Ciência humana já descobriu que o cérebro tem correlação com todo o organismo. O comando cerebral de qualquer atividade física promana do Espírito, via perispírito. Porém, uma eventual secção da medula, abaixo do corte medular, produzirá insensibilidade total, relaxamento muscular, paralisia e ausência de reflexos — isso em todas as áreas localizadas abaixo dos nervos que têm nascente junto à injúria (o corte).

Aqui encontramos a informação de que naquelas regiões físicas há desligamento das correspondentes regiões-matrizes do perispírito. Por extensão, inferimos que o mesmo acontece, ou deve acontecer, nos casos da aplicação da anestesia, esta com duração previamente estipulada e com ação na área física determinada.

Não obstante, junções fluídicas sutis permanecem ativas, mantendo contato com as duas partes: acima e abaixo do corte, já que, do contrário, ocorreria a morte física.

OBS: Imaginamos que seja por esse mesmo efeito — ação das células astrais na área orgânica afetada — que pessoas que tiveram membros amputados afirmam ainda senti-los.

16.3 – RECUPERAÇÃO DOS REFLEXOS

Em função do equilíbrio do paciente, os reflexos superficiais interrompidos retornam. O retorno pode demandar um, ou vários dias, expondo o esforço realizado pelas células perispirituais para vencer a resistência natural do corpo físico.

Há reflexos que jamais cessam: anais, músculos dos testículos e sinais no dedo grande do pé, estes, denominados "Sinais de Babinski".

16.4 – IMPORTÂNCIA DA ENCEFALIZAÇÃO

Os tempos para a perda e o posterior retorno dos reflexos (tema do subitem anterior) variam, sempre em razão da complexidade do encéfalo de cada espécie de seres vivos:

– sapos: a perda permanece por pouco tempo (alguns minutos);

– gatos: é maior a diminuição da atividade vital;

– cães: maior ainda;

– chimpanzés: refazimento pede vários dias;

– homens: recuperação ainda mais lenta (às vezes,

até seis semanas).

Cães com a medula dorsal seccionada ficam paraplégicos e apresentam alterações sensitivas, em face da rigidez de seus órgãos anteriores, em razão da inibição de ação dos posteriores.

Nesses casos, pode-se imaginar o esforço dos respectivos corpos perispirituais para se manterem ligados ao físico, para o que se valem do entrosamento existente entre as diversas funções de cada órgão ou atividade física.

16.5 – DESCORTICAÇÃO ANIMAL

(Descorticação – corte ou remoção do córtex).

Aqui são registradas experiências médicas com cobaias (batráquios, peixes, cães, chimpanzés) – todas injuriosas, traumáticas, isto é, cruéis, posto que, na maioria das vezes, abreviam a morte do animal.

– em batráquios e peixes: não há interferência nos reflexos e na motilidade;

– nas aves: surgem modificações inequívocas, tais como voos fragmentários na luz e prostração, na escuridão;

– nos cães: podem (podem...) sobreviver por mais de um ano sem o córtex, mas seus movimentos, de normalidade aparente, logo se mostram entorpecidos, já que se não houver incentivo à ação jazem inertes; têm dificuldades para se defender, desprezam a busca de alimentos, desconhecem as pessoas, perdem a memória;

– nos chimpanzés: sem o córtex sobrevivem por pouco tempo. Assim como nos homens, qualquer dano em seus elementos corticais resulta em alterações profundas.

16.6 – SINCRONIA DE ESTÍMULOS

O córtex encefálico (camada do sistema nervoso central situada na cavidade do crânio), governa todas as ações físicas do ser, é intimamente unido ao centro cerebral do perispírito. Dessa união, que no físico se manifesta no centro coronário, resultam nossos sentidos, reflexos, defeitos comportamentais ou virtudes — e as nossas emoções. Como se vê, tudo em razão do nosso estágio moral e de como utilizamos os recursos que a Lei Divina nos oferta.

O córtex dispõe de ligações energéticas com a consciência, governando os sentidos, os automatismos, as expressões sensoriais (reflexão, atenção, análise, estudo, meditação, discernimento, memória e principalmente compreensão das virtudes).

Assim, em razão do que somos, pensamos, decidimos e agimos, teremos a consciência definindo os resultados: as falhas físicas decorrentes da mente turvada farão surgir idênticos bloqueios no perispírito.

16.7 – MECANISMO DO MONOIDEÍSMO

Amnésia ou perda da fala, sem perda da inteligência, pode ocorrer nos desencarnados, assim como nos encarnados .

Facilidade e dificuldade, para apenas um determinado idioma assemelham-se à limitação da visão e da audição no desencarnado, que longamente só vê quadros horríveis, ou ouve vozes acusadoras, quadros e vozes referentes aos seus maus atos.

Espíritos nessas tristes condições são trazidos às reuniões mediúnicas para serem socorridos: encontram-se tão debilitados que dificilmente conseguirão relembrar outros fatos, a não ser seu padecimento atual. As lembranças negativas coagulam-se em sua memória e chegam a formar quadros vivos, pois a matéria mental ejetada neles leva a isso. Esse tormento, acrescido da associação por sintonia com outros sofredores, demandará tempo para ser interrompido, tempo esse necessário para a justa expiação.

16.8 – ZONAS PURGATORIAIS

Os equívocos morais cedo ou tarde trazem para seus agentes a dor do arrependimento que, muitas vezes, só termina quando se esgotam os resíduos da culpa. As telas mentais tão negativas que plasmam no pensamento, podem demorar largo tempo para se apagarem.

Mas também pode o Espírito falido retornar à reencarnação para aprendizado prático e consequente reconstrução do que tenha derrocado. Nesses infelizes casos estão os suicidas e vários outros Espíritos recalcitrantes no Bem, formando multidões de desencarnados fixados em cruel situação, por autoculpa.

Lentamente retornarão ao raciocínio equilibrado e à evolução moral para a qual todos os seres foram criados por Deus! Não há duvida!

17 – MEDIUNIDADE E CORPO ANIMAL
17.1 – AURA HUMANA

Células do ser vivo constituem algo como motores microscópicos, conectados à mente, a usina que os energiza.

Todos os seres vivos (todos!), dos mais rudimentares aos mais complexos, são revestidos por um "halo energético", correspondente à natureza de cada um. No homem, por excelência, essa projeção é extremamente enriquecida, por consequência do pensamento contínuo e das emanações que se exteriorizam, volteando a personalidade e apresentando idêntica forma radiativa, conhecida pelo nome de corpo vital ou duplo etérico.

Esse revestimento, qual túnica eletromagnética, de formato ovoide, abriga o pensamento a vibrar e formar quadros, via de regra, coloridos. São as formas-pensamento, as quais são projetadas para o endereço comandado pela mente da criatura que as construiu.

Essa é a aura humana específica do indivíduo, que apesar de manifestação radiante e externa, tem raízes no íntimo dele.

Expressão colorida do pensamento, dinâmico, essa aura se modifica a cada segundo, ou a cada nova ideação, espelhando infalivelmente o estado da alma.

OBS: Talvez nos seja possível conjeturar que é justamente por essa processualística que os Espíritos, desvestidos do corpo físico, não têm a menor dificuldade em identificar moralmente encarnados ou desencarnados. É que, cada Espírito tem sua aura e ela, de certa forma, afigura-se como verdadeira carteira de identidade, fiel, impossível de ser adulterada ou falsificada. Vem daí também a expressão "Espírito de luz", referindo-se a Espíritos evoluídos: eis que a aura de cada um deles é mesmo luminosa, radiante, sublime.

17.2 – MEDIUNIDADE INICIAL

A aura humana pode ser considerada antecâmara do Espírito, possibilitando ao homem interligar-se em permanente intercâmbio com a vida que o envolve. Por isso, é natural deduzir que essa exteriorização de si mesmo é vista de forma constante por Entidades Superiores, afins ou inimigos. E, ao se refletir, como consequência, capta vibrações de amor, de simpatia ou de ódio.

Foi por essa couraça vibratória individual (capa fluídica) que a mediunidade deu seus primeiros passos de intercâmbio da Humanidade física com os habitantes do Plano espiritual.

Assim, de início, por simpatia ou por repulsão, encarnados se atrelaram a desencarnados — bons aos bons, maus aos maus.

Dessa comunhão dos dois planos surgiu tanto o progresso (por atração dos Espíritos benevolentes), quanto à obsessão (permuta com Espíritos rebeldes). Aquele, pela intuição ou por telementação, e esta, pela fixação estacionária no erro.

17.3 – SONO E DESPRENDIMENTO

O sono, desde os tempos primitivos, muito mais do que o refazimento físico, proporcionou aos Espíritos em estado recente do pensamento contínuo maior liberdade de ação no plano espiritual.

Foi então que a consciência teria despertado e iniciado atividades.

Engendrado por Entidades Siderais como recurso reparador, o sono, desde sempre, possibilitou acesso à mentalização.

Desde os tempos primitivos, o homem treina para a morte por meio do sono. E mais: com o corpo seguramente ligado ao perispírito, naqueles primórdios, a alma pouco se afastava do corpo físico quando este dormia, permanecendo fixada e próxima aos seus interesses imediatos.

Contudo, com o amadurecimento proporcionado pelas sucessivas vidas físicas (reencarnações), já na sonolência a mente passou a propiciar-lhe, pouco a pouco, meditações mais profundas sobre sua vida, seus problemas, suas necessidades, suas inquietações, seus desejos.

17.4 – ASPECTOS DO DESPRENDIMENTO

Liberta do corpo físico pelo sono, a mente se volta para si mesma.

Segundo sua vivência plasma sonhos, retirando-os das suas ideias, das suas imagens, dos seus desejos.

Tais sonhos, naturalmente, conforme o estado de alma, serão bons ou ruins.

A aura desse sonhador, anunciando (ou denunciando) para os Espíritos desencarnados de quem se trata, atrairá para ele Inteligências amigas ou sugadores de suas energias, ocasionando a obsessão.

Não podemos dizer que a alma, no sono, é sempre expectadora: não tardará a, após multiplicadas experiências, tornar-se agente (do bem ou do mal), passando a ter alguma consciência e, por vezes, até agindo de acordo com o estado em que se encontra (dormindo, sonhando).

17.5 – MEDIUNIDADE ESPONTÂNEA

No sono, cada homem irá ao endereço-objeto dos seus desejos, dos seus interesses: o lavrador ao campo de semeadura, o escultor ao mármore, o caridoso se engaja em assistência a necessitados, o culpado ao local do crime...

Todos, sem exceção, terão afins por companhia.

De início, pela hipnose comum, cada Espírito foi se equipando com os primeiros movimentos da mediunidade.

Cada faculdade mediúnica foi se implantando espontaneamente, em razão do desprendimento da parte física correspondente, por exemplo, pelos órgãos da visão, a clarividência e pelo ectoplasma, a materialização.

No primitivismo, tais faculdades mediúnicas, sem método, sob ignorância e com desregramentos, descambaram para a fascinação recíproca (encarnados/desencarnados) e/ou para a magia elementar.

17.6 – FORMAÇÃO DA MITOLOGIA

Não tardou a surgir a chamada magia negra.

Em contraposição, os Espíritos superiores fizeram aportar na Terra a religião — magia divina.

As atividades humanas foram incentivadas e otimizadas (agricultura, pastoreio, indústrias, artes, etc.) sob orientação protetora de Espíritos abnegados e dedicados, que passaram a ser adorados, inaugurando a plêiade de deuses dos primitivos.

Desde eras recuadas deste planeta, com bases na mediunidade, há dualidade entre o bem e o mal, a luz e a treva, a guerra e a paz, que permanece ainda nos dias atuais e sinaliza distante o dia da predominância do Bem.

17.7 – FUNÇÃO DA DOUTRINA ESPÍRITA

Mediunidade não é identidade de ação no bem.

É faculdade orgânica (não é dom) que equipa bons e maus, justos e injustos, sábios e ignorantes. Todos podem dela dispor conforme suas tendências, qual o emprego humano da eletricidade, que ora pode ser de benefício geral, ou instrumento de morte (cadeira elétrica, por exemplo).

Mediunidade exige disciplina, desprendimento, dedicação — tudo a serviço do próximo (encarnado ou desencarnado).

Desponta o Espiritismo, nesta quadra terrena, como farol para o progresso moral, ou como Chama Divina para aquecer as almas.

Com isso, teremos o Evangelho de Jesus como rotina para um venturoso dia a dia do relacionamento humano, globalizado.

Se há transplantes orgânicos para substituição de tecidos e melhoria da saúde física, da mesma forma, a mediunidade age qual transplante psíquico, substituindo más tendências por pensamentos e atos nobres, característica fundamental da autorreforma.

17.8 – MEDIUNIDADE E VIDA

A mediunidade não se presta a comprovação científica (laboratorial), pelo fato de inexistirem dois médiuns iguais, o que impossibilita "condições iguais e normais de temperatura e pressão" (método científico).

Os que combatem a mediunidade, muitas vezes ignoram que, assim procedendo, estão justamente agindo sob influxo mediúnico, isto é, exteriorizam pensamento que não é seu, e sim, de Espíritos desencarnados que hostilizam o intercâmbio entre os planos espiritual e material.

Mediunidade é faculdade indissociável da vida, tanto quanto o dom da visão comum que possibilita as ações humanas, certas ou erradas, de glórias ou derrotas, de alegrias e infelicidades.

Seria justo arrancar os olhos dos milhões de bárbaros que praticaram as maiores crueldades, promovendo e sustentando guerras, horror e destruição?

Melhor será orientar, esclarecer e educar essas pessoas, à luz dos ensinos de Jesus.

O melhor exercício da mediunidade será a nobreza da caridade.

Com isso, ela modelará e sustentará o corpo físico, que se transformará em filtro leal das Esferas Superiores, possibilitando à Humanidade subir aos páramos da luz.

18 – SEXO E CORPO ESPIRITUAL
18.1 – HERMAFRODITISMO E UNISSEXUALIDADE

A palavra "hermafroditismo" deriva de "hermafrodito" - na mitologia grega, ser de dupla natureza, ao mesmo tempo masculina e feminina, filho dos deuses Hermes (filho de Zeus) e Afrodite (deusa do amor).

Segundo a Enciclopédia Larousse Cultural é a reunião, no mesmo indivíduo, animal ou vegetal, dos órgãos reprodutores dos dois sexos.

É uma anomalia congênita excepcionalmente rara.

O princípio inteligente (P.I.), na sua longa jornada evolutiva, demorou-se no hermafroditismo das plantas.

O instinto sexual (masculino e feminino), por milênios, perpassou, acoplado, pelas plantas e depois pelos animais inferiores.

De metamorfose em metamorfose estagiou na reprodução assexuada, nos seres unicelulares (protozoários, onde ocorreu divisão e gemação) e nos seres de várias células (metazoários, onde se deu a cisão), formadoras de tecidos.

Posteriormente, caminhou em direção aos animais com esqueleto cartilaginoso ou ósseo.

18.2 – HERMAFRODITISMO POTENCIAL

O sapo macho é um exemplo notável de resquícios do hermafroditismo: com efeito, na região de seu testículo carrega um ovário elementar (não totalmente desenvolvido). Extirpado o testículo, o ovário elementar entra automaticamente em crescimento, transformando-se em ovário adulto. E em pleno funcionamento!

O inverso ocorre com pequena porcentagem (5% a 10%) de galinhas adultas: se o ovário esquerdo (desenvolvido) for retirado da galinha, o direito (rudimentar) se transformará em testículo, que também se desenvolverá até atingir a fase adulta e ela passará a viver como legítimo galo: com crista, canto e comportamento sexual masculino!

No homem, que tantas e tantas vezes reencarnou e acumulou experiências psíquicas, apenas os órgãos se submetem à genética. Nele, encontraremos glândulas sexuais com parcial bipotencialidade.

Dependendo do patamar psíquico do indivíduo (personalidade) o seu corpo físico reagirá aos hormônios do mesmo sexo ou do sexo oposto.

18.3 – AÇÃO DOS HORMÔNIOS

No homem as glândulas sexuais são mais complexas que as dos animais, devido ao progresso e aos estímulos fixados no perispírito.

Tais glândulas segregam hormônios femininos (pelo ovário, os estrogênicos) ou masculinos (pelos testículos, os androgênicos), que são remetidos ao sangue. E esses hormônios, sob o comando da mente, determinarão estímulos ou inibições. Notável é o fato de que tais hormônios não são armazenados no corpo físico: ou a breve tempo se transformam em procedimento, com base na mentalização do indivíduo, ou são logo excluídos, via excreção.

A reprodução é o processo pelo qual o Espírito plasma a forma física.

E somente a reencarnação pode explicar e justificar o fato de surgirem caracteres do sexo oposto, por ação relativamente específica das glândulas ou dos hormônios, que assim espelham o que vai pela mente do indivíduo.

Experiências de castração, enxertos e injeções hormonais podem desencadear relativa produção de hormônios heterossexuais, sob comando da mente; nesse caso, mesmo que seja específica a ação hormonal sexual, aqueles hormônios agirão de alguma forma em órgãos do sexo oposto. Isso demonstra que glândulas e hormônios trazem cargas e efeitos heterossexuais ou bissexuais.

18.4 – ORIGEM DO INSTINTO SEXUAL

Tratando-se da criatura humana:

– os caracteres femininos ou masculinos, acentuadamente passivos ou claramente ativos, evidenciam a individualidade sexual, guardada intrinsecamente na alma;

– o sexo tem como sede o Espírito, ao contrário do que muitos pensam, que seria no corpo físico;

– o instinto sexual — amor em expansão no tempo — que o homem apresenta é fruto das longínquas trajetórias existenciais do Espírito, as quais contemplam o ainda, para nós, inabordável mistério da vida;

– o sexo é sublime veículo que possibilita às criaturas estágios evolutivos experimentais nos variados reinos da vida. Por ele, alcançada a fase da razão, o homem equilibrará mente e corpo, ajustando-se para voos rumo a mais conhecimento e emoção.

18.5 – EVOLUÇÃO DO AMOR
Deixando o instinto animal o homem potencializa o amor, ao tempo que dilata a inteligência. O homem virtuoso, iluminado e puro, enobrece o instinto sexual e evolui cada vez mais, aprendendo a amar com Deus, integrando-se à obra da Criação. Já o homem apenas inteligente, torna-se ávido de mais prazer e vivencia o egoísmo, querendo que os outros o amem, a qualquer preço.

A Psicanálise vê na atividade sexual a busca do prazer.

Cumpre destacar que há o prazer que sublima aquele que se integra à Criação, pois aprende a amar com Deus, ao tempo que há também o prazer daquele que busca ser, em um desejo ególatra.

O sexo é força criadora e seu emprego indiscriminado, com desregramentos que promovam infelicidades, resultará em dolorosos processos reeducativos.

18.6 – POLIGAMIA E MONOGAMIA
Poligamia é desvario do instinto sexual que resulta em dívidas.

Já o instinto sexual na criatura responsável para com a vida e que cultiva o dom de amar, só encontra integração junto a outro ser, com o qual tenha afinidade, ocasionando prazerosa troca de vibrações magnéticas. Assim desponta a monogamia, pela qual o homem consubstancia o seu ideal de realizações profícuas, sendo a constituição de uma família a mais nobre delas.

Na Terra, a conjugação elevada das forças sexuais femininas com as masculinas gera não apenas formas físicas, mas também grandes obras do coração e da inteligência, despontando beleza e amor, tanto quanto isso acontece na Criação Divina.

18.7 – ALIMENTO ESPIRITUAL

São infinitos os quadros espirituais e materiais que podem se apresentar por meio da união de dois seres, em comunhão de amor, contemplando primeiro o psiquismo, antes da engrenagem da carne.

Os prejuízos que alguém causa a outrem para atender à volúpia demandam multiplicadas reencarnações para a devida reparação.

Prudente atentar-se para o fato de que o sexo não é atividade humana apenas para reprodução, mas sim, ainda insuspeitado reconstituinte das forças espirituais — para encarnados e desencarnados —, em permuta de raios psíquico-magnéticos, indispensáveis à evolução.

Espíritos santificados divinizam o instinto sexual e associam-se a Espíritos Glorificados, descobrindo que estes representam Deus, deles recebendo sublimes cargas magnéticas, em êxtase espiritual.

Já os Espíritos que fazem do sexo o seu patamar de prazeres sem fim, agindo com indignidade junto a outrem, a quem privam do alimento psíquico que emana do sexo responsável, desembocarão em delinquência e em longos e desesperadores processos expiatórios.

18.8 – ENFERMIDADES DO INSTINTO SEXUAL

Forças sexuais afastadas do bem podem levar à loucura.

Neuroses, fobias, psicoses e ideias obsessivas, quase sempre são oriundas do desregramento sexual, transformando-se em torturas genésicas.

Muitos desses quadros, tipificados, mas não de todo resolvidos pela Psicanálise, remontam a comportamentos sexuais desvirtuados, procedimentos de séculos, que espelham conflitos na família.

É o passado, despontando no presente.

Se a irresponsabilidade sexual causa angústia nos outros, chega a hora em que soa a Lei de Ação e Reação, colocando frente a frente cônjuges, filhos ou familiares: tempo de resgate e reconstrução, sob angústias e padecimentos, renúncia e perdão, mas sobretudo, o luzir do Amor.

Só assim o(s) culpado(s) quita(m) seu(s) débito(s) contraído(s) pela volúpia, ciúme ou despeito.

Avulta compreendermos que o sexo reside na mente, se expressa no corpo espiritual (perispírito) e, por consequência, emerge no corpo físico. Quem lhe desarmoniza as forças desarmoniza a si mesmo.

Graças a Deus o sexo santifica nossa criatividade perante a vida!

19 – ALMA E REENCARNAÇÃO
19.1 – DEPOIS DA MORTE

Ao morrer fisicamente, o homem que tem culpas acumuladas sofrerá muito para delas se libertar, sendo que tão logo se conscientize e se arrependa, abreviará o sofrimento, iniciando estágios de elevação e reeducação.

Ficar preso ao leito como doente, por longo período

antecedente à morte é benção inapreciada, desde que tal tormento seja vivenciado resignadamente. Esse é abençoado tempo de autoanálise, que do contrário, carreará remorsos pós-desencarne.

Todos os que agem com maldade – viciosos em geral, caluniadores e demais criminosos – sem aqueles tempos de autoexame e arrependimento, após a morte física purgarão largos e difíceis tempos nas zonas espirituais tristes e altamente desconfortáveis. Experimentarão os mesmos males que causaram a outrem.

19.2 – CONCEITO DE INFERNO

Os devedores morais, na Espiritualidade, congregar-se-ão com afins, muitas vezes sendo escravizados por eles. Assim, quando o criminoso se torna vítima de crimes iguais aos que tenha praticado, o remorso surge. Essa situação caracteriza, literalmente, o "viver no inferno" das várias religiões e demonstra como verdadeiramente "de todo mal Deus tira o bem", pois esse "inferno", no caso, age como elemento de reequilíbrio para o Espírito moralmente desarticulado.

Nesses casos, o mal enfrenta o próprio o mal e o indivíduo assimila preciosa lição, a de que a imoralidade não vale a pena. Assim, ocorre aprendizado, repressão e cura.

No clima espiritual do mundo todo, esse panorama lembra imenso cárcere hospitalizar, podendo muitos desses dolorosos casos, ser diagnosticados como doenças comuns. Entretanto, desconhecidas do homem, surgem outras graves anomalias, em razão de disfunções do perispírito, como consequência das próprias "formas--pensamento" dos réprobos, que geram "larvas mentais" causadoras de graves desequilíbrios.

19.3 – "SEMENTES DE DESTINO"

Deus, Pai de infinito amor, acode a esses Espíritos infelizes, ao seu primeiro esforço renovador. Assistidos pelo amparo das Esferas Superiores, tais enfermos encontram condições de revisar a si mesmos, entendendo o equívoco dos seus atos maus. Ao serem recolhidos, apresentam-se sem condições de se perdoarem, pois se conscientizam de que receberam muita luz e conhecimento e não aproveitaram.

Posteriormente, matriculados em escola de retificação, aprendem o valor da vida e recebem oportunidade de trabalho, o que lhes dá condições e créditos para logo reencarnarem, a fim de quitarem seus débitos, vivos na memória quais "sementes do destino", reclamando solvência moral.

Para obter a própria redenção, perante a Lei, requerem reencarnação e provas junto aos que prejudicaram.

19.4 – REENCARNAÇÕES ESPECIAIS

Quando o progresso reencarnatório prevê existências físicas especiais (por exemplo: cérebro inibido, mutilações congênitas, cegueira de nascença), o Espírito assim reencarna, compulsoriamente, com programa alheio à sua participação elaborativa.

Esses doentes espirituais estarão, na existência terrena, isolados em corpos que lhes negarão a vida física normal. Espiritualmente, contudo, terão a assistência necessária.

Tais reencarnações, por vezes, apresentam determinados caracteres contrários até mesmo às leis humanas da hereditariedade (leis humanas...).

E, os que assim nascem, podem ser ricos ou pobres, estarão sempre ao lado daqueles que, em vidas passadas, foram de alguma forma responsáveis pelos desatinos cometidos e que, agora, voltam coparticipando do aflitivo drama, para dispensar-lhes atenção e carinho.

Abençoadas injunções, quase sempre familiares, apresentam-se redentoras para uns e outros!

19.5 – REENCARNAÇÃO E EVOLUÇÃO

Não se pense que se reencarna apenas visando regeneração. Não: há os bons que querem adquirir conhecimentos e há os muito inteligentes, mas minguados de virtude.

Há ainda os Espíritos evoluídos que após longo tempo entre afins, na Espiritualidade, sentem necessidade de novas experiências na carne, antes de ascenderem a planos mais altos.

Embora haja evolução também no Plano Espiritual, poucos, pouquíssimos são aqueles que apresentam total desprendimento terreno: ideologias, raças, pátrias, realizações e projetos. (Desencarnados estarão imunes à saudade da família e do lar, deixados no mundo, sabendo ou podendo administrar essa saudade?).

Artistas de renome, cientistas, professores e outros tantos que nobremente viveram existências terrenas — missionárias em geral —, voluntariamente almejam retorno à esfera física, seja para conquista de maior mérito, continuidade de seus projetos ou sublimes ações filantrópicas.

Regeneração e evolução conferem progresso e representam a subida da montanha a ser transposta, havendo os que, plenos de resignação, aprendizados e amor ao próximo o fazem logo na primeira escalada.

Já essa mesma subida, sem esses parâmetros morais, para a transposição exigirá desses verdadeiros Sísifos* modernos várias tentativas, malogradas, até finalmente alcançarem o cume e transpô-lo, a preço alto.

(*) – Sísifo: na mitologia grega, o lendário rei Sísifo quis enganar os deuses e fugir da morte. Por isso, foi condenado, nos Infernos, a empurrar uma enorme rocha montanha acima. Cada vez que ia atingir o cume, a rocha caía, retornando à base da montanha, forçando Sísifo a recomeçar o trabalho. (Bela alegoria para as reencarnações expiatórias causadas por ausência do bem).

Nunca será demais repetir que os infortúnios ou sucessos que nos rodeiam, na maioria, são consequências de atos do passado, mas não todos. Há fatos causados por imprudência ou prudência, bem ou mal, trabalho ou preguiça — tudo de hoje.

19.6 – PARTICULARIDADES DA REENCARNAÇÃO
Não há reencarnação igual à outra:

– os Espíritos Superiores têm capacidade para, com ajuda do Alto, ligarem-se sutilmente à mãe e eles próprios plasmarem seu corpo físico;

– já os Espíritos menos evoluídos, aqueles fixados em ideias tirânicas, para reencarnar ligam-se por simbiose fluídica (atração inexorável) ao útero materno. Seu perispírito definha, pelo fenômeno de "ovoidização" (deformação para a forma de ovo). O reencarne se processa, então, nas condições previstas para a vida física futura, com império absoluto das leis da hereditariedade.

Deve-se considerar que, entre uma e outra classe moral de Espíritos acima citados, há a dos de mediana evolução que, aos milhões, reencarnam utilizando eventuais méritos, mas também sob cuidadosa consequência dos débitos.

19.7 – RESTRINGIMENTO DO CORPO ESPIRITUAL

Há, no Plano Espiritual, Institutos de escultura anatômica, nos quais laboram Espíritos organizadores de corpos físicos adequados a futuros reencarnantes! Assim, conforme a programação de cada Espírito que vá reencarnar, o organismo físico é detalhadamente delineado.

Espíritos sem condições de se manterem conscientes durante a gestação são bondosamente submetidos ao adormecimento e ao devido restringimento, necessários no início do processo reencarnatório. Isso é feito por competentes magnetizadores desencarnados, que proporcionam sonoterapia ao que vai reencarnar, durável por períodos variáveis, nos quais seu corpo físico irá se desenvolvendo no útero materno.

Aquele que renasce, assim, tem organismo físico consentâneo à razão do seu acervo moral e do programa da nova existência terrena.

19.8 – CORPO FÍSICO

Pai e mãe, raça e pátria, lar e hereditariedade são previdentemente atribuídos ao reencarnante, para que ele tenha todas as possibilidades de cumprir o roteiro terreno traçado.

Por bênção, renasce o Espírito com esquecimento (não absoluto) do passado! Experiências, impulsos e tendências, contudo, emergirão no novo corpo, sempre em confronto nos momentos de provar ou comprovar o empenho em se regenerar.

Nessas diretrizes, casos haverá de incompatibilidade entre cérebro e corpo (mutilações, deformidades, inibições graves e outras dificuldades físicas), para que novos aprendizados sejam conquistados.

O Espiritismo, abençoadamente, proporciona a aquisição de fé e confiança absolutas na Justiça Divina, desenvolvendo raciocínio e lógica na análise dessas tristes dificuldades, explicitando-as à luz das vidas sucessivas.

Então, nada objeta entender e compreender que os problemas de hoje, são solventes de pesadas dívidas de ontem, anunciando a vitoriosa felicidade de amanhã!

20 – CORPO ESPIRITUAL E RELIGIÕES
20.1 – RESPONSABILIDADE E CONSCIÊNCIA

Com o passar do tempo e em razão dos aprendizados adquiridos, a consciência do homem entendeu a grandeza da Natureza e assimilou a sua pequenez diante de Deus — a centelha da razão converteu-se em chama divina!

Assim, o homem despertou da longa sequência de barbarismo e, transformando-se profundamente, intuiu que além do automatismo das principais funções orgânicas, outras energias internas respondiam pela formação do seu caráter.

Nascia no ser humano a capacidade de amar e de renunciar.

Antes disso, monitorado pelas Inteligências Divinas, o ser humano palmilhou longamente pelos entrechoques bárbaros dos primeiros passos, do troglodita ao homem moderno. Só depois se tornou autônomo no comportamento, único responsável moral por si mesmo e pelo aperfeiçoamento do seu perispírito.

Todos esses tormentosos tempos foram provenientes da necessidade do conhecimento para a evolução, ocasionando o surgimento de agrupamentos, espécies e raças.

20.2 – ATIVIDADE RELIGIOSA

Por autoexame e raciocínio permanente, o homem iniciou a análise de suas ações, pelo ângulo da justiça. Seu pensamento buscou valores maiores para incorporá-los ao Espírito, sentindo-se herdeiro de Deus, por poder colaborar na Sublime Obra do Criador.

A par da ciência médica, atendendo cada vez mais às necessidades e crises do corpo físico, nasceu na Humanidade a atividade religiosa, como "instituto mundial de higiene da alma", refinando o perispírito humano.

20.3 – ENXERTO REVITALIZADOR

A Espiritualidade amiga, nesse contexto, em particular, marcou notável presença junto aos encarnados. Com efeito, Espíritos intelectualizados, mas de pouco amor, foram compulsoriamente transmigrados para a Terra, nos primórdios da civilização humana: uma forma de penitência para eles, simultaneamente, catalisador de progresso para nós.

NOTA: Mais detalhes, no cap. III da obra "A Caminho da Luz", autoria do Espírito Emmanuel, psicografia de Francisco Cândido Xavier, Ed. FEB.

A partir dessas transmigrações houve implantação de desvarios filosófico-religiosos, por parte de alguns desses Espíritos "alienígenas", mas também arrependimento de alguns outros, que inovaram o ambiente planetário com núcleos de maior elevação moral. É o caso de compulsarmos os resultados e atendermos que ocorreu "lucro civilizatório no atacado, embora houvesse alguma perda no varejo".

20.4 – RELIGIÃO EGIPCIANA

Da China pré-histórica à Índia védica, do antigo Egito às outras civilizações, que a poeira do tempo encobriu, milênios correram e a religião assumiu papel moralizador. No Egito, houve mais avanços.

De fato, das escolas iniciáticas egípcias fluiu a mitologia, consagrando vários deuses, que foram levados ao povo — deuses a favor do lar, da escola, da agricultura, do comércio, da indústria, das artes.

Contudo, na intimidade dos iniciados, nos templos, acreditava-se na imortalidade e num deus único, sábio, poderoso, de amor infinito — gerador dos demais deuses, secundários.

Essa crença, equivocada na conceituação divina, pois só Deus tem a faculdade de verdadeiramente criar, expressava desde então um monoteísmo incipiente.

20.5 – MISSÃO DE MOISÉS

Entre os sacerdotes de Tebas (Egito) havia o conhecimento do perispírito e de alguma de suas propriedades. A mediunidade era cultivada entre eles. Os padres tebanos consagravam grande respeito aos desencarnados, com os quais se comunicavam.

Moisés nasceu naquela civilização com a missão de renovar a fé num Deus Único, dando conhecimento popular dessa verdade.

Enfrentou dificuldades, mas a partir dos fundamentos da Lei, recebidos no Sinai, conseguiu registrar e espalhar a mensagem reveladora do respeito recíproco, por serem todos os homens filhos de um Pai Único, o que implica em todos serem irmãos entre si.

Moisés, destarte, pavimentou a estrada até então pedregosa, para que nela palmilhasse o Governador Planetário: Jesus!

Os ideais de justiça e solidariedade, bem como de responsabilidade com a higiene do corpo e da mente, atingiram grande divulgação.

20.6 – OS DEZ MANDAMENTOS

O médium Moisés capta do Plano Maior o "Decálogo", verdadeiro alicerce de luz, consagrando o Amor a Deus e ao próximo, além de exaltar a lei de ação e reação, expressando a Justiça Divina.

A palavra "mandamento" infere que alguém, com a devida autoridade, comanda, e que aquele que quer andar na ordem social, obedece.

Assim fluíram do Mais Alto dez enérgicas sugestões comportamentais, para o dia a dia e a vida toda: que as ações de hoje sejam boas, tendo em vista que se refletirão, amanhã, no caminho de cada agente.

20.7 – JESUS E A RELIGIÃO

Mas será com Jesus que, de forma educativa sublime, a religião alijará dogmas, deixará a suntuosidade, eliminará a hierarquia, para cada homem ir do exterior do mundo para o seu interior — a alma!

Jesus dirigiu-se aos simples de coração, aos

desorientados, aos desajustados e aos carentes de tudo, a todos abraçando e insuflando esperança, bem-aventuranças celestiais e ensinamentos de como ingressar no Reino do Céu.

O Mestre dos mestres desfaz o mito da morte, vence as superstições e informa que na "Casa de Deus há muitas moradas".

É crucificado, dá o maior exemplo de perdão jamais visto e, depois de três dias, surge redivivo aos Apóstolos.

20.8 – REVIVESCÊNCIA DO CRISTIANISMO

Depois de Jesus, num trabalho que os séculos testemunharam, o Evangelho é eleito o código da paz, conclamando o homem ao bem de todos, elegendo a fraternidade por conduta e o perdão sem limites.

Passadas as tribulações da dureza de alma de homens poderosos e de épocas escravizadoras, o mundo melhora a passos lentos, mas ininterruptos.

Moisés instalou o princípio da justiça.

Jesus implantou na Terra a doutrina do Amor.

E o Cristianismo, aceito por uma terça parte da Humanidade encarnada, prega por toda parte a caridade e a fraternidade, colocando o homem em contato perene com o Criador.

Ressurgem as lições de Jesus pelo Espiritismo, colocando o homem em contato direto com os prepostos do Cristo, os quais, incessantemente sugerem, declamam e recomendam a todas as almas: autorreforma.

OBS: Deixamos de resumir a Segunda Parte, composta de vinte mensagens doutrinárias, curtas (cada uma constitui resposta a determinada pergunta, atinente ao tema), voltadas mais para reflexões pessoais, nada objetando, porém, que *sejam estudadas em grupo.*

Na agenda de aulas apresentamos sugestões para eventuais estudos em grupo para essa Parte.

Ao encerrar este despretensioso e humilde trabalho de elaborar com breves comentários a Primeira Parte dessa abençoada obra de André Luiz, olhamos com gratidão para o Céu e bendizemos a oportunidade de estarmos junto a essas sublimidades educativas.

De coração, agradecemos aos amigos da Espiritualidade que tiveram a bondade de nos ampararem, suprindo-nos nessa estrada de luz

Com gratidão imarcescível ao eminente brasileiro, cientista e pesquisador de fenômenos espíritas Hernani Guimarães de Andrade (1913-2003), relembramos seu comentário a respeito da obra "EVOLUÇÃO EM DOIS MUNDOS", segundo o qual, no futuro, esse trabalho seria matéria moral curricular em toda a Humanidade.

MECANISMOS DA
MEDIUNIDADE

Tomando por referência as ciências físicas do mundo material, André Luiz realiza elucidativo estudo dos intrincados mecanismos da mediunidade.

Oferece aos médiuns e estudiosos do tema os recursos para a compreensão de complexas questões da Física e da Fisiologia que inteligentemente são relacionadas a inúmeros aspectos da mediunidade.

Ressalta a importância da mediunidade com Jesus, esclarecendo que, além dos conhecimentos necessários, surgem os impositivos da disciplina e da responsabilidade como fatores de aprimoramento das criaturas que se devotam ao intercâmbio com o Mundo Maior, dentro dos princípios do Evangelho, à luz da Doutrina Espírita.

CONVITE

ESTUDO SISTEMATIZADO DE ESPIRITISMO

A PARTIR DE ..../20.....

--- 5ªS FEIRAS – 20 ÀS 21 H ---

INÍCIO DOS ESTUDOS DO LIVRO:
"MECANISMOS DA MEDIUNIDADE" – (ANDRÉ LUIZ/ FRANCISCO
CÂNDIDO XAVIER E WALDO VIEIRA)

Este livro objetiva oferecer aos médiuns e interessados recursos preciosos para o conhecimento de si mesmos e mecanismos que envolvem os fenômenos mediúnicos.

Assim, apresenta o estudo e a explicação espírita da mediunidade à luz da Ciência.

Mediante linguagem científica, traz, em 26 (vinte e seis) capítulos, conceitos sobre energia, átomo, onda mental, química nuclear, reflexos condicionados, ideoplastia, psicometria e obsessão, entre outros.

ESTUDO SISTEMATIZADO DE ESPIRITISMO

PROGRAMA: Abril a Novembro/2005

Livro: "Mecanismos da Mediunidade" (André Luiz/ Francisco Cândido Xavier e Waldo Vieira)

Aulas Semanais	Assunto	Expositor/a
1ª – 07. Abr. 05	Início dos estudos: Comentários sobre a obra Registros de Allan Kardec Mediunidade (Emmanuel) Ante a Mediunidade (André Luiz)	
2ª – 14. Abr. 05	Cap. 1 – Ondas e Percepções	
3ª – 21. Abr. 05	Cap. 2 – Conquistas da microfísica	
28. Abr. 05	RECAPITULAÇÃO: Temas do mês: Perguntas e respostas	
4ª – 05. Mai. 05	Cap. 3 – Fótons e fluido cósmico	
5ª – 12. Mai. 05	Cap. 4 – Matéria mental	
6ª – 19. Mai. 05	Cap. 5 – Corrente elétrica e corrente mental	
26. Mai. 05	RECAPITULAÇÃO: Temas do mês: Perguntas e respostas	

Aulas Semanais	Assunto	Expositor/a
7ª – 02. Jun. 05	Cap. 6 – Circuito elétrico e circuito mediúnico	
8ª – 09. Jun. 05	Cap. 7 – Analogias e circuitos	
9ª – 16. Jun. 05	Cap. 8 – Mediunidade e eletromagnetismo	
10ª – 23. Jun. 05	Cap. 9 – Cérebro e energia	
30. Jun. 05	RECAPITULAÇÃO: Temas do mês: Perguntas e respostas	
11ª – 07. Jul. 05	Cap. 10 – Fluxo mental	
12ª – 14. Jul. 05	Cap. 11 – Onda mental	
13ª – 21. Jul. 05	Cap. 12 – Reflexo condicionado	
28. Jul. 05	RECAPITULAÇÃO: Temas do mês: Perguntas e respostas	
14ª – 04. Ago. 05	Cap. 13 – Fenômeno hipnótico indiscriminado	
15ª – 11. Ago. 05	Cap. 14 – Reflexo condicionado específico	
16ª – 18. Ago. 05	Cap.15 – Cargas elétricas e cargas mentais	

Aulas Semanais	Assunto	Expositor/a
25. Ago. 05	RECAPITULAÇÃO: Temas do mês: Perguntas e respostas	
17ª – 01. Set. 05	Cap. 16 – Fenômeno magnético na vida humana	
18ª – 08. Set. 05	Cap. 17 – Efeitos físicos	
19ª – 15. Set. 05	Cap. 18 – Efeitos intelectuais	
20ª – 22. Set. 05	Cap. 19 – Ideoplastia	
29. Set. 05	RECAPITULAÇÃO: Temas do mês: Perguntas e respostas	
21ª – 06. Ou. 05	Cap. 20 – Psicometria	
22ª – 13. Out. 05	Cap. 21 – Desdobramento	
23ª – 20. Out. 05	Cap. 22 – Mediunidade curativa	
27. Out. 05	RECAPITULAÇÃO: Temas do mês: Perguntas e respostas	
24ª – 03. Nov. 05	Cap. 23 – Animismo	
25ª – 10. Nov. 05	Cap. 24 – Obsessão	
26ª – 17. Nov. 05	Cap. 25 – Oração	

27ª – 24. Nov. 05	Cap. 26 – Jesus e mediunidade COMENTÁRIOS GERAIS SOBRE ESTA OBRA

OBSERVAÇÕES:

1. Os nomes dos Expositores(as) serão divulgados a cada bimestre;

2. Resumo do Livro "MECANISMOS DA MEDIUNIDADE":

– Entregue no início dos Estudos aos participantes.

– Os interessados retardatários deverão solicitar cópia ao Responsável pelo estudo.

3. Por se tratar de estudo sistematizado, de obra específica, rogamos aos expositores que, em suas apresentações, seja enfatizado o Capítulo em foco.

4. Nas aulas de estudo em grupo, solicitamos que os frequentadores façam leitura prévia do tema, para participarem efetivamente das reflexões e debates.

(Local e data)

_____

(Responsável pelo Estudo)

ESTUDO SISTEMATIZADO DE ESPIRITISMO

Coleção "ANDRÉ LUIZ"
Livro: "MECANISMOS DA MEDIUNIDADE" (André Luiz/ Francisco Cândido Xavier – Waldo Vieira)

IDENTIFICAÇÃO

TÍTULO: "MECANISMOS DA MEDIUNIDADE" – (26 capítulos – 188 páginas)

AUTOR: Espírito ANDRÉ LUIZ (pseudônimo espiritual de um consagrado médico que exerceu a Medicina no Rio de Janeiro)

PSICOGRAFIA: FRANCISCO CÂNDIDO XAVIER e WALDO VIEIRA (concluída em 1959).

EDIÇÃO: Primeira edição em 1959, pela Federação Espírita Brasileira (Rio de Janeiro/RJ).

Para a conclusão deste trabalho, consultamos a 9ª edição/1986. Em 2006 foi lançada a 25ª edição, do 221º ao 225º milheiro de exemplares.

NOTA: Em 2003, na Bienal do Livro do Rio de Janeiro, a Federação Espírita Brasileira anunciou que a obra NOSSO LAR alcançou a expressiva marca de 1,5 milhão de exemplares (!).

Comemorando tão expressiva marca, a FEB reeditou, com nova diagramação e capa, a coleção dos 13 (treze) livros de André Luiz com psicografia de Francisco Cândido Xavier e Waldo Vieira, tratando de "A Vida no Mundo Espiritual"! O presente livro teve essa 1ª edição especial (2003) de 5.000 exemplares.

ABERTURA: Registros de Allan Kardec, designados pelo Autor espiritual

PREFÁCIO: Espírito EMMANUEL — Mediunidade.

INTRODUÇÃO: Do próprio Autor Espiritual (ANDRÉ LUIZ) — Ante a Mediunidade.

CONSIDERAÇÕES INICIAIS:

O livro "MECANISMOS DA MEDIUNIDADE" é o décimo primeiro da abençoada coleção A Vida no Mundo Espiritual, composta por 13 (treze) livros.

Permitam-nos os leitores fazermos um pequeno paralelismo entre esta obra e a anterior (EVOLUÇÃO EM DOIS MUNDOS), posto que ambas apresentam particularidades especiais, não só quanto à sua feitura — dois médiuns psicógrafos —, mas, principalmente, quanto ao conteúdo: se na anterior vimos características da evolução do Espírito, desde sua criação, quer no Plano Espiritual, quer no material, nesta, o Autor espiritual faz analogias utilizando alguns conceitos da Física, do magnetismo e principalmente da eletricidade. Prudente, apressa-se em prevenir que suas notas são transitórias, que ao revestir a mediunidade com apontamentos daquelas ciências, não faz mais do que utilizar o que há de disponível na Ciência terrena, cujo conhecimento evolui, sendo, pois, passageiras as "verdades acabadas" dos homens.

Palavras textuais de André Luiz, na apresentação desta sua obra:

" (...)

Quanto mais investiga a Natureza, mais se convence

o homem de que vive num reino de ondas transfiguradas em luz, eletricidade, calor ou matéria, segundo o padrão vibratório em que se exprimam.

Existem, no entanto, outras manifestações da luz, da eletricidade, do calor e da matéria, desconhecidas nas faixas de evolução humana, das quais, por enquanto, somente poderemos recolher informações pelas vias do espírito".

Aos médiuns, qualquer que seja sua faculdade mediúnica, recomendamos o estudo desta obra, se possível em grupo. Para melhor aproveitamento, seria interessante que, nesse grupo fizesse parte alguém estudioso da eletricidade e eletrônica.

Repetimos o que dissemos no "EVOLUÇÃO EM DOIS MUNDOS": realizar simplificação desta alentada obra, a cada capítulo, como agora nos propomos é tarefa arriscada. Se, por um lado, tornará acessível ao entendimento parte do texto e da mensagem, por outro, necessariamente, implicará em perda de substância. Estamos cientes disso. Não obstante, com olhos voltados para a tolerância do Autor espiritual e para a compreensão dos leitores, nos esforçamos para que do nosso trabalho, entre perdas e ganhos, estes prevaleçam.

Assim, imaginamos que apenas nos seja permitido comentá-la sob reducionismo (simplificação), com muito mais boa vontade do que competência.

Para tanto, dentro do possível, buscaremos traduzir essa ou aquela terminologia técnica e sublinharemos a mensagem.

— Por que é arriscada a tarefa?

— Porque a obra não cita personagens, não contém o roteiro de um acontecimento e não se prende a uma determinada área científica, de uma época ou de uma civilização em particular. Contém ensinamentos inéditos sobre os mecanismos pelos quais se processa a mediunidade, partindo a narração da visão "do Céu para a Terra". Para tanto, apropria-se do que a Ciência terrena detinha de conhecimentos (eletricidade, em particular), na época de sua elaboração.

INTRODUÇÃO:

REGISTROS

Para abrir a obra André Luiz designou que fossem apostos registros de Allan Kardec, os quais citamos abaixo (as fontes estão registradas logo na abertura do livro "Mecanismos da Mediunidade"):

1. No estado de desprendimento em que fica colocado, o Espírito do sonâmbulo entra em comunicação mais fácil com os outros Espíritos encarnados, ou não encarnados, comunicação que se estabelece pelo contato entre fluidos, que compõem os perispíritos e servem de transmissão ao pensamento, como fio elétrico.

2. Salvo algumas exceções, o médium exprime o pensamento dos Espíritos pelos meios mecânicos que lhes estão à disposição e a expressão desse pensamento pode e deve mesmo, as mais das vezes, ressentir-se da imperfeição de tais meios.

3. A mediunidade não é uma arte, nem um talento, pelo que não pode tornar-se uma profissão. Ela não existe sem o concurso dos Espíritos; faltando estes, já não há mediunidade.

4. Por toda a parte, a vida e o movimento: nenhum canto do Infinito despovoado, nenhuma região que não

seja incessantemente percorrida por legiões inumeráveis de Espíritos radiantes, invisíveis aos sentidos grosseiros dos encarnados, mas cuja vista deslumbra de alegria e admiração as almas libertas da matéria.

5. São extremamente variados os efeitos da ação fluídica sobre os doentes, de acordo com as circunstâncias. Algumas vezes é lenta e reclama tratamento prolongado, como no magnetismo ordinário; doutras vezes é rápida, como uma corrente elétrica.

NOTA DOS MÉDIUNS

A convite do Espírito André Luiz, os médiuns Francisco Cândido Xavier e Waldo Vieira receberam os textos deste livro em noites de quintas e terças-feiras, na cidade de Uberaba, Estado de Minas Gerais. O prefácio de Emmanuel e os capítulos pares foram recebidos pelo médium Francisco Cândido Xavier, e o prefácio de André Luiz e os capítulos ímpares foram recebidos pelo médium Waldo Vieira.

DINÂMICA UNIVERSAL

Alinhavamos abaixo algumas concepções científicas, as quais, de alguma forma, poderão auxiliar o entendimento das matérias tratadas na obra "Mecanismos da Mediunidade".

O motivo desses comentários iniciais objetiva "preparar o terreno" para que o leitor, logo no início da obra, pressinta o que virá, eis que o Autor espiritual, ao socorrer-se da eletricidade para esclarecer-nos como se processa a mediunidade, leva-nos a visitar o fantástico mundo do micro — o mundo dos átomos, suas partículas e subpartículas.

Esse mundo é o foco principal da mecânica quântica (ramo da Física), hoje presente em praticamente todos os aparelhos eletrodomésticos, computadores, radares e microscópios eletrônicos. As equações quânticas (surgidas no século vinte) explicaram para os cientistas, pela primeira vez as reações da Química Nuclear, da Bioquímica, o funcionamento das estrelas e do Universo.

Os cientistas deduziram, com isso, que há unidade comportamental do micro ao macro.

Partindo do átomo, muitas são as referências à ininterrupta viagem rumo à miniaturização, com medidas cada vez mais diminuindo, sem jamais se chegar a um ponto final.

(Para não perdermos o foco da Sabedoria divina — que tudo criou e a tudo preside —, lembramo-nos, de raspão, que o mundo do macro segue o mesmo caminho, só que no sentido contrário (com grandezas universais invertidas), isto é, aumentando cada vez mais, incessante e assombrosamente!).

A ciência terrena, avançadíssima, curva-se diante da impossibilidade de ensaiar qualquer teoria ou hipótese sobre esse mundo material, que existe, mas que é impossível de ser explicado, rendendo-se, finalmente, à inalcançável sabedoria de Deus.

Pois, da mesma forma, a dimensão espaço/tempo não responde sobre o que havia antes da criação e início do "nosso" atual Universo, bem como o que ou como acontecerá no seu fim.

O homem, mesmo inculto, mas pio, sempre intuiu que Deus está "em toda parte".

TEORIA DO CAOS

A Teoria do Caos para a Física e a Matemática é a hipótese que explica o funcionamento de sistemas complexos e dinâmicos. Isso significa que para um determinado resultado será necessária a ação e a interação de inúmeros elementos, de forma aleatória. Para entender o sentido dessa hipótese basta observar um exemplo na natureza, em que esses sistemas são comuns. A formação de uma nuvem no céu, por exemplo, pode ser desencadeada e se desenvolver com base em centenas de fatores como o calor, o frio, a evaporação da água, os ventos, o clima, condições do Sol, os eventos sobre a superfície e inúmeros outros.

Para a maioria de nós, a soma de uma quantidade indeterminada de elementos, com possibilidades infinitas de variação e de interação, resultaria em nada mais do que um acontecimento ao acaso.

Pois, é exatamente isso que os matemáticos querem prever: "esse" acaso.

NOTA: Se isso acontecer, o dicionário terá que ser modificado e talvez o homem compreenda que o acaso não existe, conforme os Espíritos responderam a Kardec, na questão nº 8 de "O Livro dos Espíritos". Aliás, a mente brilhante de Einstein disse isso mesmo, de outra forma: "Deus não joga dados".

Edward Norton Lorenz, meteorologista e matemático norte-americano, nascido em 23 de Maio de 1917, dedicou-se bastante à "Teoria do Caos". Seus trabalhos com matemática da meteorologia nos laboratórios do MIT (Massachusetts Institute of Technology, EUA), na década de 1960, foram os primeiros estudos do que na teoria do caos se entende por atrator estranho.

Os modelos desenvolvidos por Lorenz, que poderiam auxiliar na previsão dos padrões meteorológicos, baseavam-se em doze equações que aplicadas em sequência causariam uma soma de erros, através da realimentação dos dados de entrada pela própria saída de dados. Estes fatores onde as alterações dinâmicas de resultados alargam as probabilidades de determinadas previsões podem levar a resultados surpreendentes, ora para o caos extremo, ora para resultados precisos.

Lorenz percebeu que as teorias deterministas da física clássica estavam erradas.

Aproximava-se o final da década de 1950.

Certo dia Lorenz decidiu repetir alguns cálculos em seu modelo. Para tanto parou sua simulação computacional, anotou uma linha de números (números inteiros, não fracionários) que havia sido apresentada tempos antes e digitou-a, fazendo com que o programa rodasse novamente. Afastou-se, indo tomar um café. Voltou instantes depois e, para sua surpresa, notou que os novos números da simulação nada pareciam com os impressos anteriormente. Inicialmente eram iguais, depois de algum tempo começavam a diferir na última casa decimal, então na penúltima, na antepenúltima e assim por diante. Fisicamente, este resultado poderia ser interpretado como sendo as condições climáticas que, primeiramente, comportavam-se de forma semelhante à simulação anterior; dias após surgiam pequenas diferenças; depois diferenças cada vez maiores até que, semanas depois, as características climáticas eram totalmente diferentes das características da simulação anterior.

— Por que isto ocorreu?

A conclusão do cientista foi de que os números que ele digitara não eram exatamente os mesmos; estavam arredondados! Esta pequena diferença, embora irrisória no início, foi se avolumando de maneira incisiva até alterar totalmente o resultado final. A isto se denomina caos.

EFEITO BORBOLETA

O "efeito borboleta" é um termo que se refere às condições iniciais dentro da Teoria do Caos. Este efeito foi analisado pela primeira vez em 1963 por Edward Lorenz. Segundo a teoria apresentada, o bater de asas de uma simples borboleta poderia influenciar o curso natural das coisas e, assim, talvez provocar um tufão do outro lado do mundo.

Dessa forma, o "efeito borboleta" faz parte da Teoria do Caos, que encontra aplicações em qualquer área das ciências: exatas (engenharia, física, etc), médicas (medicina, veterinária, etc); biológicas (biologia, zoologia, botânica, etc); ou humanas (psicologia, sociologia, etc); na arte ou religião, entre outras aplicações seja em áreas convencionais e não convencionais.

E mais: o "efeito borboleta" encontra também espaço em qualquer sistema natural, ou seja, em qualquer sistema dinâmico, complexo e adaptativo.

Dito de outra forma, já se filosofou que o simples espirro de alguém faz o Universo todo vibrar. Ou então, que quando alguém sonha, todo o Universo conspira para que esse sonho se realize.

RESUMO – CAPÍTULO A CAPÍTULO

1 – ONDAS E PERCEPÇÕES
1.1 – AGITAÇÃO E ONDAS

Espíritos sábios, no tempo certo (século XX) repassaram para os humanos a informação de que o planeta Terra é um gigantesco gerador elétrico, envolto em forças atômicas que, combinadas, condicionam os movimentos do Planeta, em ritmos próprios, marcando essa sua sublime individualidade eletromagnética em todo o Universo.

OBS: Aqui já podemos inferir o que nos espera ao longo desta obra: se a Terra gera incessantemente eletricidade, ela, a eletricidade, há de ser inesgotável fonte de recursos e energia, a serviço da evolução humana.

Energias tantas, isoladas ou combinadas, geram movimento e disso resulta agitação. "E toda agitação produz ondas":

– ondas sonoras: palavras pronunciadas, instrumentos vibrando, nuvens entrechocando-se, pássaros cantando;

– ondas caloríficas: um aquecedor que é ligado, um palito de fósforo aceso;

– ondas luminosas: uma lâmpada acesa, a chama de uma vela;

– ondas elétricas: o rádio funcionando.

Em resumo: na Natureza, "toda inquietação" se propaga em ondas.

1.2 – TIPOS E DEFINIÇÕES

— O que é uma onda?

Tantas são as características das ondas que seria inviável simplificar-lhes os conceitos, os tipos e suas definições. Por isso, para nosso estudo, nos ateremos apenas às citações do Autor espiritual. E ele, já de início, contempla que ondas são "oscilações eletromagnéticas" (conjunção da eletricidade com o magnetismo).

Da eletricidade focalizamos o átomo, irradiando partes (os elétrons) em agitação, formando raios ou ondas que oscilam segundo a intensidade.

Elétron é a partícula fundamental portadora da unidade natural de carga elétrica. No presente estudo os elétrons serão intensivamente citados.

Do magnetismo fiquemos apenas com as aplicações do magneto — o ímã (toda substância que possui a propriedade de atrair o ferro).

Como André Luiz citou no item anterior, a Terra é um grande ímã natural.

Agora já podemos, embora com pobreza, definir o que é onda:

"Onda é uma determinada forma de ressurreição de energia, a partir do seu estabelecimento ou da sua expressão", diz-nos o Autor, relembrando que essa terminologia não é clara. A partir desse princípio, encontramos a fonte primordial de qualquer irradiação no átomo, ou em parte dele, despedindo raios ou ondas que se articulam. Ondas são avaliadas pelo seu comprimento: "longas" ou "curtas".

As figuras abaixo nos ajudarão a mentalizar ondas e algumas das suas características:

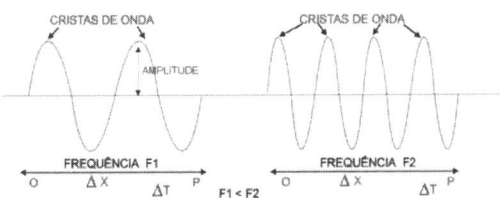

Frequência: número de cristas de ondas consecutivas que passam por um mesmo ponto no mesmo intervalo de tempo.

Amplitude: ondas são sempre da mesma substância e se diferenciam quanto ao comprimento da crista de uma oscilação para a crista de outra oscilação. Essa distância é denominada amplitude.

Uma onda é caracterizada pela sua amplitude e comprimento de onda, sendo a frequência igual a velocidade dividida pelo comprimento de onda.

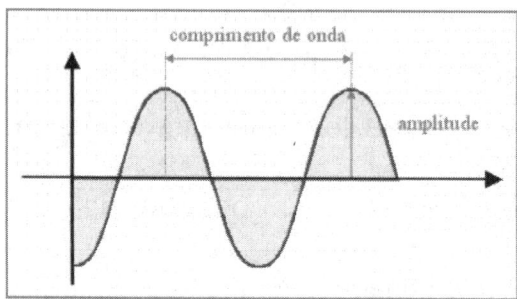

Ondas eletromagnéticas são compostas por duas ondas interdependentes e transversais, uma de campo elétrico e outra de campo magnético, sendo que, uma onda não pode existir sem a outra.

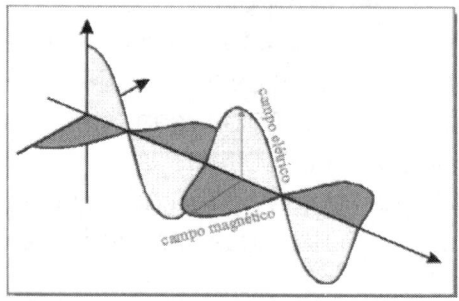

As ondas eletromagnéticas se propagam em qualquer meio, inclusive no vácuo, por grandes distâncias, com a velocidade da luz, por isso se prestam à comunicação.

1.3 – HOMEM E ONDAS

Átomos contêm núcleo, prótons e elétrons. Sacudidos

ou excitados em seus núcleos os átomos arrojam de si ondas que produzem calor e som, luz e raios gama.

Ondas são da mesma natureza, diferenciando-se porém pela frequência na qual se exprimem, o que acontece em toda a vastidão cósmica.

O homem, onde quer que esteja, segundo sua evolução moral, captará as ondas consentâneas que a tudo e todos envolvem. Assim, no incessante e inexorável fluxo de progresso que traça a sua existência, seu campo mental sintonizará as ondas do meio ambiente, ao tempo que expressará aquelas que seu cérebro forjará.

1.4 – CONTINENTE DO "INFRASSOM"

(Infrassom = Vibração da mesma natureza que o som, mas de frequência inferior à dos sons audíveis).

O homem encarnado ou o desencarnado fixado na materialidade vive em meio aos infrassons, abaixo de cerca de 40 (quarenta) vibrações por segundo, havendo autores que reduzam esse número para 16 (dezesseis). Exemplo de infrassom: quando o trem ou o grande veículo passa por uma ponte agita a porta da residência próxima, que por sua vez agita as outras portas mais distantes.

Correntes imperceptíveis que se exteriorizam pela antena alimentada pela energia elétrica apresentam frequência aumentada e, por meio de condensadores, produzem ondas de rádio comum (ondas longas), até aproximadamente mil metros, numa frequência equivalente a 300.000 vibrações por segundo (300 quilociclos), dirigindo-se para as ondas métricas ou decimétricas (radar ou televisão).

Para o encarnado ou desencarnado sintonizado com a matéria, ali só há o silêncio.

1.5 – SONS PERCEPTÍVEIS

Ondas com frequência aumentada, como as notas graves do piano, são facilmente percebidas pelo ouvido humano (o tímpano é afetado) e segundo a disposição mental do ouvinte produzirão efeitos psíquicos.

Ante sons médios, mais altos, agudos, superagudos: pouco além de 15.000 vibrações por segundo, via de regra, atinge-se a zona-limite (há casos de pessoas que ouvem além dessas vibrações). Cães ouvem acima de 40.000 vibrações por segundo (ultrassom).

A escala é ascendente e inimaginável aos ouvidos humanos.

NOTA: Neste item, o Autor espiritual cita "as ondas nascidas do movimento incessante do Universo".

1.6 – OUTROS REINOS ONDULATÓRIOS

Ondas do infravermelho, de oscilações mais curtas, já se mostram ao olhar humano, como a luz e as cores visíveis. O homem identifica, então, pelo prisma, as sete cores fundamentais contidas na luz que as sintetiza: o vermelho, o alaranjado, o amarelo, o verde, o azul, o anilado e o violeta.

Efeitos psíquicos e cores andam de mãos dadas:

O violeta, por exemplo, na onda de comprimento igual a 4/10.000 de milímetros, encontra o teto da visão humana, mas nem por isso suas oscilações param por aí: com efeito, avançam, ascendentemente, não demorando a alcançar as ondas imensamente curtas dos raios X, dos raios gama, indo para os raios cósmicos que entrecruzam o Planeta.

Nos reinos do Espírito, quando este formula e emite

pensamentos, está arremessando ondas cujo alcance sequer pode imaginar.

2 – CONQUISTAS DA MICROFÍSICA
2.1 – PRIMÓRDIOS DA ELETRÔNICA

O progresso humano decorre, invariavelmente, de bênçãos do Plano Maior.

Tratando-se da "natureza ondulatória do Universo", Protetores Siderais destacaram Espíritos ilustres para alavancarem a Ciência terrena.

Na Grécia, 600 (seiscentos) anos antes de Cristo, o matemático, sábio e filósofo Tales, nascido em Mileto, observa a excitação elétrica do âmbar (resina fóssil).

NOTA: Esse é o mais antigo fenômeno elétrico conhecido: a propriedade que o âmbar amarelo adquire, pelo atrito, de atrair corpos leves. Também os antigos indianos notaram que alguns cristais aquecidos atraem cinzas quentes. Somente no século XVI essa propriedade do âmbar foi reconhecida e identificada em diversas outras substâncias: o vidro, a resina, o enxofre, etc. Desta forma, os materiais isolantes passaram a ser distinguidos dos materiais condutores.

No século XVII, o filósofo e matemático francês René Descartes (1596-1650) concluiu que na base do átomo deveria existir uma partícula primitiva (desenhou-a como um remoinho).

Isaac Newton, físico, matemático e astrônomo inglês (1642-1727) realiza a decomposição da luz branca nas sete cores do prisma. Cogita a hipótese de que os fenômenos luminosos se expandiam no ar, em ondas vibratórias.

Christiaan Huygens, matemático, físico e astrônomo holandês (1629-1695) adotou, em 1678, uma teoria ondulatória, em óptica, na qual supôs a luz como constituída pelas vibrações de um meio material muito tênue – o éter.

Benjamin Franklin, filósofo e físico norte-americano (1706-

1790) propôs a hipótese atômica da eletricidade (ela seria formada de grânulos sutís). Descobriu a natureza elétrica do relâmpago e inventou o para-raio.

2.2 – CAMPO ELETROMAGNÉTICO

No início do século XIX, vários investigadores fizeram deduções importantes sobre fenômenos ligados à luz.

Em 1873, James Clerk Maxwell, físico escocês (1831-1879) publicou seu "Tratado de eletricidade e de magnetismo", verdadeiro fundamento do eletromagnetismo moderno.

Heinrich Hertz, físico alemão (1857-1894), descobriu as ondas eletromagnéticas, que demonstrou possuírem todas as propriedades da luz.

Começado o século XX, a Ciência já sabe que a Natureza terrestre é percorrida por inumeráveis ondas que cruzam todo o planeta. E, mais deslumbrante: sem jamais se misturarem!

Porém, confirmada a Terra como grande ímã, composto de átomos, dos quais provinham as ondas, pairava a indagação: como o calor e a luz eram gerados pelos sistemas atômicos?

2.3 – ESTRUTURA DO ÁTOMO

Max Karl Ernst Ludwig Planck, físico alemão (1858-1947), prêmio Nobel de Física de 1918, formulou a hipótese das trocas de energias dos átomos por "pacotes" indivisíveis e a se efetuarem de modo descontínuo. Estava fundada a revolucionária Teoria quântica!

NOTA: Quantum = quantidade elementar de energia (a carga do elétron é um quantum de carga elétrica);
Quanta = plural de quantum.

Niels Bohr, físico dinamarquês (1885-1962), prêmio Nobel de Física de 1922, elaborou uma teoria da estrutura do átomo: utilizando a noção de quantum introduzida por Planck, deduziu que os elétrons gravitavam ao redor do núcleo dos átomos em órbitas definidas, arremessando energia, não em órbitas similares às dos planetas em torno do Sol, mas com saltos inesperados, de uma camada para outra.

NOTA: É deslumbrante imaginar a vida intensa dentro do átomo, sabendo que o Universo todo é composto deles!

Bohr deduziu ainda pela existência de sete camadas concêntricas no interior de cada átomo, isoladas entre si, que os elétrons "fazem o que querem", isto é, circulam livremente, em todos os sentidos. Os elétrons das camadas periféricas são responsáveis pela projeção de raios luminosos; já os próximos ao núcleo emitem raios mais curtos: os raios X.

2.4 – ESTADO RADIANTE E RAIOS X

A Ciência terrena, por longos séculos, acreditou que os átomos (átomo derivado Grego, atomos = indivisível) eram corpúsculos eternos e indivisíveis – as menores partículas existentes, "irredutíveis a qualquer divisão". E mais: que a Natureza — a vida —, nessa quadra científica, disporia eternamente desse capital, sem qualquer desperdício.

Porém, antes do findar do século XIX, a Ciência descobriu que sob determinadas condições (ar rarefeito) materiais sob corrente elétrica de alto potencial emitem raios de luminosidade fluorescente, mas também desconhecidos, denominados "raios X".

NOTA: Wilhelm Conrad Roentgen (ou Röntgen), físico alemão, prêmio Nobel de Física, em 1901. Em 1895 descobriu os raios X e estudou suas propriedades. O emprego da radiografia deve muito a este brilhante cientista.

Atualmente as técnicas da radiografia evoluíram a ponto de ser possível visualizar não apenas tecidos duros (ossos), mas também tecidos moles (o fígado, os intestinos, o cérebro). Isso foi conseguido graças ao desenvolvimento da tomografia computadorizada (uma expressiva evolução dos Raios X), fruto do trabalho do engenheiro inglês Godfrey Newbold Hounsfield (1919-2004) e do médico norte-americano Allan MacLeod Corrnack (1924-1998), ganhadores do prêmio Nobel de Medicina, de 1979. Na tomografia computadorizada o paciente é acomodado no interior de um grande anel que gira em torno dele, emitindo e captando a radiação de vários ângulos diferentes. O resultado equivale a cerca de 130.000 (cento e trinta mil) radiografias (!). Os sinais colhidos são enviados a um computador que os transforma em imagens tridimensionais, com detalhes precisos de qualquer parte do organismo.

2.5 – ELÉTRON E RADIOATIVIDADE

Em 1895 o físico francês Jean Perrin (1870-1942), prêmio Nobel de Física de 1926, demonstrou a existência do elétron, viajando no interior do átomo a fantásticas velocidades.

Experimentalmente, em 1897, Joseph John Thomson, físico britânico (1856-1940), prêmio Nobel de Física, de 1906, comprova que o elétron é um constituinte do átomo, desmentindo, de vez, a ideia da indivisibilidade do átomo. Inclusive, determina a massa do elétron (!), que é, aproximadamente, 1.850 vezes menor que a do átomo conhecido como mais leve — o hidrogênio.

Precisamente neste ponto, o Autor espiritual registra que o Plano Maior age diretamente sobre o plano físico e intui o físico francês Henri Becquerel (1852-1908), prêmio Nobel de Física de 1903 (compartilhado com o casal Curie[1]), a pesquisar o urânio. Becquerel descobre, então, em 1896, o fenômeno da radioatividade nos sais de urânio, mostrando que se trata de uma propriedade do átomo de urânio e que a radiação emitida provoca a ionização dos gases. Descobre essas novas fontes de raio X, cujas radiações encaminharam o casal Curie à descoberta do rádio (metal alcalino-terroso, radioativo).

NOTA: Marie Curie ganhou também o prêmio Nobel de Química de 1911. Pela excessiva exposição à radioatividade, faleceu vitimada pela leucemia.
Neste ponto, após tantas, mas necessárias citações, André Luiz diz-nos:
"(...) A Ciência percebeu, afinal, que a radioatividade era como a fala dos átomos, asseverando que eles nasciam e morriam ou apareciam e desapareciam no reservatório da Natureza".

2.6 – QUÍMICA NUCLEAR
Em um grama de rádio "há tão grande quantidade de átomos que somente no espaço de 16 (dezesseis) séculos é que seu peso fica reduzido à metade". Aliás, foi demonstrado que "em cada segundo, de um grama de rádio se desprendem 36 bilhões de fragmentos radioativos da corrente mais fraca de raios emanentes desse elemento, perfazendo um total de 20.000 quilômetros de irradiação por segundo".

NOTA: Essas ocorrências e suas quantidades são espantosas (quase incríveis), mas é isso mesmo: quanto mais

---

1 Casal Curie: Marie Sklokowska Curie, física francesa de origem polonesa (1867-1934) e seu marido, Pierre Curie, físico francês (1859-1906).

o homem adentra nos prodígios da Natureza, mais deve se convencer da inalcançável Sabedoria de Deus, o Criador. Não há escape para isso.

A Ciência pensou em controlar esse abundante fluxo radioativo e conseguiu fazer com que os projéteis vigorosos do rádio eletrizassem o azoto (elemento químico, metaloide gasoso, também denominado nitrogênio) num tubo. Desse bombardeio, núcleos do azoto explodiam, convertendo-se em hidrogênio e num isótopo[2] do oxigênio.

Estava criada na humanidade a "química nuclear", fazendo surgir a radioatividade artificial, pelo processo do bombardeamento elétrico de elementos, em alta voltagem, em tensão alternada altíssima.

NOTA: Ao encerrar este capítulo André Luiz comenta, a guisa de esclarecimento:

"(...) Nossos apontamentos sintéticos objetivam apenas destacar a analogia do que se passa no mundo íntimo das forças corpusculares que entretecem a matéria física e daquelas que estruturam a matéria mental".

3 – FÓTONS E FLUIDO CÓSMICO
3.1 – ESTRUTURA DA LUZ

Impressionante, mas é isso mesmo: a irradiação da luz visível pressiona os demais corpos! Exemplo: o jato de uma lâmpada sobre um feixe de poeira faz esse feixe se curvar (!).

Em 1905, o notável físico alemão naturalizado norte-americano Albert Einstein (1879-1955), prêmio

---

2 Isótopo: Elemento químico resultante de modificação da massa atômica (isto é, alteração do número de nêutrons do núcleo), permanecendo o mesmo número de prótons e elétrons, conservando, portanto, as propriedades físicas e químicas do elemento.

Nobel de Física de 1921, expôs uma das mais importantes descobertas da Física do início do século: a teoria especial da relatividade e admitiu que a luz tem propriedades corpusculares (massa e peso específico), além de propriedades ondulatórias. Einstein "deduziu que a luz de uma lâmpada resulta de sucessivos arremessos de grânulos luminosos, em relâmpagos sucessivos, a se desprenderem dela por todos os lados".

Contestado por colegas, lembrou o efeito fotoelétrico, pelo qual um raio luminoso sobre película de sódio ou potássio expulsa elétrons dessas películas (seriam os grânulos luminosos, ou fótons[3], que provocam essa expulsão).

3.2 – SALTOS QUÂNTICOS

Como os leitores percebem, os últimos itens trataram da luz, com especificidade.

O presente item e outros mais ainda continuarão a tratar da luz.

Para que seja mais fácil o entendimento desses assuntos, sugerimos ao leitor imaginar-se dentro de um laboratório experimental de Física, há uns 100 anos, ao lado de um dos pesquisadores citados (Einstein, por exemplo, por que não?) e prestar atenção no que ele está fazendo e pedir-lhe explicações.

A teoria dos saltos quânticos explicou a produção de raios luminosos como resultado de oscilações eletromagnéticas.

Vamos testemunhar uma experiência: excitar o átomo,

---

3 Fóton: quantum específico da luz.

com calor, por exemplo. O que irá acontecer?

– os movimentos aceleram-se;

– os elétrons de cada átomo se distanciam do núcleo e passam para degrau mais alto de energia;

– esse afastamento se dá aos saltos, no quadrado dos números cardinais, a saber: 1º salto: de 1 para 2; 2º salto: de 2 para 4; 3º salto: de 4 para 16; e assim sucessivamente;

– à temperatura de cerca de 1.000ºC os elétrons abandonam as órbitas;

– à temperatura de 100.000ºC os átomos ficam sem elétrons e explodem, por entrechoque.

Na escala da excitação dos sistemas atômicos impera a luz que conhecemos, expandindo-se por eletromagnetismo:

a. em ondas médias; à baixa energia poucos elétrons periféricos se desprenderão, superando facilmente a atração do núcleo;

b. ondas mais longas — saltos mais compridos, sob menor energia;

c. ondas mais curtas, quanto mais para dentro do sistema atômico essas ondas, a se exteriorizarem, têm maior poder penetrante.

3.3 – EFEITO COMPTON

Arthur Holly Compton, físico norte-americano (1892-1962), prêmio Nobel de Física, de 1927, ao estudar a difusão dos raios X pela grafite, mostrou, em 1923, o efeito que leva seu nome. Vejamos exemplos:

– ao ser realizada a estimulação das órbitas eletrônicas externas, a luz vermelha será formada por longas ondas;

– prosseguindo essa estimulação, nas órbitas seguintes, em direção ao núcleo, teremos irradiação azul, formando ondas mais curtas;

– excitando as órbitas ainda mais íntimas, provocaremos luz violeta, de ondas ainda mais curtas;

– se continuarmos, sempre indo mais para o interior, chegaremos aos raios gama, com oscilações do núcleo atômico.

O "Efeito Compton" mostra que a colisão provocada de fótons com elétrons faz com que aqueles descarreguem energia e diminuam a frequência da onda, resultando em luz mais avermelhada.

3.4 – FÓRMULA DE DE BROGLIE

Louis De Broglie, físico francês (1892-1987), prêmio Nobel de Física, de 1929, enunciou o princípio (indagando): "Se as ondas de luz, em determinadas circunstâncias procedem como corpúsculos (fórmula de Einstein), por que motivo os corpúsculos da matéria, também em determinadas condições não se comportarão à maneira de ondas?".

Acrescentava De Broglie que "cada partícula de matéria está acompanhada pela onda que a conduz". Isso carreou para ele dificuldades profissionais, pois passou a ser hostilizado e desafiado por colegas, dedicou-se a estudar mais, criando a fórmula para definir o comprimento da onda conjugada ao corpúsculo: elétrons oriundos das experiências de Roentgen, quando originam oscilações curtas (10.000 vezes mais reduzidas que as da luz) arremessam-se por ondas tão curtas como os raios X.

3.5 – MECÂNICA ONDULATÓRIA

A fórmula de De Broglie foi contestada por físicos eminentes, que a consideravam incompatível com a difração (quebra; ficar em pedaços) dos elétrons. Não tardou e dois cientistas americanos comprovaram a difração, quando projetaram um jato de elétrons sobre um cristal de níquel. A partir daí a "mecânica ondulatória" tornou-se cientificamente reconhecida.

Primeira e transcendental consequência dessa realidade: mais da metade do Universo foi reconhecida como um reino de oscilações e a matéria restante é passível de igualmente ser convertida em ondas de energia.

Segunda consequência: a concepção do mundo material desapareceu e em seu lugar ficou provado que a matéria, na verdade, não passa de um vasto aglomerado de corpúsculos dinâmicos, produtores eternos de turbilhões de ondas de todas as frequências, entrecruzando o cosmos, em todas as direções. E mais impressionante: ondas de frequências diferentes jamais se misturam!

Terceira consequência: o homem compreendeu, finalmente, que a matéria é vestimenta das forças (energias) com as quais a mãe Natureza, sempre dadivosa, o contempla.

Quarta consequência: tudo o que é palpável pode ser analisado em linguagem matemática, porém, a origem, formulação e natureza desses processos são indevassáveis à mente humana. E isso é válido para o homem com ou sem o equipamento físico (encarnado ou desencarnado). Ele, homem, traz em si as duas vertentes divinas: a espiritual, representada pelo Espírito imortal; e a material (o perispírito, sempre, mais o organismo terreno, quando encarnado).

3.6 – "CAMPO" DE EINSTEIN

Sabe o homem:

– que existem várias ondas;

– que a luz se desloca em feixes corpusculares (fótons);

– que o átomo é pulsante e que suas forças, negativas ou positivas, variam em razão do número de elétrons ou partículas de força em torno do núcleo;

– que a energia, quando condensada, surge como massa, posteriormente voltando à energia.

Até agora, contudo, o homem não sabe como é o meio e o que se passa no trajeto de bilhões das oscilações atômicas a transitarem na vastidão do cosmos, à fantástica velocidade de 300.000 quilômetros/segundo. Esse grande espaço (o meio no qual transitam as citadas oscilações), até Einstein, era chamado de "éter", válida tal denominação também para o minúsculo espaço entre partículas atômicas.

Einstein, não conseguindo agasalhar tais ocorrências numa fórmula matemática, por não atingir a compreensão das propriedades e da qualidade desse "éter", opinou pela eliminação do conceito de "éter", considerando-o inexistente. Preenchendo esse vácuo científico (inexistência de um meio no qual as partículas de massa se deslocassem) propôs que tal espaço (meio) fosse denominado "campo", válida tal denominação para o macro e para o micro, isto é, o espaço das partículas atômicas de todo o Universo.

Para exemplificar, pensemos numa chama acesa:

– a zona iluminada por ela é o seu "campo" peculiar, isto é, as partículas atômicas arremessadas vão em todas as direções, e a 300.000 km/segundo;

– a influência da iluminação decresce à medida que essas partículas se afastam do fogo, passando a "iluminar" 1/2, 1/4, 1/8, 1/16, etc.

– nunca se atingirá o zero (!) porque, teoricamente, o "campo" ou zona de influência alcança o infinito.

NOTA: Lembram-se da "teoria do caos"?
Se Einstein acomodou o entendimento, não respondeu à pergunta sobre a matéria de base para o campo. Essa resposta permanece desafiando o raciocínio.

DO PLANO ESPIRITUAL, ANDRÉ LUIZ REGISTRA:

"(...) escrevendo da esfera extrafísica, na tentativa de analisar, mais acuradamente, o fenômeno da transmissão mediúnica, definiremos o meio sutil em que o Universo se equilibra como sendo o Fluido Cósmico ou Hálito Divino, a força para nós inabordável que sustenta a Criação".

Antes de prosseguirmos, permitam-nos os leitores algumas reflexões sobre o que já vimos:

– como o leitor poderá observar, esses três primeiros capítulos foram dedicados a registrar enfoques científicos, principalmente relativos aos avanços da Física, desde os tempos antigos;

– nesses três primeiros capítulos André Luiz (certamente com assessoria de Espíritos tão bondosos quanto especializados) trouxe-nos um alicerce seguro para que, a partir deles, pudéssemos melhor assimilar como ocorrem os mecanismos da mediunidade;

– iniciando por conceituar e explicar o que são ondas, acoplou-as ao magnetismo, porém o foco maior das lucubrações centrou-se na luz, a seguir no átomo, depois no elétron, prosseguiu no eletromagnetismo e por fim, na radioatividade;

– estivemos brevemente na companhia de expoentes da humanidade, homens ilustres e altamente sábios, em sua maioria ligados à Física, quase todos laureados com o Prêmio Nobel[4];

– certamente não foram aqui citados todos os pesquisadores envolvidos em tão fascinantes temas, nem o espaço da obra o comportaria; não obstante, não nos escapa que a Espiritualidade atuou com a bondade e sabedoria de sempre, fazendo aportar na Terra Espíritos de escol, o fantástico patamar atual de conhecimentos científicos, que, em cascata de descobertas, foram chegando e paulatinamente se completando e evoluindo;

– novas descobertas certamente surgirão, o progresso, por decisão de Deus, é uma constante universal, mas o homem, na atual quadra, não pode e não deve permanecer distante das "descobertas" do Espírito: criação e evolução, rumo à felicidade, só alcançável pelo amor a Deus e ao próximo.

– finalmente: o assunto poderá soar algo árido, mas o aprendizado decorrente compensa.

4 – MATÉRIA MENTAL
4.1 – PENSAMENTO DO CRIADOR

As formas associam-se em todo o Cosmos tendo por

---

4 Prêmio Nobel - prêmio instituído pelo químico sueco Alfred Nobel (1833-1896), em seu testamento. Inicialmente esse prêmio contemplava cinco divisões (Física, Química, Fisiologia e Medicina, Literatura, Paz). Em 1968, o Banco da Suécia criou um Prêmio de Ciências Econômicas em homenagem àquele cientista.

base mantenedora o Fluido Elementar (Hálito Divino). O elétron responde como corpúsculo-base formador da matéria, organizando-a e proporcionando oscilações eletromagnéticas.

Dessa forma, o Universo é formado por forças dinâmicas que expressam o Pensamento do Criador, de grandeza indevassável.

O homem, dotado pelo Criador de inteligência, que mobiliza matéria mental adequada à sua evolução, é também um criador, só que de formações que duram o necessário à sua necessidade de progresso.

O pensamento de Deus é imensurável e o do homem vibra limitado no ambiente em que se encontra, possibilitando ao Espírito despertar os poderes possíveis, no vasto oceano de força mental em que está mergulhado.

4.2 – PENSAMENTO DAS CRIATURAS

O homem, palidamente, ausculta algumas das propriedades que fluem das energias profundas do Princípio Elementar. Manipulando eletricidade e magnetismo, dentro das limitações humanas, busca entender como o pensamento é produzido a partir da matéria mental, expressando-se em vários tipos de ondas:

– os raios super-ultra-curtos (linguagem dos Espíritos angelicais);

– em desconhecidos e indevassáveis processos de raios;

– trânsito das oscilações médias e longas, pelas quais a mente humana se expressa;

– ondulações fragmentárias dos animais, em raios de pensamentos descontínuos.

Espíritos puros operam no micro e no macro, por delegação do Amor Divino: em síntese, adéquam ambientes, no Universo todo, para expansão da Vida.

O homem, meritoriamente, conquanto em grau modesto, e sempre sob supervisão do Mais Alto, também pode interferir na vida planetária.

E os animais, que aqui vivem, encontram-se também transitando na mesma estrada da Vida, chamada Evolução, para o que contam (ou deveriam contar) com o apoio humano.

4.3 – CORPÚSCULOS MENTAIS

O pensamento responde por todas as realizações, físicas ou extrafísicas. O mais fantástico é que ele ainda é matéria (matéria mental) e utiliza leis que se regem sob novo sentido na formação de cargas magnéticas e sistemas atômicos.

A humanidade inteira está envolvida por essa maravilhosa energia, que se apresenta sutil, transcendendo todos os elementos conhecidos pela Química.

Para efeito de entendimento nosso, já que não há terminologia sobre as forças existentes no plano mental, encontraremos átomos mentais, tanto quanto no plano material temos átomos materiais. Os átomos mentais, com seus núcleos, prótons, nêutrons, pósitrons, elétrons ou fótons mentais, agregam formações corpusculares de diferentes vibrações.

Tais vibrações trazem em si o teor da energia correspondente ao que pensa cada indivíduo, e em consequência, formam o halo vital ou aura, de frequência e cor peculiares a cada um deles.

A vontade do homem movimenta forças com sincronia ou agitação. Em virtude disso, cada pessoa estabelece sua própria onda mental.

4.4 – MATÉRIA MENTAL E MATÉRIA FÍSICA

Pensamentos de indivíduos normais movimentam átomos inteiros que formam ondas muito longas.

Pessoas atentas, em oração ou em estado pacífico, emitem ondas de comprimento médio, com aquisição de aprendizado e produção de luz interior.

Já emoções profundas, dores acerbas, súplicas aflitivas ou dilatada concentração mental estabelecerão raios muito curtos, poderosos, transformando o campo mental.

As Leis de Deus são perfeitas e válidas para todo o Universo.

Assim, as mesmas injunções e propriedades regem a matéria, mental ou física, embora a primeira seja fundamentalmente diferente da segunda.

4.5 – INDUÇÃO MENTAL

Da mesma forma que a luminosidade decresce à medida que o observador se afasta (por exemplo, de uma chama acesa), sem jamais chegar ao zero, igualmente a corrente mental se espraia em todas as direções. Quanto maior o poder de concentração e persistência do agente emissor do pensamento, maior o poder de induzir outras mentes, principalmente se com ele mantiverem afinidade.

Todos nós atraímos para nós próprios o efeito da matéria mental com a qual sintonizamos, o que resulta em prazer ou desgosto, alegria ou dor, otimismo ou desespero.

Tais efeitos se traduzem por luz ou sombra, vitória ou fracasso, infortúnio ou felicidade.

4.6 – FORMAS-PENSAMENTOS

Todas as associações que acontecem no Universo obedecem a princípios mentais exteriorizados em todas as direções, por telementação ou simples reflexão, seja o acasalamento de insetos ou a comunhão de Espíritos.

Quando alguém emite uma ideia, essa ideia, de imediato reflete as congêneres e a elas se associa, formando feixe que se engrossa ou se dissolve, segundo esse alguém e seus pares sustentem e permaneçam aumentando o fluxo mental, ou o desliguem do seu campo mental.

Desse intercâmbio de projeção de forças mentais iremos encontrar as formas-pensamentos, caracterizadas por construções da(s) alma(s), que traz(em) compulsoriamente liberdade ao nosso passo, ou escravidão, segundo tenhamos optado pelo bem ou pelo mal.

O bem é construtor de estradas para o progresso espiritual, o mal é como um labirinto ao qual adentramos e cuja saída ou atalhos desembocarão sempre em planos inferiores.

5. CORRENTE ELÉTRICA E CORRENTE MENTAL
5.1 – DÍNAMO ESPIRITUAL

Associações inteligentes de matéria mental se superpõem às associações atômicas.

Essa é uma realidade do Espírito que a Ciência não aceita, pois não há como comprová-la, experimental ou laboratorialmente.

Com efeito, o Espírito (encarnado ou desencarnado) é qual um dínamo a gerar energias que se expressam pelo psiquismo e pelo físico, sob ação da mente e pelo eletromagnetismo com que impregna as células nas quais age.

O espírito capta e emite correntes de força.

Dínamo é um aparelho que converte energia mecânica em elétrica, mediante indução eletromagnética. É constituído por um ímã e uma bobina. A energia mecânica (de um rio, por exemplo) faz girar um eixo no qual se encontra o ímã, fazendo alternar os pólos norte e sul na bobina e, por indução, gerar a energia elétrica. O contrário, ou seja, a bobina no eixo, também é possível. As polaridades são invertidas a cada 180 graus de rotação para que o dínamo gere uma corrente contínua, e não alternada, como nos alternadores.

Os geradores podem ser divididos numa enorme quantidade de tipos, de acordo com o aspecto que se leve em conta. Além dos dois grupos mais gerais — geradores de corrente contínua e de corrente alternada —, os dínamos podem ser, quanto ao número de pólos, dipolares e multipolares; quanto ao tipo de enrolamento do induzido, em anel e em tambor; quanto ao tipo de excitação, auto-excitados e de excitação independente.

5.2 – GERADOR ELÉTRICO

Motores se alimentam da corrente elétrica decorrente de recursos atômicos.

A matéria mental é a substância básica com a qual um Espírito produz força mediúnica (força eletromotriz), e que em circuito fechado irá acionar um médium – em circuito fechado: emissor/receptor.

A energia que vai da hidrelétrica à lâmpada, se acionada, acende-a.

Para que isso aconteça é necessário que um transformador adéque a voltagem que sai da hidrelétrica à voltagem da lâmpada.

Assim agem os transformadores das ruas (fixados a postes) numa infinidade de aparelhos elétricos.

5.3 – GERADOR MEDIÚNICO

Um Espírito, elevado ou sofredor, emite fluxo de energias mento-eletromagnéticas que um médium poderá captar, se em clima de aceitação e afinidade.

Essa aceitação responderá pela continuidade da circulação dessas energias que aí encontram ponto de equilíbrio, resultando nesse ou naquele fenômeno ou serviço mediúnico.

Depreendemos que quando o Espírito comunicante é elevado, ele próprio "baixa sua voltagem"; quando sofredor, quem o faz é o médium.

É simples assim: sintonia, afinidade, aceitação, continuidade!

5.4 – ÁTOMOS E ESPÍRITOS

Tratando-se da produção da corrente elétrica e de certa forma da corrente mental, as cargas de sinal contrário ou de força centrípeta (aceleração orientada para o centro) atraem-se, equilibrando a atração com a repulsão ante as cargas de sinal igual ou força centrífuga (que tende a afastar-se do centro).

Lembra ainda a "Lei de Coulomb" (Charles Augustin de Coulomb – físico francês, 1736-1806), segundo a qual forças exercidas, uma sobre a outra, tendem a serem iguais ou opostas, tanto quanto a atração entre duas massas magnéticas iguais e de sinais contrários.

Tratando-se da "compensação vibratória", em termos de mediunidade, onde há a ação mental de um Espírito e a recepção por parte de um médium, o Autor lembra que os mesmos princípios predominam para as correntes de matéria mental.

Analogamente, afinizando-se reciprocamente um Espírito comunicante e um médium, a matéria mental que o primeiro plasma e projeta, o segundo conseguirá captar e expressar, de acordo com seu potencial mediúnico.

Representação de um átomo de lítio

Partículas escuras: elétrons em órbita; azuis e vermelhas: prótons e nêutrons (núcleo).

5.5 – FORÇA ELETROMOTRIZ E FORÇA MEDIÚNICA

Ambas as forças podem resultar em benefícios para a humanidade.

A força eletromotriz é empregada na indústria e no progresso em geral.

A força mediúnica, na troca (consciente ou inconsciente) dos princípios ou correntes mentais, podendo gerar grandes bênçãos, de socorro às necessidades humanas, ou contribuindo para a expansão cultural.

Usinas diversas fornecem sistemas de luz e força para a população.

Grupos mediúnicos, de várias categorias que palmilham e influenciam os quadros morais do mundo, sustentam e fazem progredir a Religião, a Ciência, a Filosofia, a Educação, a Arte, o Trabalho. Sobressaem o Consolo e a Caridade, alavancando a evolução espiritual planetária.

5.6 – FONTES DE FRACO TEOR

Além da energia elétrica emanada das usinas, fontes menores dessa energia existem (eletrização por atrito ou por contato e ainda por indução eletrostática), utilizadas em microfones, alto-falantes, radiotecnia, termômetros para medição de altas temperaturas e em outras várias espécies de medidores.

Da mesma forma, no mundo todo, existem mananciais de força mediúnica não necessariamente expressos em fenômenos ostensivos. Pessoas há que, por fraternidade, reerguem alguém caído, curam almas enfermas, dão avisos e alertas de prudência, engajam-se em minorar a dor onde ela se apresente, cumprem santamente suas responsabilidades familiares.

Nessas abençoadas atividades, muitos dos que assim procedem têm a mediunidade oculta (as vezes, até para si mesmos).

A Vida Superior e essas pequenas ações expressam-se por igual teor: a construção do bem. É aí que encontraremos o Espírito falando com o Espírito, no fluxo incessante da evolução moral.

6. CIRCUITO ELÉTRICO E CIRCUITO MEDIÚNICO

6.1 – CONCEITO DE CIRCUITO ELÉTRICO

Circuito elétrico é a distância percorrida, num condutor, pela corrente elétrica e cujos extremos sustentam diferença de potencial. Para tanto, a corrente vai e volta, realizando vários serviços nos aparelhos empregados: geração, transmissão, transformação e distribuição de energia.

Naturalmente, as máquinas utilizadas nesses trabalhos são dotadas de recursos especiais, que permitem geração, manobra, proteção e medida.

6.2 – CONCEITO DE CIRCUITO MEDIÚNICO

A corrente mental, que vai do emissor ao receptor, congrega em si o conceito de circuito mediúnico, desde que ocorra sintonia psíquica, emergindo uma "vontade-apelo" e a respectiva "vontade-resposta", isto é, o comunicante se expressa e o médium concorda.

Essa conjugação inteligente acontece entre desencarnados e encarnados, pois ambos, nessas atividades, têm recursos cerebrais que administram as ideias e sua seleção, seguida de autocrítica e expressão.

6.3 – CIRCUITO ABERTO E CIRCUITO FECHADO

Num circuito elétrico iremos encontrar a corrente saindo do pólo positivo do gerador, circulando nos aparelhos e voltando ao gerador, indo para o pólo negativo, de onde retorna ao pólo positivo, prosseguindo seu curso.

A corrente só se manterá se o interruptor permanecer ligado e o circuito elétrico fechado (em circuito aberto a corrente não circula).

Da mesma forma, no circuito mediúnico — emissor-
-receptor —, o médium tem que estar em equilíbrio e
receptivo ("ligado") para que a corrente mental transite em
regime fechado, pois se estiver aberto, isso caracterizará
desatenção.

6.4 – RESISTÊNCIA

Um circuito elétrico (ou rede elétrica) comporta
elementos ativos ou fontes de energia (geradores)
e elementos passivos, representados por números
finitos (parâmetros localizados) ou infinitos (parâmetros
distribuídos). Esses parâmetros são: resistência,
indutância e capacitância.

Resistência: gasto de energia no circuito.

No circuito mediúnico, resistência é dispersão da
corrente mental.

6.5 – INDUTÂNCIA

A acumulação da energia num campo magnético,
por ação da corrente, não se altera no circuito elétrico,
para mais ou para menos, devido à indutância.

Quando há variação da corrente, no circuito elétrico,
é por indutância que ocorre aumento de força, impedindo
mudança.

Alteração continuada resulta em descarga elétrica,
que pode ocasionar desastrosa perda dos aparelhos
(bobinas e motores).

Assim também, no circuito mediúnico, do equilíbrio de
forças mentais entre o comunicante e o médium resultará
impedimento de interrupção ou alterações.

Surgindo alteração na corrente mental há aumento
de força. Isso provocará interrupção intempestiva no

circuito mediúnico e essa mudança brusca do equilíbrio (sintonia) caracteriza violência. As consequências serão danosas, tanto para a entidade comunicante quanto para o médium.

6.6 - CAPACITÂNCIA

A capacitância permite que a energia se acumule num campo elétrico, por ação de capacitores ou condensadores.

O capacitor acumula energia elétrica na carga e a restitui ao circuito, na descarga.

No circuito mediúnico encontramos a entidade comunicante aproximando-se do médium, antes mesmo da reunião mediúnica, visando adequar a sintonia entre ambos.

Esse médium, então, "acumulará" expressões e valores da energia mental que procedem daquele Espírito e devolverá no evento mediúnico, com maior ou menor fidelidade.

Os apontamentos deste capítulo evidenciam que o exercício mediúnico com fins nobres apóia-se sempre na sintonia que cada médium estabelece com um bondoso Espírito, que o orienta, podendo pois ser chamado de "Espírito-guia".

7. ANALOGIAS DE CIRCUITOS
7.1 – VELOCIDADE ELÉTRICA

Algumas propriedades físicas nos ajudarão a entender o processamento do intercâmbio mediúnico:

a. Impulsos elétricos e a luz expandem-se à velocidade de 300.000 km/s.

b. Uma quantidade de elétrons injetada na ponta

de um condutor de 300.000 km poderá chegar em um segundo a outra extremidade desse condutor, dependendo da pressão elétrica aplicada e da resistência elétrica encontrada no percurso.

c. A velocidade da água colocada na ponta de um cano, para chegar à outra ponta terá velocidade correspondente à pressão dessa corrente líquida.

7.2 – CONTINUIDADE DE CORRENTES

Repetindo, a circulação da corrente elétrica num circuito fechado (do gerador ao aparelho utilizado) pode ser comparada ao trânsito da água numa tubulação. No caso da água, uma bomba com ação contínua e uniforme fará passar sempre a mesma quantidade num ponto e no mesmo período de tempo.

Um gerador em atividade permanente e sem variação também fará passar a corrente elétrica na mesma intensidade em cada setor do circuito.

A água, para transitar na canalização, exige corrente líquida incessante.

A corrente elétrica, por sua vez, para produzir e agir em valores contínuos de energia, pede que seja feita carga de bilhões de elétrons.

NOTA: A enumeração "bilhões" dá uma sensação de dificuldade. Todavia, permitam-nos os leitores repetirmos as considerações do item 2.6 (Química nuclear) deste trabalho, sobre as propriedades de um grama de rádio:

Em um grama de rádio "há tão grande quantidade de átomos que somente no espaço de 16 séculos é que seu peso fica reduzido à metade". Aliás, está demonstrado que "em cada segundo, de um grama de rádio se desprendem 36 bilhões de fragmentos radioativos da corrente mais fraca de raios emanentes desse elemento, perfazendo um total de 20.000 quilômetros de irradiação por segundo".

A Natureza é pródiga, pois assim Deus a fez. Se a utilizarmos com bom senso e respeito, só benefícios visitarão nossos dias terrenos.

7.3 – EXPRESSÕES DE ANALOGIA

Resumindo os dois últimos itens:

a. Curso d´água — fluxo elétrico — corrente mediúnica.

b. Pressão hidráulica — diferença de potencial elétrico resultando harmonia — sintonia psíquica.

c. Obstáculos nos condutores, na corrente elétrica ou na corrente líquida, assemelham-se a inibição ou desatenção do médium, prejudicando o circuito mediúnico.

d. Para a água transitar normalmente, depende de bomba ou aproveitamento de desnível. A corrente elétrica, para se manter em intensidade invariável, respeitando a natural resistência elétrica, necessitará que o gerador mantenha a diferença de potencial, utilizando nessa função grande quantidade de elétrons.

Circuito mediúnico equilibrado exige médium ou grupo de médiuns conectados aos Espíritos do Plano Maior e essa conexão será obtida quando houver aceitação expressa, caracterizada por pensamentos constantes e finalidades nobres.

7.4 – NECESSIDADES DA SINTONIA

Adverte-nos o Autor espiritual: o livre-arbítrio do médium é sagrado, inviolável.

Suas anotações registram tão-somente a necessidade

do médium apresentar-se aos Benfeitores espirituais isento de quaisquer preocupações, não trazendo nenhum resquício de vulgaridades e disposto a sacrificar-se. Esse estado mental não é exigência daqueles Espíritos amigos, mas sim, responsabilidade individual do médium engajado em ações benéficas ao próximo, não necessariamente por meio de manifestações mediúnicas ostensivas, algumas delas, em outras circunstâncias, passíveis até de obsessão.

7.5 – DETENÇÃO DE CIRCUITOS

Os exemplos e a analogia entre os circuitos da água e o efeito magnético da corrente elétrica, e, dessa com o efeito espiritual do circuito mediúnico, não guardam expressão científica, mas foram citados em caráter de modestas comparações entre "correntes circulantes": o circuito da água é vagaroso; o da corrente elétrica, muito rápido; o da corrente mental,ultrarrápido.

Os três circuitos podem ser adaptados, controlados, aproveitados ou conduzidos. Só não podem estagnar ou acumular-se, pois resultaria respectivamente em pântano, curto-circuito e destruição.

7.6 – CONDUÇÃO DAS CORRENTES

A água, para beneficiar a coletividade, é mantida em reservatórios e canais, represas e comportas, graças a obras específicas.

A utilização da corrente elétrica demanda emprego de alternadores que respondam pela adequação da força eletromotriz ajustada à voltagem dos aparelhos em ação.

Na corrente mental, em se tratando do circuito mediúnico com finalidades abençoadas, os médiuns, quais aparelhos diversos, hão de se apresentar capazes de atender a qualquer serviço no bem.

As três correntes — líquida, elétrica e mental — terão sempre o efeito consentâneo com a destinação optada pelo homem.

8. MEDIUNIDADE E ELETROMAGNETISMO
8.1 – MEDIUNIDADE ESTUANTE

O cobre, a prata, o ouro e o alumínio têm elétrons livres facilmente separáveis do átomo e por isso são chamados condutores. Tal separação se dá por pressão elétrica e nisso ocorre algo bem interessante: cada átomo, ao se ver sem o elétron, imediatamente busca um outro elétron de reposição, do átomo seguinte. Essa ocorrência determina a direção da corrente elétrica, o que deixa os átomos em harmonia.

Os médiuns com sensibilidade psíquica exacerbada, para se transformarem em tarefeiros de Jesus, carecem de educação mediúnica, para que não mais se vejam entrelaçados na teia das vibrações mentais com as quais tenham afinidade.

8.2 – CORRENTE ELÉTRICA

O ímã e suas propriedades são valiosos elementos de comparação em assuntos referentes a campos magnéticos. Limalhas de ferro ou aço são atraídas para o ímã e essa atração obedece invariavelmente a um posicionamento voltado no sentido e na direção do pólo norte da Terra.

A corrente elétrica é a única fonte de magnetismo de conhecimento humano do homem, encarnado ou desencarnado; e a corrente mental, nisso, guarda alguma semelhança com a corrente elétrica.

A eletricidade vibra em espaços infinitamente reduzidos e os elétrons realizam "saltos" ao redor do núcleo (movimento de translação) e sobre o próprio eixo (movimento de rotação). As partículas que mostram esses movimentos produzem efeitos que são chamados de "spins" (Spin: do Inglês to spin = fazer girar).

NOTA: Oportuno lembrar que o Autor espiritual refere-se à pujança do dinamismo universal tecendo considerações sobre espaços e dimensões situados no micro.

8.3 – "SPINS" E "DOMÍNIOS"
Spins são movimentos giratórios que acontecem nas camadas atômicas.

Podem ter natureza positiva ou negativa e se compensam. Isso não ocorre em todos os elementos: o átomo de ferro, por exemplo, tem quatro "spins" desajustados nas camadas periféricas e quando esse átomo se une a outro átomo de ferro, ambos se conjugam, formando espontaneamente ímãs microscópicos — os "domínios".

"Domínios" se mostram irregulares e desordenados, mas quando conjugados, alinham-se e se ajustam espontaneamente.

Quando acontece essa interação atômica os spins encontram uma barreira formada pelo atrito dos campos magnéticos próprios. Mas, havendo aumento da intensidade magnética eles (os "spins") se alinham e ocorre padronização da orientação de todos.

Esse fluxo magnético tende a aumentar na proporção

do aumento do campo magnético. Quando todos os "spins" de um determinado material se projetam na mesma direção, temos que esse material está saturado.

8.4 – CAMPO MAGNÉTICO ESSENCIAL

"Domínios", quando associados, produzem linhas de força formadoras do campo magnético essencial, que pode ser facilmente demonstrado por uma agulha magnética.

Um pólo magnético colocado a um centímetro de outro pólo igual cria repulsão ou atração, cuja força equivale a um dina, cuja massa magnética unitária é designada oersted.

NOTA: Oersted: unidade eletromagnética de campo magnético. A denominação homenageia Hans Christian Oersted, físico dinamarquês (1777-1851), que numa célebre experiência descobriu o campo magnético criado pelas correntes elétricas.

Um campo magnético com ações horizontais diferentes das verticais provoca grande intensidade.

Nos elementos de "spins" compensados, os respectivos ímãs microscópicos se mostram em equilíbrio. Já nos elementos com "spins" descompensados nas camadas periféricas do átomo, essa harmonia (ou saturação) não acontece.

Nosso planeta possui substâncias magnéticas naturais.

O ferro, o aço, o cobalto, o níquel e as respectivas ligas — em especial o ferro doce — podem ser artificialmente imantados (magnetizados), o efeito durará apenas sob ação magnetizante. O aço temperado mantém a imantação por mais tempo.

8.5 – FERROMAGNETISMO E MEDIUNIDADE

Naturalmente após as considerações feitas sobre circuitos elétricos e efeitos magnéticos, podemos deduzir que o ferromagnetismo se presta ao estudo da mediunidade.

Pessoas normais têm seus "spins" mentais em equilíbrio e com isso suas emoções comuns são entrosadas e harmônicas.

Por outro lado, aqueles cujos "spins" se mostram descompensados carregam consigo condições mediúnicas ou situações que exigem auxílio de correntes de força que lhes dê equilíbrio. Interessante notar que isso pode acontecer com almas abnegadas (por exemplo: missionários desencarnados em difíceis tarefas nas regiões umbralinas, onde comparecem para auxiliar ao próximo ali estacionado; ou, ainda, almas desajustadas, em penosos processos regeneradores).

Deduzimos, pois, que mentes equilibradas e afinadas com o meio material têm reduzido campo magnético; já os Espíritos muito experientes são rodeados por intenso campo magnético, sejam os devotados ao bem como os que trilham caminhos do mal.

8.6 – "DESCOMPENSAÇÃO VIBRATÓRIA"

Mediunidade ou capacidade de sintonizar constituem patrimônio de todos os homens.

E todos possuímos campo magnético próprio, de alta intensidade, demonstrando "descompensação vibratória".

Esse estado tanto pode ser o daqueles Espíritos voltados para a prática do bem, quanto o das almas que infelicitaram a si mesmas, pelas transgressões das Leis Morais.

Assim, encontraremos no mundo criaturas de pequena ou grande existência terrena, umas trazendo contribuição para o programa da Humanidade e outras, em situação oposta, purgando delinquência em penosos lances expiatórios.

9. CÉREBRO E ENERGIA
9.1 – GERADORES E MOTORES

A força eletromotriz é criada por geradores e potenciada por motores.

As máquinas elétricas têm enrolamentos imbricados (fios superpostos uns aos outros) ou ondulados, existindo diversos aparelhos dessa espécie.

A maioria dos geradores são autoexcitados, isto é, a corrente elétrica os induz à geração de energia.

Da mesma forma a atenção ou desatenção do médium criará energia mental e respectiva expansão.

9.2 – GERADOR "SHUNT"

("Shunt": do Inglês = derivado)

Num gerador "shunt", quando o interruptor é ligado o induzido começa a girar, forma-se campo de magnetismo residual e então surge pequena energia eletromotriz. Se o interruptor for fechado, a força eletromotriz que havia se formado transforma-se em força magnetomotriz, no mesmo sentido do magnetismo residual.

Quando a força eletromotriz alcança a maior potência, a voltagem para de se elevar ao ser atingida a saturação.

9.3 – FRUSTRAÇÃO DA CORRENTE ELÉTRICA

Se a corrente elétrica de um gerador não se modificar ocorrerá frustração:

– por ausência de magnetismo residual (aparelhos novos ou em desuso por tempo longo);

– por inversão das ligações no circuito do campo, pois assim como o magnetismo residual no campo "shunt", ligado à armadura deriva ação naquele campo, a forma eletromotriz será gerada pela corrente elétrica e adicionada ao campo residual;

(Armadura: em eletricidade = pedaço de ferro que estabelece a ligação dos pólos de um ímã);

– muita resistência por parte do circuito do campo, podendo surgir causa de ligações inconvenientes ou sujeira acumulada na máquina.

9.4 – GERADOR DO CÉREBRO

O cérebro, por analogia, no nosso estudo, contém um gerador autoexcitado, que realiza, em sua intimidade, gama expressiva de tarefas: geração, excitação, transformação, indução, condução, exteriorização, captação, assimilação e desassimilação da energia mental.

Inexiste, na Terra, um aparelho capaz de tal desempenho.

O cérebro encerra em si células especiais que se constituem em usinas microscópicas a acionar motores de sustentação para o corpo todo.

Os implementos miniaturizados da eletrônica dão pálida ideia da ação daquelas ínfimas usinas instaladas no cérebro.

Pois é nessa prodigiosa área (cerebral) que a matéria mental, ao comando constante do Espírito, produz correntes que se exteriorizam, durante a vida toda e mais se mostra na aura do homem, em ação e reação contínuas.

Nesse ponto o Autor espiritual lembra que o gerador comum atinge atividade máxima conforme a resistência encontrada no campo, perdendo força durante a saturação.

Partem do cérebro ordens e decisões, cujos resultados gerarão débito ou crédito ao responsável — o Espírito imortal.

No córtex estão a sede dos sentidos, os centros da palavra escrita e oral, a memória e os vários automatismos biológicos, todos conectados à mente. E ainda, a memória profunda, respondendo pelo discernimento, pela análise, pela reflexão, pelo entendimento e pelos valores morais de cada indivíduo.

As correntes mentais formadas por átomos semelhantes visitam e circulam por todas essas províncias físicas, da mesma forma que as correntes elétricas circulam pelos vários aparelhos, neles formando resíduos magnéticos. Daí, deduzirmos que também a corrente mental produz eletromagnetismo.

9.5 – CORRENTE DO PENSAMENTO

O Espírito tem uma força eterna, de propriedades inimagináveis: o pensamento! Ele é qual uma corrente que, no indivíduo desatento, tem pequena potência; mas, no homem concentrado, cresce, formando resíduo de magnetismo que dilatará o fluxo, fazendo a energia mental alcançar o seu maior valor — algo como a elevação da voltagem no gerador elétrico, até a saturação.

Segundo os objetivos (intenção) buscados por esse pensador, a energia mental alcançará ponto máximo e se dirigirá à sua realização.

9.6 – NEGAÇÃO DA CORRENTE MENTAL

A energia mental (criativa) não se expandirá se:

– não houver magnetismo residual (caso dos cérebros primitivos, das criaturas recém-promovidas ao reino hominal, ou mesmo de outras, de várias vivências, mas, em ociosidade espiritual);

– os circuitos mentais estiverem invertidos, por egoísmo e por perturbações obsessivas a que o Espírito tenha dado azo;

– houver deficiência física, causada por problemas temporários ou por desmazelo (desrespeito) do indivíduo para com o próprio corpo.

10. FLUXO MENTAL
10.1 – PARTÍCULA ELÉTRICA

Todos os elementos químicos são formados por átomos e cada átomo tem um conjunto determinado de elétrons ("número atômico") distribuídos em torno do núcleo.

O deslocamento das partículas de um elemento cria um campo elétrico que forma ondas, segundo o número atômico desse elemento.

Os elétrons tiveram sua carga e massa medidos com precisão, sendo demonstrado que a energia se propaga em partículas infra-atômicas que promovem proporcionais pulsações eletromagnéticas.

A corrente elétrica ao circular num condutor (como uma "bola de eletricidade") gera calor e o campo magnético ao redor desse condutor, produz luz e resulta em ação química. Detalhes dessa circulação:

– o calor acontece pelas colisões dos elétrons livres, em translação sobre si mesmos;

– o campo magnético é criado a partir do deslocamento das partículas;

– a luz é produzida pela corrente elétrica do condutor;

– a ação química decorre de determinadas soluções.

10.2 – PARTÍCULA MENTAL

A consciência administra emoções e desejos íntimos do Espírito, formulados pela mente e que circulam em partículas pela corrente mental, produzindo irradiações eletromagnéticas. Esse processo guarda alguma semelhança com o trânsito das partículas elétricas (texto do item anterior).

A expansão das partículas mentais varia em razão do estado mental de quem as emite. De novo: essa expansão palidamente se assemelha à chama, que iluminará à sua volta em intensidade proporcional à energia nela empregada.

10.3 – CORRENTE MENTAL SUB-HUMANA

O Autor presta-nos fantástica informação: são encontradas correntes mentais (das bem elementares às mais complexas) nos reinos inferiores da Natureza: no mineral (!), nos vegetais, nos animais mais simples e nos animais superiores (aqueles já candidatos à promoção na produção do pensamento contínuo).

Tais correntes mentais não passam de impulsos constantes de sustentação da vida primária dos seres sub-humanos. Cumpre destacar que nos animais superiores os impulsos mentais já deflagram percepções avançadas.

10.4 – FUNÇÃO DOS AGENTES MENTAIS

De sua criação à chegada ao reino hominal o Princípio Inteligente (P.I.) foi sustentado e amparado por Espíritos Siderais, os quais, pouco a pouco, equiparam-no com automatismos biológicos múltiplos. Esses automatismos se expressam por impulsos mentais incessantes (ondas eletromagnéticas), com ação no cérebro, pondo em ligação (sinapses) os impulsos nervosos que passam de um a outro neurônio.

Todas essas operações contam com a ação de milhões de células que se interligam eletromagneticamente à dinâmica daqueles automatismos. Disso decorre o equilíbrio orgânico, pois essas células, em conjunto, são micro-usinas que, sob estímulos coordenados, produzem e distribuem subsídios químicos para todo o corpo físico.

10.5 – CORRENTE MENTAL HUMANA

No cérebro humano, de maior complexidade, que não age apenas fisiologicamente, encontraremos as correntes mentais que alicerçam a evolução da alma, formulando ações concebidas pelo pensamento contínuo, a se caracterizarem por cocriação, de alguma forma colaborando com a incomparável obra da Criação Suprema — Deus.

É assim que o indivíduo, pela criatividade e projetos nobres ascende a planos espirituais mais altos.

A corrente mental visita todas as células do corpo humano, em vibrações ondulares adequadas a cada província orgânica, em particular.

Faz mais essa abençoada corrente: tem ação vitalizante na alma e por consequência em todas as articulações, órgãos e núcleos glandulares endócrinos, possibilitando ao Espírito extrair recursos e sustentação para emitir seus pensamentos, bem como para recolher e decifrar pensamentos dos outros.

10.6 – CAMPO DA AURA

O Espírito, tanto do homem encarnado quanto do desencarnado, expressa respectivamente, ao redor do corpo físico ou do perispírito, as radiações correspondentes ao seu nível evolutivo. Essa irradiação envolve a criatura em uma túnica (aura) de forças eletromagnéticas e apresenta-se mais ou menos condensada, expondo "essências e imagens do mundo íntimo" do ser.

NOTA: Talvez possamos conjeturar que a aura, assim, é um verdadeiro documento de identidade do Espírito, quanto à sua condição moral.

A aura se expande e segundo sua energia condensada poderá alcançar espaços distantes de onde está a alma (ser encarnado) ou o Espírito (ser desencarnado).

NOTA: Kardec, pedagogicamente, recomenda a denominação "alma" para designar o ser encarnado e "Espírito", o desencarnado.

Nesse alongamento, a aura influenciará os que com ela tenham afinidade, mas também assimilará injunções dos que com ela simpatizam.

Assim como a luz diminui de intensidade com o afastamento do fulcro gerador, a aura também perde o poder de influenciar, segundo a distância a que se expanda.

11. ONDA MENTAL
11.1 – ONDA HERTZIANA

As correntes atômicas que geram forças corpusculares na Terra dão-nos ideia clara de como o pensamento (radiação mental) utiliza substância mental para presidir, em ondas de várias frequências, a todos os fenômenos do Espírito.

Com efeito, o pensamento utiliza o cérebro para emitir suas criações e receber as dos outros, assim como as ondas eletromagnéticas (ondas hertzianas) se expressam, quanto ao comprimento, em ondas largas, médias ou curtas.

11.2 – PENSAMENTO E TELEVISÃO

A televisão funciona por feixes eletrônicos, bem controlados: a aparelhagem utilizada capta, transforma, irradia e transmite imagens e sons, simultaneamente.

Assim também, o pensamento (formulado em ondas) transmite e recebe ondas. Ao pensar, o Espírito cria a respectiva forma-pensamento que é arrojada do íntimo para o exterior e será assimilada por quem sintonizar com ela. A recíproca é verdadeira: o que os outros pensam pode ser captado e aceito por nós. Esse mecanismo é semelhante à ação do hipnotizador sobre o hipnotizado.

(A seguir, neste item, o Autor espiritual detalha o funcionamento da televisão).

11.3 – CÉLULAS E PEÇAS

A televisão, a sua aparelhagem e o respectivo funcionamento constituem, inegavelmente, um prodígio da eletrônica. Entretanto, o cérebro humano é fantasticamente superior em organização e capacidade!

Na emissão e recepção de "estímulos, imagens, vozes, cores, palavras e sinais múltiplos", o cérebro utiliza caminhos que levam e caminhos que trazem tudo isso, simultaneamente.

A televisão necessita de implementos específicos para captação de imagens e sons que, para serem transmitidos, exigem outra coleção de implementos.

É por isso que é pobre a comparação da TV com o cérebro humano, já que este é, ao mesmo tempo, transmissor e receptor, não só de imagens, sons, cores, vozes e estímulos, mas também de formas-pensamento.

11.4 – ALAVANCA DA VONTADE

O pensamento de toda criatura se expressa por oscilações mentais, as quais combinam por simpatia/ sintonia com o pensamento de outras criaturas. Isso é válido para encarnados e desencarnados.

O fluxo energético de cada indivíduo define-lhe a personalidade de forma inconfundível. É assim que o bem ou o mal que cada Espírito traz encerrado em si mesmo é identificador indubitável.

Milênios de experiências levam o Espírito a desenvolver e equipar-se da alavanca da vontade, por meio da qual, por largas faixas, do primitivismo a um determinado nível evolutivo, impera o instinto de conservação e ideias fixas.

11.5 – VONTADE E APERFEIÇOAMENTO

O homem, nos primórdios, com memória e imaginação ainda bem limitadas, não exerce a vontade de aprender a decidir. Evoluir, para ele, é difícil. Mesmo agregando-se a semelhantes, a egolatria fala alto. A Lei Divina do Progresso, no entanto, inexorável, em últimas instâncias recorre à pedagogia da dor — a "dor-evolução"[5].

---

5 "Dor-evolução" – Explicações no livro "Ação e Reação", do mesmo Autor desta obra – Cap. 19, p. 261, 5ª Ed., 1976, FEB, RJ/RJ.

Prazer individual e domínio — vontades exercidas por incontáveis existências — paulatinamente são substituídas pelo desejo de aperfeiçoar-se e ajudar ao semelhante.

11.6 – CICLOTRON DA VONTADE

(Ciclotron: acelerador circular de partículas).

O homem sempre dirige seus pensamentos aos Espíritos elevados e nesse patamar evolutivo dispõe de mecanismos mentais para impedir a ação de ideias contrárias. Esses mesmos mecanismos ajudam o indivíduo a unir, às suas, as ondas simpáticas dos outros. Porém, a Lei Divina da responsabilidade (ação e reação) é invariável: projetos nobres e infelizes são criações mentais e deles advirão, respectivamente, liberdade ou prisão, conhecimento ou ignorância, maiores bens ou deficiência no próprio destino.

12. REFLEXO CONDICIONADO
12.1 – IMPORTÂNCIA DA REFLEXÃO

Pela reflexão o Espírito (encarnado ou desencarnado) faz com que sua mente crie poderosas energias mento-eletromagnéticas, a se exteriorizarem em corrente psíquica de potencial e qualidade inconfundíveis, quanto à fonte geratriz: ele próprio .

Cada um de nós gera força criativa que expressa nossa personalidade em ondas próprias, as quais influenciam pessoas que com elas se afinizam, ao tempo que recolheremos também as ondas similares criadas pelos outros.

Esse mecanismo ocorre em função da sintonia, afinidade, simpatia.

12.2 – TIPOS DE REFLEXOS

Muitos são os reflexos do ser: congênitos ou incondicionados (chamados de protetores, alimentares, posturais e sexuais). Cada um desses reflexos se manifesta por via própria de cada espécie, sem intervenção da vontade. Nada objeta considerar tais reflexos como os automatismos biológicos implantados pelos Engenheiros Siderais da Vida, em cada indivíduo, a partir dos primórdios do Princípio Inteligente.

Outros reflexos, no entanto, podem ser adquiridos, isto é, com base nos reflexos incondicionados outros se lhes acoplam.

12.3 – EXPERIÊNCIA DE PAVLOV

Exemplo clássico de reflexo condicionado, com manifestações da atividade nervosa superior, foi demonstrado por Ivan Petrovitch Pavlov, fisiologista e psicólogo soviético (1849-1936), prêmio Nobel de Fisiologia e Medicina, de 1904. O cientista condicionou cães, separados da mãe desde o nascimento, a se alimentarem artificialmente de leite. Esses animais só demonstraram possuir o reflexo patelar (aquele, da famosa pancadinha na patela — osso do joelho) e o reflexo córneo-palpebral. À vista de carne, que é alimento tradicional de cães, os animais não reagiram com salivação, o que só viria a acontecer, daí em diante, depois que a carne lhes fosse colocada na boca.

Assim, os cães passaram a demonstrar mais um reflexo.

12.4 – REFLEXOS PSÍQUICOS

Vimos que há possibilidades de modificar alguns

hábitos naturais dos animais, isto é, um cão em processo evolutivo pode deixar de "preferir carne", que é de longa tradição na espécie. A alimentação, que é um reflexo incondicionado, pode, dessa forma, sofrer alteração e se sobrepor a impressões ancestrais. Isso, em todos os seres vivos.

No caso humano, se aplicarmos o mesmo princípio dos reflexos condicionados aos reflexos psíquicos, atestamos que a razão e o livre-arbítrio, postos a serviço de nossa evolução, constituem fontes inesgotáveis de discernimento.

Os reflexos mentais condicionados emitidos por uma pessoa, trazem o mecanismo da emissão dos temas afins daquela mente, que se exteriorizam, impressionam outras pessoas e voltam à origem, acrescidos das criações mentais desses indivíduos.

Tais os processos inconscientes da conjugação mediúnica, incipiente para a plenitude, após a sedimentação mental de tais reflexos.

12.5 – AGENTES DE INDUÇÃO
A autossugestão é poderosa ferramenta para a aquisição de hábitos, comportamentos e criação de ideias. Uma vez que o homem raciocina, torna-se responsável pelo que sua mente exterioriza e pelas consequências disso, muitas das quais não consegue aquilatar. Essas formas-pensamento que lançamos na psicosfera fazem-se indutivas, fraca ou fortemente sobre outras pessoas, segundo a ideia, mais ou menos fixa.

É assim que todos os homens se interligam pelo pensamento, automaticamente(!)

Os agentes de indução impõem muita vigilância

às conversações, leituras de obras, contemplações de quadros; visitas (feitas ou recebidas), conselhos e opiniões. Todas essas atividades criam vida — vida mental — e influenciam outrem. Pelo que elas resultarem, o emitente será invariavelmente responsável.

12.6 – USO DO DISCERNIMENTO

Estar revestido com o corpo físico não impede a ninguém de pensar, no bem ou no mal. O livre-arbítrio de cada Espírito deve se pautar no discernimento, na constante preocupação em não ferir ao próximo. A existência terrena e mais ainda a vivência espiritual são conjugadas a correntes eletrônicas e correntes mentais. Estreita e permanente ligação com Espíritos nobres (pela prece, por atitudes elevadas, por leituras esclarecedoras) são atitudes das mais recomendáveis, para que estejamos sempre nos policiando, quanto aos pensamentos, às escolhas, às ações.

Eles se aproximarão de nós e certamente nos sustentarão nas horas difíceis.

13. FENÔMENO HIPNÓTICO INDISCRIMINADO
13.1 – HIPNOTISMO VULGAR

O Hipnotismo, a título de espetáculo, é realizado por meio da propriedade do reflexo condicionado. Um hipnotizador, geralmente em presença de público, induz as pessoas a concederem obediência e respeito. Nesse ponto, entram em sintonia as vibrações dele e de alguns espectadores que são selecionados para participarem da demonstração que é buscada.

Um objeto é mostrado e todos os "selecionados" devem fixar-se nele.

Não tarda para, de forma espontânea, uma ou outra pessoa demonstrar a passividade pela qual lhe é sugerida essa ou aquela atitude, nem sempre digna, na maior das vezes hilária. O hipnotizado, subjugado mentalmente, cria as imagens (ou se porta) segundo ideias sugeridas. Obedece e diverte o "respeitável público". Triste espetáculo!

A influência mental do hipnotizador, não raro, funciona até em pessoas distantes dele, através do rádio ou da televisão.

13.2 – GRAUS DE PASSIVIDADE

Ocorrendo a invasão mental de comando, do hipnotizador para o hipnotizado, este atenderá ao apelo alucinatório criado por si mesmo. Dependendo do grau de obediência, encontraremos hipnotizados "comuns", letárgicos e até em catalepsia.

Hipnose e letargia, via de regra, provocam sono e na catalepsia (em alguns casos na letargia também), emancipação parcial do Espírito, com desprendimento perispiritual.

NOTA: Conjeturamos que tal sujeição pode ser danosa ao hipnotizado pelo desdobramento provocado, cujo retorno foge ao seu controle e à naturalidade.

13.3 – IDEIA-TIPO E REFLEXOS INDIVIDUAIS

Algumas exibições de hipnotismo vulgar podem envolver mais de um passivo.

Ao comando "de frio", por exemplo, os cérebros dos hipnotizados reagirão obedientemente à sensação térmica, contudo, cada um à sua moda: um abotoará o casaco (imaginário), outro erguerá a gola da camisa para aquecer o pescoço, outro gesticulará ajeitando um cachecol inexistente, outro soprará ar quente nas mãos, etc.

Tudo isso ocorre porque cada um age segundo sua "ideia-tipo" quanto ao frio.

13.4 – AULA DE VIOLINO

Esses mesmos "sujets" (do francês: assunto, objeto, tema; súdito, vassalo; em Gramática: sujeito), recebendo informação de que se encontram em aula de música e recebendo ordem de ensaiar o violino, gesticularão serem violinistas.

Naturalmente, os que desconhecem o assunto se portarão de modo grotesco e se eventualmente houver um violinista, este executará gestos adequados.

13.5 – HIPNOSE E TELEMENTAÇÃO

Em alguns casos o hipnotizado poderá substituir parcialmente sua personalidade e representar a de outrem: um cantor famoso, um político, um artista, etc.

Tanto mais expressiva será a manifestação quanto o hipnotizado conheça a personagem que está imitando. Por exemplo: recebendo comando para imitar um maestro, imediatamente criará uma forma-pensamento de uma batuta e de estar à frente de uma orquestra. Então, manipulará essa batuta invisível como se fosse material.

Se a personalidade a ser "vivida" pelo "sujet" lhe é desconhecida, o hipnotizador necessitará de muitas informações para evidenciar o transe.

13.6 – SUGESTÃO E AFINIDADE

Numa ligação mental mais enérgica entre hipnotizado e hipnotizador, se aquele der uma ordem para que este faça isso ou aquilo após sair do transe, isso de fato acontecerá. Por exemplo: ao sair da hipnose oferecer um copo de água a alguém.

Contudo, se em tal circunstância o comando do hipnotizador for de ordem moral, essa ordem só será obedecida se houver afinidade profunda entre ambos e se, o "sujet", em condições normais, apresentar tendência a agir como o hipnotizador lhe ordenou.

14. REFLEXO CONDICIONADO ESPECÍFICO

Em nota de rodapé o autor espiritual adverte que suas explanações sobre o hipnotismo são formuladas apenas para explicar mecanismos da mediunidade e não para serem praticados pelos "companheiros do Espiritismo".

14.1 – PRÓDROMOS DA HIPNOSE

O capítulo anterior tratou da hipnose vulgar, teatral, pública.

Se o hipnotizador for um homem probo e for procurado por alguém que lhe pede ajuda para se livrar de doença nervosa, de pronto se estabelecerá contato positivo entre os dois, a partir de acolhimento simpático, carinhoso. Feita tal ligação e após palavras de ânimo, o consulente acatará de boamente o convite para responder a algumas perguntas, depois de instalado em confortável poltrona.

14.2 – MECANISMO DO FENÔMENO HIPNÓTICO

Com o "paciente" sentado e o hipnotizador à frente dele, este situará levemente sua mão esquerda sobre a cabeça daquele e com a mão direita levemente erguida ordenará que fixe a vista nos dedos daquela mão.

Esse quadro caracteriza projeção de fluxo mental, do hipnotizador ao hipnotizando, que será captado pela glândula epífise[6] deste. De certa forma podemos considerar que citada glândula é verdadeira antena para captação mediúnica.

Nesse ponto o hipnotizado estabelece "circuito fechado" mental sobre si mesmo, com a atenção plenamente fixada na vontade do hipnotizador.

Será então induzido a sono, mediante ordem calma que o cérebro se encarregará de obedecer, com liberação dos componentes fisiológicos adequados (aglutininas).

É hora do hipnotizador, com voz grave e calma, dirigir ordem ao "sujet" para que, ao acordar, ele esteja livre das perturbações nervosas. Tal ordem é bem detalhada e sempre pontilhada de informes de que "tudo está bem".

14. 3 – MECANISMOS DA HIPNOTERAPIA

Ocorre no hipnotizado, nesse sono provocado, uma benéfica administração das sugestões recebidas, que seu veículo fisiopsicossomático assimilará e mais: eliminará, se não todas, grande parte das inibições funcionais nele instaladas.

A ação do hipnotizador é catalisadora: desencadeia a recuperação, por reflexoterapia.

Cerca de 15 (quinze) minutos depois, o hipnotizador traz o hipnotizado à vigília, já manifestando melhoras expressivas (!) e manifestando agradecimentos.

---

6 Epífise: vide detalhes no capítulo II do livro "Missionários da Luz", do mesmo Autor espiritual, psicografia de Francisco Cândido Xavier, edição da FEB.

Como é fácil de deduzir, o hipnotizador apenas exerceu influência: a ação curativa aconteceu integralmente sob responsabilidade individual do hipnotizado.

14.4 – OBJETOS E REFLEXOS ESPECÍFICOS

O tratamento prosseguirá. No dia seguinte, no encontro entre hipnotizado e hipnotizador, a sintonia se estabelecerá com facilidade e aquele desencadeará, inconscientemente, forças mentais autoenergizadas, como reflexo dos conselhos que recebeu deste, na véspera.

Esse condicionamento é tão evidente que até mesmo um simples objeto dado de presente pelo hipnotizador ensejará com que "o paciente", numa eventual crise e na ausência daquele, promova a autocura.

Talismãs, ou outros objetos considerados "imantados" trazem encerrados em si mesmos esse princípio, isto é, por vezes à distância do fulcro em que foram formados, agem como catalisadores parciais de cura de algum distúrbio orgânico.

14.5 – CIRCUITO MAGNÉTICO E CIRCUITO MEDIÚNICO

A continuidade do envolvimento entre hipnotizado e hipnotizador resultará em um circuito mediúnico perfeito entre ambos. Essa hipótese de continuidade é propícia para serviços de trocas mentais, pois o magnetizado, após alcançar a própria cura pelo reequilíbrio da região nervosa anteriormente afetada, se mostra em harmonia.

Instalada tal simbiose mental, alimentada diariamente pelo fluxo do hipnotizador sobre o hipnotizado, o cérebro deste passará a apoiar-se no daquele, acatando livremente suas inclinações e seus desígnios. Tão forte será essa junção que o "sujet", sob controle do magnetizador, até se desdobrará perispiritualmente, vendo e ouvindo só o que este lhe repassar.

14.6 – AUTOMAGNETIZAÇÃO

O reflexo condicionado específico estabelecido entre o hipnotizador e o hipnotizado é de tal intensidade que este poderá "cair em hipnose ou letargia, catalepsia ou sonambulismo", mesmo que já não mais esteja em contato com aquele, desde que tenha prosseguido interessado em manter ou ampliar suas conquistas espirituais.

Isso acontecerá mediante concentração profunda nas lembranças exitosas a respeito do assunto em questão.

Faquires (para citarmos um exemplo de desdobramento autoinduzido), separados do corpo físico entram em contato com Espíritos afins e nessa circunstância até conseguem modificar a ação orgânica dos sentidos, provocando reações inusitadas, por meio de ações sobre o universo celular orgânico.

15. CARGAS ELÉTRICAS E CARGAS MENTAIS
15.1 – EXPERIÊNCIA VULGAR

Referindo-se ao mecanismo do hipnotismo vulgar, sem finalidades construtivas (cap. 13, desta obra), o Autor espiritual cita a "propagação indeterminada dos elétrons nas faixas da Natureza". Relembra a experiência popular de esfregar uma caneta tinteiro (estávamos em 1959 – e elas ainda existiam) em um pano de lã, formando bolhas de ar nesse pano, das quais se desprendiam elétrons livres que se acumulavam na tal caneta, deixando-a negativamente carregada. Em uma experiência como essa, ao aproximar a caneta de fragmentos de papel (muito pobres de elétrons) tais fragmentos são atraídos ("sugados") para a caneta, por ação dos elétrons livres carregados positivamente.

15.2 – MÁQUINA ELETROSTÁTICA

Máquinas eletrostáticas que possibilitam experiências primárias de eletricidade operam na mesma propriedade que a caneta tinteiro. Discos de ebonite, em movimento rotatório, "esfarelam" as bolhas de ar existentes entre eles, liberando os elétrons quase soltos. Esses elétrons, por ação de escovas, são arremessados às esferas metálicas, acumulando-se até soltar faíscas.

NOTA: Máquinas eletrostáticas são geradores mecânicos de eletricidade em alta tensão. As máquinas de atrito foram as primeiras formas desenvolvidas para a geração de eletricidade em quantidade significante, e praticamente toda a pesquisa inicial sobre eletricidade, nos séculos XVII e XVIII foi desenvolvida com nada mais sofisticado que estes curiosos dispositivos como fonte de energia. Atualmente (princípio do século XXI), estas máquinas são muito pouco conhecidas.

15.3 – NAS CAMADAS ATMOSFÉRICAS

Elétrons livres, em camadas, estão em toda parte.

Nos dias de calor o ar aquecido remete às camadas atmosféricas mais altas o produto da evaporação (conjunto de átomos), que formam gotas nas zonas de altitude fria. Tais gotas, pelo peso, despencam. São as abençoadas chuvas!

Nessa queda, há gotas que encontrando correntes de ar quente se evaporam e liberam elétrons livres fracamente aderidos a elas (as gotas). Dessa formidável atividade — subida em turbilhões de elétrons livres — resulta a formação de nuvens, eletricamente carregadas. Nas alturas, essas nuvens, sobrecarregando-se de eletricidade, atingem tensão a milhões de volts. Os (benditos) elétrons, em massa, saltam então para fora das nuvens (indo para outras nuvens ou para a terra). Então, teremos relâmpagos, trovoadas e aguaceiros.

As famosas explosões solares, que ocorrem a cada onze anos, liberam cargas imensas de elétrons que alcançam a Terra, quando esta se posiciona na direção das citadas explosões eletrônicas. Daí, surgem perturbações no campo terrestre (inclusive provocando alterações em todos os sistemas de comunicação).

Essas ocorrências solares desarticulam igualmente as válvulas microscópicas do cérebro humano.

15.4 – CORRENTES DE ELÉTRONS MENTAIS

Por analogia elementar, dizemos que as correntes de elétrons mentais igualmente vagueiam por toda a parte agregando-se aos Espíritos, segundo a lei da sintonia mental. Uma leitura de página qualquer ou eventual conversação, interesse fixado nisso ou naquilo — são fatores pré-disponentes a nos ligar a mentes encarnadas ou desencarnadas — superiores ou inferiores —, que trilhem nessa estrada do pensamento.

Dessas junções teremos "faíscas", algo semelhantes às das máquinas eletrostáticas.

Assim como a atmosfera terrestre espelha o que vai pelo planeta, nossa aura estampará o que vai pelo nosso Espírito: pensamentos, tendências e ações.

15.5 – CORRENTES MENTAIS CONSTRUTIVAS

A Natureza atua continuamente com harmonia de suas energias. E nós, igualmente, para vivenciarmos esse patamar, precisamos ter segurança naquilo que fazemos.

Da nobreza de sentimentos e ações resultará essa segurança.

O poder mental do homem bom é quantificado na razão direta das cargas magnéticas liberadas por sua consciência, na vivência e no labor do bem, possibilitando-lhe grandeza no exercício de sua vocação ou aptidão.

Pesquisador, professor, artista, escritor, trabalhador no lar, assistente social, trabalhador rural, administrador, comerciário, industrial, tratador de animais, desportista — enfim, nas diversas atividades em que se encontra — cada Espírito é convocado pela Lei Divina do Progresso a servir ao bem.

Resumindo: amar a Deus sobre todas as coisas e ao próximo como a si mesmo, como proclamou e exemplificou o inesquecível Mestre.

15.6 – CORRENTES MENTAIS DESTRUTIVAS

Aparentes "conflitos atmosféricos" entre nuvens pacíficas e condições climáticas desencadeiam tempestades. Entretanto, na Natureza não há conflito algum, pois sábias são as Leis de Deus e a inteligência concedida ao homem capacita-o a precaver-se.

Já a alma humana que se sobrecarrega de tensão negativa, ocasiona profundo desequilíbrio para si mesmo e à sua volta, certamente energizada por outras almas no mesmo diapasão mental desequilibrado.

Assim são gerados delitos, alienações e processos

obsessivos. Identificado clima mental propício a "tempestades na sua existência" urge ao Espírito dissipar o mais rápido possível tais cargas magnéticas destrutivas: por meio de trabalho digno, oração, aproximação com o Evangelho de Jesus, autorreforma, enfim.

As ondas mentais negativas emitidas por almas afins, encarnadas ou desencarnadas, aglomeram-se e respondem, senão por todas, pela maioria das obsessões observadas na face da Terra, causadoras de multiplicados sofrimentos humanos.

16. FENÔMENO MAGNÉTICO DA VIDA HUMANA
16.1 – HIPNOSE DE PALCO E HIPNOSE NATURAL

A hipnose observada em episódios públicos, teatrais, expondo reflexo condicionado induzido por alguém a outrem ocorre também no dia a dia.

A partir do berço, todos nós nos deixamos influenciar, sendo essa obediência maquinalmente executada, em maior ou menor intensidade.

16.2 – CENTRO INDUTOR DO LAR

Palavras textuais do Autor espiritual: "O lar é o mais vigoroso centro de indução que conhecemos na Terra". Ele explana:

– no lar, do berço ao início da educação primária, o Espírito, como em sonolência, recebe e capta informes quanto à conduta para toda a sua existência;

– na escola primária, pelas diversas matérias e pelos ensinamentos dos professores formará seu grau de instrução;

– Espíritos evoluídos, reencarnando (raridade terrena) espelharão essa condição no ambiente doméstico, fruto de tantas vivências anteriores, com sacrifícios, zelo e dedicação ao bem;

– na maioria dos encarnados, porém, o que se nota é que a alma infantil, por determinado período, ajusta-se às instruções paternas e maternas, assimilando-lhes a intensidade de corrente mental, vindo praticamente a se constituírem em "médiuns dos genitores";

– no transcorrer da existência terrena, só mais tarde a verdadeira personalidade do indivíduo emergirá, em face aos acontecimentos e experiências vivenciadas fora do lar.

16.3 – OUTROS CENTROS INDUTORES

A infinita bondade do Criador cuida para que toda criatura seja permanentemente amparada.

A reencarnação, assim, dá notícia do campo mental estabelecido entre pais e filhos: harmonia no lar é fruto de sintonia; ao contrário, conflitos que não demoram a surgir, evidenciam disparidade de correntes mentais.

Num e noutro caso, não raro a genética é incapaz de justificá-los.

Filhos que inquietam a autoridade dos pais certamente têm assessoria de Espíritos desencarnados, aos quais se filiam em pensamentos, atitudes, tendências.

Contudo, foi para restabelecer a paz e harmonia que as sábias leis do Plano Maior situaram esses familiares no mesmo endereço.

Nessa quadra da vida, importante papel representarão os professores, cuja autoridade moral e competência levarão seus alunos a sintonizarem mentalmente com correntes positivas da paz, do respeito e do amor. Nesse caso, as ondas mentais dos mestres, de maior intensidade, atenuarão o fluxo negativo das dos seus aprendizes; os relapsos perderão a abençoada oportunidade de ganho de luzes íntimas.

Na profissão, ao empós da escola, a vocação falará alto e a alma encontrará os meios naturais para seu progresso, haurindo conselhos dos patrões e colegas mais experientes, ao tempo que exercitará a boa vivência gregária.

16.4 – TODOS SOMOS MÉDIUNS

Na rota evolutiva de todos os Espíritos estão presentes o reflexo condicionado e a sugestão. Com o crescimento moral, há alargamento da visão e cresce proporcionalmente a liberdade, com a correspondente responsabilidade pelas escolhas feitas.

Crescendo, os Espíritos passam a ter maior influência no próximo e no meio em que vivem, daí ser imprescindível não olvidar o cumprimento do dever primordial: evoluir.

A melhora íntima é dinâmica e por isso requer sacrifícios para que a ascensão para Deus se produza, de preferência sem as pausas a comando da ociosidade.

Assim, pela assimilação de forças superiores, somos todos médiuns e é de bom tom ante a caridade que o que captarmos seja refletido pelo foco luminoso de energia mental.

16.5 – PERSEVERANÇA NO BEM

O bem impõe dedicação. Ideal seria em tempo integral. Hiatos na perseverança do bem, com atalhos em conversação ou atitudes menos dignas remetem à conjunção com correntes mentais similares, invisíveis e quase sempre anônimas. Disso, infelizmente, resultarão processos vampirizantes, quando não doenças "indiagnosticáveis" pela medicina terrena.

Pensamentos e palavras constantemente voltados para veleidades ou injúrias morais, acusações indevidas ou críticas corrosivas, deboche ou crueldade formam liames entre os agentes encarnados e desencarnados de igual jaez moral, com prejuízos para todos eles.

Aquele que persevera no bem, ao contrário, está sempre emitindo princípios de otimismo quanto à vida, ajudando na regeneração que todos necessitamos, uns mais, outros menos.

16.6 – GRADAÇÃO DAS OBSESSÕES

Consciente ou inconscientemente, às vezes permitimos que nossa aura seja invadida e trespassada por convulsões mentais que resultam em ações violentas. Nesse estado não há como impedir que correntes mentais a se expressarem por ondas do mesmo comprimento, ciclo e intensidade venham céleres recrudescer o quadro obsessivo criado por tanta invigilância.

Esse é um típico quadro de loucura temporária que ninguém poderá eximir-se de ter ocasionado. E a vontade, ferramenta das mais sublimes que Deus dá a todas as criaturas, vê-se desvirtuada, usurpada de sua destinação, do que advêm problemas de largo curso, transformando o ser em médium doente, verdadeiro alienado mental.

17. EFEITOS FÍSICOS
17.1 – SIMBIOSES ESPIRITUAIS

Todos somos envolvidos pelo halo de emanações mentais que criamos, facilmente detectado por Espíritos desencarnados que, mantendo afinidade com esse tipo de corrente mental, associam-se conosco sem serem convidados e na maioria dos casos, à nossa revelia.

A partir da reencarnação, há criaturas que trazem companhias desencarnadas com as quais convivia ou sintonizava, caracterizando quadro clássico de hipnotizador e hipnotizado. Na sequência da existência, considerando que convivem na mesma onda mental, se o encarnado não conseguir ajustamento consigo mesmo e com aquela companhia, podem irromper fenômenos mediúnicos de ordem física.

Nada objeta que a desarticulação física de jovens bulhentos seja uma das expressões disso, a entremostrar que agentes — indutor e passivo — situam-se em patamar evolutivo menos feliz.

Para cessar tais desordens comportamentais, próprias de crianças birrentas, bastam a prece e a repreensão de cunho educativo, e não punitivo, de autoridade paterna ou moral.

Essas manifestações, de todo despropositadas, independem do grau de cultura ou condição social daqueles que a elas se entregam.

17.2 – MÉDIUM TELEGUIADO

O reencarnado que tenha tal potencial mediúnico e o coloque à causa do bem, será um doador natural de ectoplasma que, utilizado por Inteligências desencarnadas que o associa a outras categorias de ectoplasmas (espirituais e da Natureza), se prestará à realização dos fenômenos ditos "de materialização" — comprovante tácito da vida espiritual. Para tanto, esse médium contará com o apoio zeloso de um Espírito guardião, que estará com ele pari passu empenhado no progresso humano. O encarnado passa a ser qual médium teleguiado. Espíritos evoluídos, então, permanecerão atentos a ambos e em alguns casos proporcionarão desdobramento ao médium. Em estudos de grupos mediúnicos na presença desse médium, móveis se movimentarão sem que ninguém se lhes toque (telecinésia), ruídos de origem desconhecida serão ouvidos ("raps") e, Espíritos tomarão densidade material por algum tempo.

17.3 – DIFICULDADES DO INTERCÂMBIO

Tais manifestações não acontecem facilmente, pois dependem primordialmente dos recursos do médium e este nem sempre pode manter padrão permanente de equilíbrio: suas oscilações mentais, acopladas às dos demais componentes do grupo mediúnico de estudos, dificultarão tal manutenção, por carência de hegemonia mental.

Por isso é que tais reuniões, por serem raras, quase sempre quando acontecem não se mantêm, o que se deve a ausência da indispensável segurança para o êxito do tentame.

Leve oscilação do médium e ele já não será aquela ferramenta nobre ao propósito edificante: dispendendo pensamentos de ordem financeira ou mesmo afetivas criará formas-pensamento não programadas, contraindicadas à finalidade do estudo. Nessas ocasiões, Espíritos desequilibrados poderão assumir o emprego das energias deturpadas e causar graves problemas.

17.4 – MÉDIUM E ASSISTENTES

Assistentes num grupo desses, pensamento diferentemente do propósito educativo, causarão embaraço ao sucesso das tarefas de materialização. Da mesma forma que os Espíritos protetores presentes dependem da qualidade da ectoplasmia dispendida pelo médium, este de forma alguma pode dispensar o apoio dos companheiros encarnados que com ele comunguem dos mesmos ideais.

Todavia, se tais companheiros estão mais interessados em fenomenologia do que em aprendizado moral, ou se têm expectativa de fatos ligados à sua pessoa, as fraudes emergirão, dando azo a críticos metapsiquistas, os quais, longe de captarem a interferência desequilibrante, bradam o insucesso, como se estivessem frente à uma operação matemática de resultados que não batem.

17.5 – LEI DO CAMPO MENTAL

Esses críticos afoitos, diante de fraudes cercadas por obscuridades e desacertos, tornam-se defensores da não sobrevivência. Mesmo atendidas todas as suas exigências para a realização de tais reuniões mediúnicas, delas zombam, diminuem os recursos dos médiuns e exigem que os acontecimentos obedeçam à ciência terrena.

Desconhecem eles e grande parte do mundo a Lei do Campo Mental, que gerencia a energia na qual se abrigam os Espíritos, que somente captam as influências com as quais tenham afeição. Dessa equação sobreleva a lei da responsabilidade, segundo a qual cada criatura vive e respira no mundo energético das próprias criações mentais, que se expressam na psicosfera individual de cada um.

Não há inconsciência total em médium algum, nem amnésia cerebral, pois a consciência não é um autômato, mas parâmetro reflexivo das disposições e da vontade de cada Espírito.

17.6 - FUTURO DOS FENÔMENOS FÍSICOS

O Autor espiritual cita que tem conhecimento de que em vários países acontecem significativos fenômenos físicos em determinados agrupamentos de médiuns. Dessas ocorrências, registra, não resultam quaisquer proveitos para a Humanidade, restando tão somente comprovado o poder mental e a interligação encarnados/desencarnados.

Diz ele: "A ciência humana, porém, caminha na direção do porvir".

O ectoplasma tem componentes ainda desconhecidos do homem e fica claro, ao encerrar o capítulo, que as Entidades Angelicais o utilizam em sublimadas tarefas, pelo que os médiuns que o dispendem precisam manter bem alto o plano dessa doação.

NOTA: Decorrido mais de meio século desde a primeira edição desta obra, o que se observa é que as reuniões de fenômenos físicos (ditas "de materialização") rarearam consideravelmente no movimento espírita.

Em relação ao ectoplasma, acreditamos que aguarda mais estudos e motivação nobre para sua aplicação na Terra: então maravilhas inimagináveis poderão acontecer!

Devido à transcendentalidade do tema "ectoplasma", inserimos abaixo o artigo elaborado por Eurípedes Kühl (autor desta obra), no seu livro "Centro Espírita: Pronto-Socorro Espiritual", Editora Fonte Viva, BH/MG:

O ECTOPLASMA

Ouve-se falar no C.E. em "sessões de materialização", "médiuns de efeitos físicos", "fenômenos físicos espontâneos".

Vamos desenvolver algumas considerações a respeito:

Este assunto, que no século passado intrigou tantos pesquisadores, hoje já não frequenta os laboratórios e mesmo pouco os Centros Espíritas (C.E.), talvez porque a humanidade já evoluiu a ponto de permitir-nos considerar que tais fatos nada mais representaram do que um despertamento que a Espiritualidade Amiga, na época, trouxe para nós (de que a vida continua). É importante considerar que as materializações "espoucaram" por toda a Europa logo após a Codificação do Espiritismo, como se os Espíritos quisessem consolidá-lo, literalmente.

A palavra vem do grego: ektós = fora, exterior + plasma = dar uma forma. Quanto à sua aplicação, vem da Metapsíquica e da Parapsicologia, relacionando-se com fenômenos de efeitos físicos, comumente chamados "de materialização", com auxílio de médium.

OS PESQUISADORES

Na França, Charles Robert RICHET (1850-1935), cientista, fisiologista e médico, Prêmio Nobel de Fisiologia de 1913, descobriu e denominou o ectoplasma, em processos de materialização.

Ainda na França, outro médico, biólogo, fisiologista e pesquisador - Gustave GELEY (1865-1924), associou-se a RICHET nas pesquisas ao ectoplasma, conseguindo, ambos, provar que ele é uma emanação do corpo do médium, em forma de plasma leitoso.

RICHET e GELEY não estavam sozinhos nas pesquisas: Sir William CROOKES, físico e químico inglês (1832-1919), membro da Real Sociedade de Ciências de Londres e pesquisador de fenômenos espíritas, também se ocupou do ectoplasma.

Na Inglaterra, o físico William Jackson CRAWFORD (1870-1920), pesquisador das propriedades do ectoplasma, realizou experiências notáveis a respeito. Percebeu fortes evidências de que o ectoplasma origina-se nos tecidos físicos, pois estudou uma médium (Srta. Goligher), com auxílio de uma balança, pesando-a antes, durante e após a emissão do ectoplasma. Verificou diminuição do peso da pessoa após a emissão e retorno ao peso original, depois da reabsorção do ectoplasma. Em uma das experiências de emissão de ectoplasma, a balança acusou que a médium conseguiu emitir 23 kg!

Noutro tipo de experiência, partes físicas da Srta. Goligher ficavam flácidas após a emissão, enrijecendo-se e voltando ao normal, também ao ser reabsorvida a porção de ectoplasma emitida. Utilizando-se de um dinamômetro suspenso no teto, ligado às pernas da médium, verificou, repetidas vezes e sempre com os mesmos resultados, que a tensão no aparelho diminuía, de 1,8 kg para 0,45 kg. ("Mecânica Psíquica", J.W.Crawford, Lake/SP, p. 153).

Na Alemanha, Albert von SCHRENK-NOTZING (1862-1924), médico e pesquisador, dedicando-se à causa espírita, conseguiu a incrível proeza de, em sessões mediúnicas experimentais, recolher porções de ectoplasma, por ele denominado "teleplasma". Submetendo tal material a exame laboratorial histológico (estudo da formação e composição dos tecidos de seres vivos), em Berlim e Viena, comprovou sua natureza orgânica, isto é, oriunda de seres encarnados.

Em nossos dias, no campo científico, o ectoplasma ainda é tratado com extrema reserva, havendo poucos médicos a pesquisá-lo. Profissionais da Medicina que participaram de algumas experiências recentes com essa substância afirmam que ela, se pesquisada com rigor científico, provavelmente abrirá uma nova era no tratamento de casos considerados de recuperação impossível.

É o caso, por exemplo, de aplicações espíritas que vêm

sendo feitas, na terapêutica da reestruturação de tecidos vivos afetados ou destruídos pelo câncer. Ouçamos o sempre lembrado professor J. Herculano Pires: (...) "Pietro Ubaldi, mesmo não sendo médium nem espírita, admitia em suas obras que o ectoplasma podia ser uma nova maneira natural de reprodução — um processo biológico diferente dos conhecidos, eventualmente substituto da atual forma de reprodução sexual" (PIRES, J. Herculano, em "Agonia das Religiões", 1989, Ed. Paideia, p. 94).

Registramos a opinião de Ubaldi, demonstrando que não apenas pesquisadores e espíritas, mas outras pessoas, com a mesma seriedade, num tempo não muito distante ocuparam-se do tema ectoplasma.

CARACTERÍSTICAS E PARTICULARIDADES

O ectoplasma, substância ainda quase desconhecida e pouco pesquisada, teve nos fins do Séc. XIX seu período de mais anotações. Naquele final de século, como já citamos, poderosos médiuns de efeitos físicos assombraram os homens das Ciências, produzindo incríveis materializações.

Talvez o mais famoso desses casos tenha sido aquele que foi controlado por Sir William CROOKES, referente às inúmeras materializações do Espírito "Katie King", com auxílio da médium Florence Cook.

Crookes realizou sessões de materialização nas quais tornava-se tangível o Espírito que se autodenominou Katie King, indiana, que afirmou ter vivido alguns séculos antes. As cartas-artigos de Crookes foram publicadas em jornais espiritualistas na Inglaterra (ex: "Quartely Journal of Science", de janeiro de 1874).

Nessas memórias, Crookes cita que Katie chegou a ficar por duas horas materializada, conversando com os presentes e deixando-se tocar. Crookes, respeitosamente, solicitou permissão para tocá-la, tendo auscultado seu coração, que batia num ritmo menor do que o da médium Florence Cook, fornecedora do ectoplasma.

Dispensável registrar que o emérito cientista cercou-se dos mais rigorosos cuidados, de forma a evitar fraude ou mistificação. Um desses cuidados, prova definitiva, foi o fato de trancar a médium numa sala anexa e o Espírito Katie materializar-se na outra. Outra prova, cabal também, foi o fato de Katie haver se materializado ao lado da médium, deixando fotografar-se. Só mais uma prova: Crookes cortou, com permissão de Katie, um cacho da cabeleira dela; Katie, ela própria, tomou uma tesoura e cortou grande parte dos seus cabelos, pedaços do seu vestido e do véu e distribuiu-os aos presentes; logo a seguir, mostrou os buracos do vestido à claridade da luz e deu uma pancada em cima da parte cortada, que instantaneamente se recompôs.

O ectoplasma que pode se apresentar em múltiplos aspectos, sendo normalmente refratário à luz comum, suporta luzes do vermelho e infravermelho.

A emissão e liberação do ectoplasma se faz, na maioria dos casos, pelos orifícios naturais do corpo do médium: ouvidos, nariz, boca, orifícios da pele, etc.

São várias as particularidades do ectoplasma:

a. Cores: podem variar: acinzentada, branca, amarelada, malhada ou negra;

b. Estados: tangível, amorfo, floculoso, sólido; de início é difuso, nebuloso, qual tênue fumaça branca, passando, às vezes, à consistência semilíquida ou massa;

c. Ao tato: pode impressionar desde a sensação de teia de aranha até a forma sólida de um objeto;

d. Comando: a característica fundamental do ectoplasma é que ele é dócil ao comando mental do médium, além dos Espíritos e pessoas presentes à reunião em que se dá sua produção;

e. Produção e reversão: todos podemos produzir ectoplasma. Contudo, há pessoas que o fazem em abundância, sendo chamadas de "médiuns de efeitos físicos". Reverte à origem (corpo do médium que o produziu), com a mesma facilidade com que foi emitido.

O ECTOPLASMA E O ESPIRITISMO

Kardec, referindo-se em particular às aparições tangíveis, em "O Livro dos Médiuns", Cap. VI, nº 109, registra que o perispírito é o princípio de todas as manifestações até então tidas como maravilhosas. Referindo-se em particular às características e propriedades do hoje chamado ectoplasma, denominou-o, em "A Gênese", Cap. XIV, nº 35 e 36, "fluido perispirítico", ou, segundo outros tradutores, "fluido perispiritual".

Posteriormente a Kardec, os Espíritos deixam entrever que o ectoplasma, como "produto acabado", isto é, pronto para ser utilizado, em reuniões de materializações ou de outros objetivos (terapêutica?), é composto por outras substâncias, além das orgânicas, do médium.

Vejamos os informes trazidos pelo Espírito André Luiz, ao descrever, com minúcias[7], uma reunião de materialização, segundo visão do Plano Maior:

– Ao ectoplasma utilizado nas sessões de ectoplasmia (materializações), são acrescentados potencial energético de Espíritos Siderais e outros elementos, denominados "recursos da natureza".

– Dessa forma, o fenômeno da materialização, para alcançar êxito, necessita da energia de três elementos essenciais:

1. Energias sutis, emanadas dos Espíritos Protetores;
2. Energias do médium (ectoplasma) e eventualmente de outros participantes da reunião: aqui, o ectoplasma do médium é tratado pelo orientador espiritual como "força nervosa, fluindo abundante, qual neblina espessa e leitosa, sendo matéria

---

7 LUIZ, André (Espírito) em Missionários da Luz, Cap. 10 - "Materialização"

plástica profundamente sensível às nossas criações mentais";

3. Energias colhidas de elementos da Natureza terrestre (águas, plantas, etc).

Ainda do mesmo autor espiritual, encontrará o leitor outra narração de sessões de ectoplasmia[8], em que é detalhado como o médium que emite o ectoplasma se desdobra, sob influxo espiritual protetor. Na sequência, há materialização de flores, que são distribuídas aos médiuns componentes da sessão.

Porém, podemos encontrar as mais vibrantes notícias sobre o ectoplasma na narração[9] de fatos estupendos, dentre os quais o de três crianças (irmãs da médium de efeitos físicos Ofélia Corrales, na República de São José da Costa Rica): estando o local da reunião mediúnica com todas as portas trancadas, as três crianças foram transportadas para um casinha próxima; a seguir, repetiu-se a mesma operação, em sentido inverso — portas trancadas em ambos os ambientes, eis que as crianças foram trazidas de volta!

Na ficção tivemos a série de TV "Jornada nas Estrelas", criada em 1966 por Gene Rodenberry, na qual os tripulantes da nave "Enterprise" passavam por esse fenômeno de desmaterialização num local, seguido de transporte e materialização em outro.

Na longínqua Ilha da Páscoa, no Oceano Pacífico, as grandes estátuas de pedra, denominadas "Moais", segundo lendas locais, teriam sido transportadas pela força do pensamento de um sacerdote. Os blocos de rocha, de uma pedreira afastada quilômetros de onde estão, teriam vindo "pelo ar", segundo filmes naturais na TV.

Não menos impressionantes são os relatos de lousas que

---

8 LUIZ, André (Espírito) em Nos Domínios da Mediunidade, Cap. 28 - "Efeitos físicos"

9 LIMA, Antônio, em Vida de Jesus, Ed. FEB, 1939, Rio/RJ - Cap. "Materializações"

vão de uma sala a outra, com portas e janelas fechadas e plantas que são geradas, no próprio ambiente da reunião mediúnica, a partir de outras plantas, chamadas de plantas-médiuns, já que elas é que possibilitaram o nascimento (materialização) de outras, havendo até casos de plantas com frutos![10]

É a isso que se denomina "aporte", grosso modo.

"Aporte", na linguagem parapsicológica, é o aparecimento súbito de objetos, animais ou pessoas, num determinado ambiente, onde esteja um médium de efeitos físicos. Johann Karl Friedrich Zöllner, astrônomo e físico alemão, professor de Astronomia e Física na Universidade de Leipzig, membro da Real Sociedade de Londres, da Imperial Academia de Ciências Físicas e Naturais em Moscou, da Sociedade Científica de Estudos Psíquicos de Paris e da Associação Britânica Espiritualista de Londres, membro honorário da Associação de Ciências Físicas em Frankfurt-on-Main (1834 -1882), brilhante cientista, imaginou esse mesmo tipo de transporte através da Quarta Dimensão.

Uma outra hipótese seria a desmaterialização dos elementos citados e rematerialização em outro lugar.

Obs: Citamos o currículo do Dr. Zöllner para que seja aquilatado o grau de interesse científico do tema.

CONSIDERAÇÕES GERAIS

O ectoplasma foi tema imperante no final do século XIX, quando homens responsáveis e dedicados pesquisaram-no à exaustão, deixando as portas abertas para os vindouros. Por não disporem de instrumental mais adequado, suas

---

10 AKSAKOF, Alexandre, em Animismo e Espiritismo, 3. Ed., 1978, FEB - Cap. "Materialização e desmaterialização de objetos acessíveis aos nossos sentidos", p. 118-133

experiências restringiram-se a fenômenos de materialização, junto a médiuns especialistas e exames laboratoriais com os recursos de um século atrás.

Como podemos deduzir o ectoplasma é mais uma bênção, das incontáveis que nos concede o Criador. Seu potencial é inimaginável.

Causa perplexidade verificar que o ectoplasma não passeia pelos laboratórios de pesquisas. Herculano Pires noticia[11] que um "conhecido físico paulista, professor universitário, opinou ser possível o fenômeno da materialização, ante os conhecimentos atuais da Física, mas que, para realizar-se seria necessário uma quantidade de energia só possível de obter num período de duzentos anos. No entanto, como ficou demonstrado nas experiências científicas do Espiritismo (e podendo voltar a ser comprovado desde que o Plano Espiritual o permita, mediante justificada razão), o fenômeno de materialização é produzido em poucos minutos. Além do mais, houve erro de classificação científica por parte daquele cientista (o físico paulista), já que a materialização não é um fenômeno físico, mas um fenômeno fisiológico".

Também causa tristeza notarmos que não há interesse científico sobre essa transcendental questão, contudo, como "a Natureza não dá saltos", cremos que no tempo certo o homem despertará tal atenção. E essa será mais uma das valiosas contribuições que o Espiritismo prestará à Terra, uma vez que as possibilidades de emprego do ectoplasma ultrapassam todos os voos da imaginação: desde transporte de pessoas/objetos, desmaterializando-os na origem e rematerializando-os no destino, até a cura de patologias consideradas fatais.

18. EFEITOS INTELECTUAIS

---

11 PIRES, J. Herculano, em Mediunidade - Vida e Comunicação, 2. Ed., 1979, EDICEL, p. 33

18.1 – NAS OCORRÊNCIAS COTIDIANAS

Examinando-se o hábito de um homem ler diariamente o jornal e ali buscar notas comerciais do seu interesse, encontraremos o reflexo condicionado específico cristalizado nessa conduta. Para prosperar algum projeto decorrente dessa leitura buscará o auxílio de outrem (colega, amigo ou parente). O ouvinte, sintonizando com esse homem, emitirá raios mentais análogos ao que este também emite. Juntos, demandarão providências para o êxito de eventual plano, traçado a dois, mas de ideal uno.

Na hipótese desse leitor diário interessar-se por ocorrências policiais, dentre as várias registradas, elegerá a mais grave e nela concentrará sua corrente mental, para logo atraindo outras mentes que "pensam" como ele. Ele e os colegas invisíveis plasmarão formas-pensamento que se espraiarão pela psicosfera, indo juntar-se a outras tantas que nela vagueiam e se prestam a essa infeliz junção. Resultados catastróficos advêm: dessa triste nuvem pairando sobre mentes desavisadas, na primeira oportunidade eclodirão fatos tão ou mais violentos do que aquele que deu origem a tudo.

Linchamentos (justiçamento coletivo e desvairado, ao arrepio de qualquer civilidade), depredações coletivas e vandalismos de consequências graves são decorrentes dessa perturbada associação de mentes, que nem mesmo se conhecem.

Mais tarde, um a um responderá, à consciência, pela sua parcela de culpa pelos danos.

18.2 – MEDIUNIDADE IGNORADA

Sexualidade irresponsável, mentiras, críticas contumazes e outros comportamentos infelizes expõem reflexo condicionado específico. Uma calúnia ou uma suspeita lançada por alguém de alguma autoridade levará muitos, que com ele comungue, a dilatarem a divulgação do fato citado, mesmo não comprovado. Navegando todos na mesma onda mental, serão responsabilizados pelo Controle Divino, a se manifestar pela consciência de cada um, expiatoriamente cuidando pela eliminação de tal procedimento.

Essa a mediunidade ignorada, tida à conta de metapsíquica subjetiva.

É assim que no mundo encontram-se palestrantes a propalarem verdades ou mentiras, conselhos ou perjúrios, sempre secundados por Espíritos que com eles sintonizem.

Em muitos casos, tal sintonia antecede à própria reencarnação desses expositores.

18.3 – MEDIUNIDADE DISCIPLINADA

Quando um médium se dispõe a trilhar por essa abençoada faculdade, com equilíbrio e propósitos no bem, segundo proclama e recomenda o Espiritismo, encontrará no grupo a que se filie as bênçãos da prece. Sintonizando com os Espíritos, particularmente com aquele que melhor se assemelhe à sua onda mental, verá eclodir a mediunidade a bordo de reflexo condicionado específico. Duvidará, a princípio, da autenticidade do apoio invisível, julgando que os pensamentos que capta são seus mesmos. A prece, como sempre, o libertará da dúvida, para logo se dar conta de que as ideias não lhe pertencem.

Volta o Autor espiritual a citar a sublimidade da Lei do

Campo Mental, que preside a responsabilidade de cada Espírito, diante do seu programa evolutivo.

18.4 – PASSIVIDADE MEDIÚNICA

A persistência no estudo, assiduidade e pontualidade nas obrigações junto ao grupo espiritual ao qual pertence, a par do pensamento reto à causa do bem, carrearão atendimento do Plano Maior às preces do médium hesitante e dissipará suas dúvidas.

Espíritos bondosos e especializados promoverão determinadas alterações cerebrais nesse médium estudioso e abnegado, fazendo com que ele cada vez mais aperfeiçoe as disposições mediúnicas com as quais está equipado, possibilitando que Espíritos nobres se aproximem dele.

Teremos assim os médiuns psicógrafos e os psicofônicos, os videntes e os intuitivos, os inspirados e os de premonição — todos desse patamar — reproduzindo obras e lições de valor.

18.5 – CONJUGAÇÃO DE ONDAS

A conjugação de ondas mentais está presente em todo exercício mediúnico.

Na prece, por exemplo, o reflexo condicionado do médium dedicado aos atos doutrinários responde pelo sucesso ou dificuldade na interpretação do que lhe é passado pelo Espírito visitante, elevado. A filtragem mediúnica quase sempre prejudica o teor da mensagem, eis que o médium não tem bagagem suficiente para captar e reproduzir com justeza as sublimidades que lhe são repassadas. Mesmo no caso de sintonia efetiva entre o visitante espiritual e o médium, este "interpretará" o valoroso conteúdo à sua moda, expondo-o segundo seu grau de conhecimentos.

18.6 – CLARIVIDÊNCIA E CLAURIAUDIÊNCIA

As possibilidades visuais e auditivas do médium, a se exprimirem por raios mentais conjugados entre ele e o Espírito comunicante, serão captadas diretamente na sua forma integral. No entanto, rareando no primeiro recursos ultrassensoriais, ele as exteriorizará segundo a graduação do seu campo íntimo de captação e interpretação.

Os médiuns videntes e audientes trazem na intimidade cerebral seus centros de visão e audição aptos a receber o que lhes é repassado do plano espiritual, em termos de imagem e som, qual espelho ou caixa acústica.

19. IDEOPLASTIA
19.1 – NO SONO PROVOCADO

Ideoplastia é a materialização do pensamento, na visão íntima, podendo ser duradoura.

Encarnados e desencarnados podem integralizá-la.

No caso do magnetizador e magnetizado, por exemplo, sugestão feita por aquele, de imagem e som, em local definido, desencadeará neste a formação mental do quadro, som e endereços sugeridos. Tão forte é essa reflexão que um espelho colocado à frente do hipnotizado lhe mostrará cópia fiel do que mentalmente vê. Não há nisso alucinação, devaneio ou ilusão: a cena visualizada é real, pois quem a criou foi o próprio "sujet".

Se num acontecimento mediúnico o doutrinador utiliza-se do princípio da ideoplastia com presunção, estará interferindo negativamente na ação de Espíritos protetores, prejudicando assim o programa de apoio e progresso de Espíritos necessitados.

19.2 – NOS FENÔMENOS FÍSICOS

Nas reuniões destinadas a fenômenos físicos, ocorrendo manifestação indevida (reclamação) de algum dos presentes, via de regra, é desencadeado no médium de ectoplasmia afastamento mental do que lhe estava sendo passado pela entidade espiritual e aproximação dessa nova "ordem". O que acontece é que, para resguardar a integridade do médium e dos demais componentes do grupo de pesquisadores, os Espíritos bondosos que se prestavam a auxiliar a consecução do fenômeno programado se retraem e mantém salvaguarda naquele ambiente.

19.3 – INTERFERÊNCIAS IDEOPLÁSTICAS

Suponhamos que, numa reunião de efeitos físicos bem controlada, o orientador desencarnado esteja em ação para materializar um braço, utilizando para tanto os recursos doados pelo médium de ectoplasmia. Se um dos encarnados, incautamente tocar na forma e exigir, por exemplo, que aquele braço passe a exibir uma pulseira, tal interferência faz com que a ligação médium-orientador se desfaça, sendo substituída agora pela médium-pesquisador.

Nesse ponto, o trabalho está prejudicado, pois os Amigos do além já não mais contam com o apoio dos encarnados. Não raro, em circunstâncias desse jaez, o médium que fornece o ectoplasma fica viciado a atender a pedidos chulos, com evidente desmoronamento da qualidade dos resultados, de todo impróprios.

19.4 – MEDIUNIDADE E RESPONSABILIDADE

Reuniões dedicadas à ectoplasmia não podem se transformar em sessões de atendimento a pedidos pessoais. É certo que os Espíritos atendentes que ali comparecerem não são nobres nem interessados no progresso moral, próprio ou dos presentes. Aí, mau grado os recursos que evidentemente o médium especializado possui e doa, são eles desbaratados e descambam para a irresponsabilidade.

19.5 – EM OUTROS FENÔMENOS

Não é raro que, em algumas reuniões mediúnicas, a ideoplastia de um ou outro médium se manifeste e ele descreva para os demais o que mentalmente vê.

Já de início, tais reuniões devem ter motivação nobre para que Espíritos amigos ali compareçam e possam, de fato, transmitir imagens construtivas e até mesmo fotografias de pessoas, para os receptores. Esperam os amigos invisíveis que de alguma forma tais fotografias transcendentais tragam lições e proveito moral para os presentes.

O que não pode nem deve acontecer é o médium de efeitos intelectuais fixar-se em determinada imagem ideoplástica ou fotográfica e ficar a repeti-la, por longo curso, pois, desta forma, esse médium passará a considerá-las como situações e pessoas reais.

19.6 – NA MEDIUNIDADE AVILTADA

Desde tempos imemoriais a ideoplastia se apresenta no mundo. Na prática da magia, por exemplo, a mediunidade é aviltada e só comparecem Espíritos irresponsáveis. Os médiuns que a isso se prestam são transformados em prisioneiros deles.

Tais médiuns, concordes com tais práticas, expelem raios mentais decorrentes de quadros menos dignos que mentalmente vislumbram e que lhes causam terror.

Entregando-se a tais despautérios morais não tardam a lhes sofrer as danosas consequências. Utilizassem os mesmos meios em atividades nobres e recolheriam, com toda certeza, benefícios incalculáveis.

20. PSICOMETRIA
20.1 – MECANISMO DA PSICOMETRIA

Médium psicômetra é aquele que percebe o lado oculto de um ambiente e vislumbra a história de um objeto ou documento (impressões e lembranças daqueles que de alguma forma tenham ligações com eles).

Trata-se de percepção avançada, do tipo "circuito fechado", pelo qual os sentidos físicos se deslocam, no tempo e no espaço, conquanto o médium esteja em vigília.

O Espírito do médium de psicometria tem poderes psíquicos, que, de alguma forma, assemelham-se ao hipnotismo comum, em que o hipnotizado liberta a sensibilidade e motricidade, realizando coisas anormais, tais como "anestesia hipnótica" em alguma parte do próprio corpo.

20.2 – PSICOMETRIA E REFLEXO CONDICIONADO

Pessoas bastante sensíveis, pela prece ou concentração mental, deslocam a força nervosa de uma parte do seu corpo físico e perispírito, o que lhes possibilita contato com outros níveis vibratórios, de onde extraem suas observações psicométricas.

Praticamente todos temos essa possibilidade,

conquanto na maioria esteja latente, em potencial, raramente se expressando. Uma dessas comprovações é a sensação de simpatia ou antipatia que nos acomete ante a presença de alguém que acabamos de conhecer. Esse alguém, seja ou não do nosso passado existencial, com certeza vivencia em regime de correntes mentais pró ou contra as nossas.

20.3 – FUNÇÃO DO PSICÔMETRA

O psicômetra tem a capacidade de, em alguns casos, alterar sua visão e audição, lançando a distâncias e épocas passadas tais potencialidades, que se deslocam em transes rápidos a bordo do próprio perispírito-viajor e testemunha o que lá vê e ouve.

20.4 – INTERDEPENDÊNCIA DO MÉDIUM

Em qualquer atividade mediúnica psicométrica o médium não prescinde da companhia de outrem, de sintonia plena com ele. Havendo desarmonia mental entre o grupo, certamente o psicômetra sofrerá influências que invalidarão suas possibilidades.

Aqui, as formas-pensamento agem com maior energia, se considerarmos que o objeto submetido à análise e apreciação do médium, per si já traz muitas delas encerradas em sua história. É de se admitir que quando uma pessoa submete ao médium um determinado objeto que pertenceu a um antepassado dela, já edificou formas-pensamento de lembranças que tenha em sua memória, consciente ou inconscientemente.

20.5 – CASO DE DESAPARECIMENTO

Se alguém desaparece e um objeto seu é levado

a um psicômetra, este poderá vislumbrar a realidade, como por exemplo, que o desaparecido morreu e seus despojos estão em local que informa com exatidão.

Nesse caso, amigos espirituais do desaparecido e dos seus familiares, captando todos os momentos de angústia destes, aproximam-se do médium e adentram-lhe na onda mental, dando detalhes fisionômicos e de como aconteceu a desencarnação.

20.6 – AGENTES INDUZIDOS

O local e o objeto psicometrado agem como francos mediadores entre os dois planos da vida, o material e o espiritual.

Quando o médium recebe pedido de busca ou informações sobre esse ou aquele objeto, se ele e quem o consulta não estiverem imbuídos de finalidades construtivas, por certo o tentame fracassará, pois a mediação será administrada por entidades menos felizes que presto se apoderarão do comando da pesquisa.

Fica evidente que na psicometria a matéria registra impressões e vibrações nela impressas pelo contato com os homens ou com seres inferiores da Natureza.

Captar tais registros é ação mediúnica que enquadra a atividade psicométrica, que se apresentam na radiestesia (sensibilidade às radiações – caso da varinha que se move sob ação do médium de percepção de água, por exemplo) e na telestesia (percepção à distância de fenômenos, coisas ou condições).

21. DESDOBRAMENTO
21.1 – NO SONO ARTIFICIAL

Na hipnose profunda, do tórax do hipnotizado

escapa "um vapor branquicento", que se condensa à sua esquerda, tomando sua forma, isto é, reproduzindo duplicata do seu corpo, ligeiramente dilatado. Nesse estado do transe, o "sujet" duplicado poderá deslocar-se a grandes distâncias que tenham sido ordenadas e de lá recolher notícias e informes diversos. Essa duplicata estará ligada ao corpo físico por fio finíssimo, como se fosse onda de radar, vencendo enorme distância e retornando à origem intacta.

A circulação sanguínea não cessa no complexo orgânico e da mesma forma a onda mental circula permanentemente no Espírito. Quando o homem dorme, seu cérebro descansa, mas o coração segue em pleno funcionamento, ao tempo que o pensamento não deixa de vibrar no cérebro perispirítico.

21.2 – NO SONO NATURAL

A maioria das criaturas humanas, ao dormir, com o Espírito parcialmente emancipado da matéria, busca a repetência da satisfação do que já lhe foi agradável ou espera encontrar o objeto de seu desejo. Nessas circunstâncias, esse Espírito não vai a distâncias, permanecendo próximo ao corpo físico em repouso. Suas ondas mentais ofertam-lhe a satisfação buscada, mas não raro o organismo refletirá desarranjos, fruto da desvirtuação do emprego das energias, que deveriam ser de refazimento. E mais: terá remorsos dessas ações injuriosas.

21.3 – SONO E SONHO

O homem pouco evoluído, assim, aproveita o sono apenas para descanso do físico e seus sonhos fotografam somente seu limitado mundo mental e afetividades elementares.

No animal, sua incipiente onda mental se mostra fraca e gira em torno de atos físicos.

No desdobramento pelo sono (hipnose natural) o reflexo condicionado de cada homem o conduzirá ao local onde situa seus interesses. Assim, o agricultor visitará perispiritualmente sua plantação; o artista, a obra na qual está empenhado; o criminoso, o local onde delinquiu, e a mãe irá ter com os filhos.

Naturalmente, haverá o consórcio desse Espírito com outros, afins. Sua onda mental criará formas-pensamento espelhando o que pensam fixamente, mas ao acordar pouca identidade terão suas lembranças com aquilo que viram e vivenciaram.

Assim está a maioria dos homens na face da Terra.

21.4 – CONCENTRAÇÃO E DESDOBRAMENTO

Homens com motivação nobre do que fazem, ao dormirem, encontrarão seguro apoio de desencarnados, tanto quanto os de mau procedimento também terão assessoria infeliz.

O desdobramento no sono comum conduz o Espírito ao endereço dos seus desejos. Um escritor bem intencionado produzirá escritos com ideias construtivas, ao passo que um outro, promíscuo, ofertará obras infelizes, desestruturadoras das emoções de eventuais leitores.

21.5 – INSPIRAÇÃO E DESDOBRAMENTO

Dormindo, a onda mental de cada homem cuida para que no chamado "sono ativo" fiquem registradas no cérebro impressões do Espírito, e, simultaneamente, desliga a mente dos acontecimentos orgânicos, agora no "sono passivo".

É assim que esse Espírito sintonizará ou não com os desencarnados afins.

Em caso positivo, recebendo deles instruções, ao despertar as trará como impressões, como inspiração e não como efetivamente lhe foram dadas.

Esse é o mecanismo pelo qual os desencarnados atendem aos rogos que, feitos na vigília, logram deferimento direto no desdobramento do sono.

(Notáveis compositores musicais afirmaram ter despertado em meio à madrugada e avidamente registrado "sonhos", compondo peças inteiras).

21.6 – DESDOBRAMENTO E MEDIUNIDADE

É pelo mecanismo descrito anteriormente que criaturas bondosas e desprendidas da materialidade, ao dormirem são levadas a páramos celestiais, de onde trazem bênçãos à Humanidade, na forma de instruções valiosas ao bem comum.

Místicos fervorosos e abnegados, tanto quanto profetas, são exemplo disso.

Os nobres benfeitores que alcançam tal condição de elevação mental reúnem méritos resultantes da boa vontade e da motivação pelo progresso humano, estudam sempre, de forma a captar, entender e bem traduzir os ensinos que lhes são repassados pelas entidades elevadas.

22. MEDIUNIDADE CURATIVA
22.1 – MENTE E PSICOSSOMA

A maravilha do corpo humano assemelha-se a um templo da alma, formado por bilhões de células, as quais, distribuídas por diversos órgãos, interligam-se no conjunto que garante a vida física, conquanto tenham funcionamento próprio, diferentes entre eles.

O cérebro age como gerente dessa grande "instituição", expedindo comando mental aos órgãos, de forma a mantê-los conjuntamente em funcionamento equilibrado.

A vontade — ferramenta divina pela qual o Espírito dirige seu destino — responde pelo tipo de instruções mentais que cada órgão recebe, com o consequente estado de saúde ou de enfermidade, nessa ou naquela província do corpo humano.

A alimentação garante o aporte de energias necessárias para o corpo, através da bênção incalculável dos inúmeros automatismos biológicos do metabolismo físico (absorção/excreção), recebidos ao longo da evolução, a partir da criação do P.I. (Princípio Inteligente).

As condições mentais de cada homem respondem pelo bom ou mau aproveitamento dos alimentos ingeridos, com presença ou ausência dos elementos de defesa orgânica.

22.2 – SANGUE E FLUIDOTERAPIA

No sangue estão as energias físicas que constituem reflexo da energia que circula no perispírito. Já ao respirarmos, nossa mente capta energias do fluido cósmico e é pelos centros perispiríticos, com ação nos correspondentes órgãos físicos, que o sangue produz numerosa gama de hemáceas (corpúsculos, glóbulos, etc), congregando-as e distribuindo-as aos pontos adequados, particularmente baço, medula óssea, fígado, glânglios e demais órgãos.

Saúde ou doença são reflexo de bons ou maus pensamentos e atos, pois é pela consciência profunda que o organismo tem ou não imunidade patogênica.

Notável registrar que assim como há o hipnotismo da mente, com maior expressão os elementos vitais podem igualmente serem magnetizados a benefício do físico.

22.3 – MÉDIUM E PASSISTA

O médium de cura tem a responsabilidade de ser integralmente fraternal.

O médium passista, no geral, bem executará sua tarefa de assistir a enfermos desde que se mantenha como fiel intérprete dos Espíritos protetores. Para tanto, necessário se faz que procure obter conhecimentos elementares do corpo humano e que sua mente esteja isenta de pensamentos deletérios. Ao atender a um enfermo, conveniente será que se porte com simplicidade e humildade, o que deixará o atendido mais receptivo.

Quanto mais culto, mais condições psicológicas terá de bem desempenhar o socorro, por captar com maior fidelidade as instruções repassadas pelos Espíritos abnegados que dele se servem para a caridade. Dessa forma, suas palavras ao doente despertarão nele condições para a cura.

22.4 – MECANISMO DO PASSE

O passista, diante do paciente, constitui-se em representante do Benfeitor espiritual.

Despertando a confiança do atendido, entre eles ocorre a ligação mental. Aí, o passista haure bênçãos do

Plano Maior e as transfere ao enfermo, que as capta e utiliza, deflagrando processos de reparação ou renovação orgânicas, através do sangue.

Se o passista for perseverante, tal atendimento culminará no êxito do objetivo buscado.

22.5 – VONTADE DO PACIENTE

As bênçãos do passe, o qual geralmente age pelo processo de transfusão de energias psicossomáticas (energias espirituais acopladas à energia física do passista), tanto maior serão qual seja o nível de aceitação, por parte do atendido.

O paciente, recebendo as energias que lhe são dispensadas, dirigirá sua onda mental de restauração da saúde como ordem às províncias injuriadas, cuja coletividade celular obedecerá a esse comando, num processo abençoado e sublime de tráfego mental.

22.6 – PASSE E ORAÇÃO

O passe não tem qualquer contraindicação e pode ser ministrado em qualquer caso de enfermidade, quaisquer que sejam as carências do paciente, independentemente da idade. Só no caso de enfermos com limitações cerebrais é que os resultados do passe diminuem o nível do sucesso.

Em qualquer situação, porém, o passista deverá ligar-se em preces ao Plano Espiritual, dispondo-se a ser fiel ferramenta da Caridade Divina, sempre atuante a benefício de qualquer que seja o estado de alguém com problemas.

23. ANIMISMO

23.1 – MEDIUNIDADE E ANIMISMO

Quando um médium está em atividade mediúnica, vez por outra produz, por conta própria, consciente ou inconscientemente, fenômenos diversos: efeitos físicos ou intelectuais. Isso, se estiver realmente desdobrado perispiritualmente!

Diante de fatos dessa natureza e desconhecendo o processo anímico, críticos do Espiritismo optaram pela negação da mediunidade, excluindo a ação de Espíritos desencarnados, aludindo que "a força nervosa" seria a responsável por todos os sucessos produzidos pelos médiuns.

Tais críticas não procedem, vez que médiuns iniciantes podem mesmo, vez por outra, operar animicamente, o que por si já expõe apreciável sensibilidade. Ademais, esses acontecimentos não são a maioria, não representam a tônica das reuniões mediúnicas e nem colocam o Espírito do médium em antagonismo com os desencarnados.

23.2 – SEMELHANÇAS DAS CRIATURAS

Se houvesse incompatibilidade evolutiva entre encarnados e desencarnados, inexistiria a mediunidade. Mas, na verdade, uns e outros são peregrinos da mesma estrada, em busca da autorreforma. Autorizado pela Sábia Lei a retornar à esfera física, o Espírito reencarnante consubstancia no feto todo o acervo das potencialidades que amealhou ao longo das vidas passadas; depois, ao concluir a etapa orgânica, esse Espírito levará para o Plano Espiritual aquele mesmo acervo, acrescido do que tenha adquirido.

É assim que o médium, em certos momentos, desdobrando-se, age como se Espírito desencarnado fosse, ou ainda, reproduz o que um ou outro Espírito lhe repassa.

Voltamos a citar os faquires, que se desdobrando, produzem fenômenos anormais.

23.3 – OBSESSÃO E ANIMISMO

Nos acontecimentos da auto-hipnose, há pessoas que procedem de maneira totalmente diversa de sua normalidade, presas que se tornam de mentes desencarnadas infelizes e poderosas, inimigas ou zombeteiras: trazem a essas pessoas lembranças desagradáveis e fixam-nas em suas mentes, de todo indefesas.

Quem ver esses médiuns, geralmente em ação na reunião mediúnica, em diagnóstico que só pode caracterizar desconhecimento e pressa afirmará tratar-se de entidade infeliz comunicante, quando, na verdade, são apenas reminiscências induzidas por Espíritos ignorantes.

23.4 – ANIMISMO E HIPNOSE

Numa hipotética regressão de memória induzida, na qual o magnetizador fixasse o paciente numa determinada faixa do passado, impelindo-o a lá permanecer, eis o que acontece nos casos de animismo, com a diferença que enquanto dura a manifestação, o "sujet", ou médium, permanece no palco daquilo que relata e que ele vivenciou, só que acredita ser a criatura que lhe tenha sido sugerida.

Alienados mentais, em processos dolorosos, palmilham por essa triste estrada, comportando-se como se fossem outrem, quando na verdade representam a realidade mental própria a que por invigilância se submeteram a agentes menos dignos.

23.5 - DESOBSESSÃO E ANIMISMO

Médiuns que manifestem tais processos carecem de bondade por parte dos demais companheiros do grupo, com esclarecimentos e socorro, o que lhes reequilibra a onda mental, com reflexos positivos também nas entidades desencarnadas infelizes que os estejam induzindo a assim proceder.

Esses companheiros devem ser tratados da mesma maneira que os visitantes espirituais necessitados que compareçem à reunião mediúnica, isto é, com fraternidade e paciência, pois o Centro Espírita, enquanto escola, tem os Espíritos como alunos, encarnados ou desencarnados.

23.6 – ANIMISMO E CRIMINALIDADE

Grande parte dos criminosos e internos de hospícios são Espíritos em recidiva de procedimentos equivocados, que em determinados momentos da existência terrena emergirão abruptamente, eliminando o freio da razão para impedir tal repetência, já verificada em vidas anteriores.

Todos trazemos reflexos condicionados de vidas passadas e se não aproveitarmos a reencarnação para eliminar os negativos, será difícil evitar que nossa mente, negativamente condicionada, impeça a reincidência.

Grande parte dos conflitos maiores ou menores que ocorrem no mundo, encontram nessa sistemática de predisposições mórbidas o seu fulcro gerador.

A Doutrina dos Espíritos, descortinando à análise o passado, justifica o presente e predispõe o futuro, motivo pelo qual é tarefa impostergável e intransferível do espírita que se depare com tais desequilibrados acordá-los para a claridade da Vida Maior.

24. OBSESSÃO
24.1 – PENSAMENTO E OBSESSÃO

Obsessão e mediunidade andam parelhas em todos os recantos do mundo, porque o homem está sempre pensando e com isso emitindo ondas mentais que se encontram com outras tantas, similares em amplitude e intensidade, de outros homens.

O pensamento age por ação, mas também por reação, daí que o psiquismo de cada um é decorrente do teor do que pensa: bons pensamentos, equilíbrio mental e saúde; maus, desarmonia íntima, enfermidades e pior, perispírito com desestruturações múltiplas.

Alcançando de início o cérebro, tais desajustes promovem alucinações e estados mentais mórbidos.

24.2 – PERTURBAÇÕES MORAIS

Todos aqueles que se afastam do roteiro do bem, passando a palmilhar por descaminhos que produzem o mal, cedo ou tarde atrairão a desarmonia da mente, para si e para os que se lhes afinizem, passando uns e outros a responderem, solidariamente, por vasta gama de doenças catalogadas pela Psiquiatria. Entre essas, as psicopatias, distúrbios de atenção e afetividade, esquizofrenias, fobias, neuroses, psicoses e mais um rol de outras, do mesmo jaez.

Desencarnando, tais criaturas, fixadas em tantos desencontros, logo têm seu corpo perispiritual seriamente afetado, reflexo do mau e repetitivo procedimento. Nessas circunstâncias, quando retornam à esfera física, em nova existência terrena, trazem cérebro injuriado e deficitário, sem especificação de tempo para o reencontro do equilíbrio.

24.3 – ZONAS PURGATORIAIS

Zonas purgatoriais são o endereço certo no Plano Espiritual daqueles que arrojam de si todo tipo de pensamento deletério, quase permanentemente, onde padecerão por largo tempo condições infelizes, majoradas pelo arrependimento.

Impotentes e rodeados de outros Espíritos nas mesmas tristes condições, não raro entram em desespero e revolta, pois as criações mentais de uns e outros tomam forma, impondo-lhes horror, do mesmo modo daquilo que causaram a outrem.

Ninguém é desamparado pelo Amor do Pai e tais regiões, tuteladas por Entidades angélicas, auxiliam aqueles que pelo merecimento do remorso sincero e vontade de renovação se candidatam a reencetar a própria reconstrução moral.

O amparo desses anjos tutelares e a vigilância infalível que mantêm sobre tais Espíritos domiciliados nessas regiões purgatoriais demonstra que cada ser cria para si uma cadeia individual, em consequência dos crimes que tenha praticado.

Os agentes responsáveis pelos mais vis procedimentos são agrupados nessas paragens de angústia e tormento. Se a medicina terrena os examinasse nesse quadrante, certamente encontraria desconhecidas e multiplicadas patologias mentais.

24.4 – REENCARNAÇÃO DE ENFERMOS

Tais enfermos da alma, desde que neles esteja identificada a vontade de melhoria comportamental, volvem à vida física. Renascem muitos no lar dos responsáveis passivos por erros, sob o foco protetor ou dos pais ou de Espíritos que por eles velam, os quais por vezes até renunciam a outras tarefas que os conduziriam a maior evolução.

Ao reencarnarem, contudo, não se despojaram dos implementos mentais negativos, nem dos reflexos condicionados no mal. Alguns espelharão retardo mental, outros, porém, que corrigiram parcialmente o comportamento na Espiritualidade, via de regra, se mostram criaturas delirantes, abúlicas, de difícil trato, pela petulância e insensibilidade, além de apresentarem aberrações sexuais variadas.

24.5 – OBSESSÃO E MEDIUNIDADE

A reencarnação enxerga em tais criminosos, médiuns doentes.

Muito pode fazer o Espiritismo pela sua recuperação, plantando em sua mente doentia novos conceitos morais, em oposição à corrente mental degradada que carregam.

Vêm esses infelizes irmãos nossos de regiões altamente infelizes e não raro constituem-se em "antenas" daqueles com os quais conviveram, daí porque o Centro Espírita, os acolhendo poderão ajudá-los a se modificarem, em atividades doutrinárias fraternas, ensinando-lhes principalmente a substituir quadros de perturbação na tela mental por quadros inspirados nas lições do Mestre Jesus.

24.6 – DOUTRINA ESPÍRITA

Não se diga que apenas o Espiritismo pode ajudar tais espíritos. As demais religiões, que contemplam a dignidade, a nobreza e o respeito a Deus e ao próximo, têm recursos que podem auxiliar esses companheiros.

Mas, por outro lado, não há como negar que a Doutrina Espírita, mais que qualquer outra corrente do pensamento humano, tem condições de melhor amparar aos desequilibrados da alma, vez que todos trazemos, de experiências anteriores, um acervo oculto de procedimentos, bons e maus, do que faz prova nossa personalidade – doentia ou sã.

E o Espiritismo, como nenhuma outra atividade religiosa, desvenda esse acervo, pelo estudo das vidas passadas, desentranhando o passado, justificando o presente e possibilitando vislumbres do futuro — sempre em obediência à Lei Divina de Ação e Reação, a se manifestar pelos diversos processos reencarnatórios em que se exprime.

25. ORAÇÃO
25.1 – MEDIUNIDADE E RELIGIÃO

A mediunidade sempre esteve no mundo, porém ligada à magia.

Testemunhada nos povos primitivos, pelos "deuses" que criaram, mostrou-se ativa nos templos voltados para o ocultismo dos "iniciados", vez por outra exposta em praça pública, por magos.

Livros sagrados e profecias abundam na história da Terra, citando "anjos e demônios, evocações e mensagens de seres desencarnados, visões e sonhos, encantamentos e exorcismos".

25.2 – REFLEXO CONDICIONADO E MEDIUNIDADE

A ligação entre a Terra e o Céu aparece em todas as ocorrências da Antiguidade, dos primitivos à atualidade, expondo reflexo condicionado na comunicação com o plano espiritual.

Objetos, vestes, imagens, incensos, cantos — tudo isso age como arremesso de ondas mentais casadas de profitentes ou assembleias, visando reciprocamente atrair ondas mentais semelhantes, objetivando um ou outro fim.

Alguém mal intencionado pode infundir terror em outrem, fragilizado na fé; o sacerdote bondoso ajudará o desesperado, despertando-lhe a confiança em Deus, com isso facilitando auxílio espiritual; o médico, pelo inegável apoio psicodinâmico que dê ao doente o ajudará a criar ondas mentais restauradoras, poder esse adormecido até então; o professor, estimulando o aluno, conseguirá que as lições repassadas sejam fixadas, para emprego de largo curso na existência terrena.

25.3 – GRANDEZA DA ORAÇÃO

O reflexo condicionado age em todos nós, na vigília ou no sono, independentemente de despertamento externo. A prece é o mais benéfico de todos os mecanismos de vigilância, pois ela nos posiciona em ligação com Espíritos protetores.

Louvando, pedindo ou agradecendo, toda prece formulada em momentos de alegria ou dor, tranquilidade ou aflição, arremessa de nós raios mentais que chegam ao Plano Maior e de lá volvem bênçãos infinitas àquele que ora com fervor.

"A mente centralizada na oração pode ser comparada

a uma flor estelar, aberta ante o Infinito, absorvendo-lhe o orvalho nutriente de vida e luz".

25.4 – EQUILÍBRIO E PRECE

O homem dispõe de variados mecanismos para preservação da saúde.

Nosso organismo é maravilha da Engenharia Divina, a começar pela pele e pela mucosa intestinal, barreiras valorosas contra invasões de elementos químicos indesejáveis; o sistema imunológico é igualmente apreciável reduto de proteção contra a ação danosa dessa ou aquela bactéria, desse ou aquele vírus.

Se o organismo físico é tão protegido pelos agentes defensivos com os quais Deus o engendrou, o mesmo não pode ser dito do corpo mental, cuja harmonia depende do Espírito que o preside. Mergulhados que vivemos num mar de formas-pensamento de toda espécie, somos quais aquele que em meio a uma selva procura o caminho de volta à segurança.

Tanto quanto a medicina terrena nos garante auxílio à saúde, a oração nos propicia afinidade e aproximação com as Esferas Superiores, de onde vertem, incessantes, raios da "Vida Mais Alta".

25.5 – PRECE E RENOVAÇÃO

No tumulto do mundo material o homem sofre assédio das vibrações inferiores dos Espíritos desencarnados e encarnados com os quais mantém afinidade, afadigando-se e se irritando com isso. Porém, no momento em que se dirige ao Alto, em prece, será envolvido por bênçãos calmantes e restauradoras.

A prece é assim recurso infalível para o apoio que verte do Plano da Luz.

Muito mais valorosa é a oração que objetiva o aprendizado das lições do amor, com a consequente prática do amor ao próximo.

25.6 – MEDIUNIDADE E PRECE

A mediunidade e a oração constituem, em última análise (se é que podemos nos expressar assim), a maior fonte de luz do mundo, no processo evolutivo.

Por milênios, encontraremos todos os povos dedicados à prece, invocando ou louvando, adorando ou meditando, todos em busca de reflexos à alma.

Moisés, no Sinai, captando os mandamentos sagrados.

Às margens do Lago de Genesaré ou no Monte Tabor, nos eventos finais do Getsêmani e da cruz, encontraremos Jesus em oração, sublime "reflexo condicionado de natureza divina", que habita em todos nós.

26. JESUS E MEDIUNIDADE
26.1 – DIVINA MEDIUNIDADE

Em nota indicada pelo Autor espiritual é relembrado que a mediunidade, em Jesus, "assume todas as características de exaltação divina". E complementa que Kardec, em "A Gênese", 12ª Ed., da FEB, p. 293 e 294, reflete que Jesus, integralizando todas as virtudes, agia por si mesmo e que, na verdade, não precisava de assistência, já que isso implicaria no fato de outro Espírito ter que o assistir. E é Kardec que pergunta: "Que Espírito, ao demais, ousaria insuflar-lhe seus próprios pensamentos e encarregá-lo de os transmitir? Segundo definição dada por um Espírito, ele era médium de Deus."

Jesus, na sua chegada ao plano terreno legou a toda a Humanidade sublime lição de humildade, nascendo numa simples manjedoura, ao amparo materno e paterno, complementado por animais dóceis, cujo hálito aquecia a abençoada família.

Nenhum vulto histórico deixou marcas tão indeléveis na história do mundo quanto Jesus.

Dirigindo-se ao Espírito, suas lições dividiram a História em antes e depois d´Ele.

O potencial de suas ondas mentais, transmitidas ao mundo, rumam para a eternidade, representado pelas "energias da Vida Maior" que despertou nas almas.

26.2 – MÉDIUNS PREPARADORES

De acordo com várias tradições, inúmeros Espíritos de escol precederam à chegada de Jesus, preparando o mundo para tão sublime presente divino

NOTA: A partir deste item o Autor espiritual cita vários nomes que estão nas páginas do Novo Testamento, informando o Evangelista que fez o registro e detalhando a fonte.

Todos eles, médiuns abençoados, põem à mostra que captavam das Esferas Altas o informe da chegada do Cristo, criando assim circuito de forças ajustadas à Sua onda mental, que se espalhou pelo mundo.

26.3 – EFEITOS FÍSICOS

Jesus iniciou sua sublime missão a partir dos doze anos, assentando-se entre os doutores da lei de então, neles despertando profunda admiração por Sua sabedoria.

Depois, transformou água em vinho, multiplicou pães

e peixes e acalmou águas em tumulto. Levitou sobre as águas e proporcionou a materialização de dois Espíritos, com os quais dialogou. Sob as vistas de público desmaterializou-se (no templo) e promoveu fenômeno de "voz direta" (à chegada em Jerusalém, montado num jumentinho).

26.4 – EFEITOS INTELECTUAIS

Jesus é o maior de todos os demonstrativos de que o ser humano dispõe de recursos intelectuais que transcendem aos sentidos. Predisse com exatidão os acontecimentos que culminariam na crucificação, ao tempo que advertiu aos Apóstolos, em caráter individual, sobre determinados procedimentos e vigilância. No Getsêmani estabeleceu diálogo com um Amigo das Alturas, do qual recebeu fraternidade pura.

26.5 – MEDIUNIDADE CURATIVA

No enfoque das inúmeras curas que Jesus realizou encontraremos a expressão máxima do amor ao próximo. Paralíticos e leprosos, cegos e aleijados, alienados e obsessos, todos em estado de extrema necessidade, receberam alívio físico e foram despertados para as potenciais grandezas que neles habitavam.

Inesquecíveis lições foram dadas à mulher adúltera (na verdade, símbolo de toda a Humanidade) e ao paralítico de Betesda — livrando a primeira da lapidação e o segundo, da grave anormalidade física — para que "não pecassem mais, a fim de evitar coisa pior".

26.6 – EVANGELHO E MEDIUNIDADE

A mediunidade exercida tanto por Jesus, quanto

por seus companheiros e, posteriormente, por heróicos continuadores, primou pela excelência da fraternidade pura e desinteressada.

Em prática mediúnica de alto significado, Jesus estabelecia contato com o Plano Maior, amparava Espíritos sofredores, doutrinava obsessores empedernidos e volveu à presença dos Apóstolos após a crucificação, dando-lhes instruções para a semeadura do Evangelho — autêntico "Código de Princípios Morais do Universo".

Indeclinável, ao término deste estudo, mais uma vez usar a voz do coração e agradecer a André Luiz e aos médiuns aos quais ele repassou o sublime conteúdo desta obra.

Estou plenamente consciente de que me portei qual "equilibrista desequilibrado" para realizar a tarefa de simplificar este estudo, em particular. Porém, tinha que cumpri-la pois, de alguma forma, colaborar para a divulgação de toda a Coleção "A Vida no Mundo Espiritual" é dever que a gratidão impõe, sob voto sincero da minha alma.

(Eurípedes Kühl, elaborador dos resumos da série André Luiz)

SEXO E DESTINO
12 CAPÍTULO

— Que efeito terão para o Espírito imortal em sua vida futura, em seu destino, suas experiências sexuais e sua conduta, quando encarnado?

Os livros de André Luiz descrevem, com riqueza de detalhes, o Mundo Espiritual, como vivem os Espíritos, seus habitantes e as relações de causa e efeito que influem na trajetória evolutiva tanto dos encarnados quanto dos desencarnados, delineando sua vida futura, seu destino.

O leitor encontrará neste livro respostas às suas indagações sobre o relacionamento sexual humano e suas implicações na vida do Espírito Imortal, possibilitando-lhe que "aprenda com a biblioteca da experiência".

"Sexo e destino, amor e consciência, liberdade e compromisso, culpa e resgate, lar e reencarnação, constituem os temas deste livro, nascido na forja da realidade cotidiana."

```
┌────────────────────────────────────────────┐
│                  CONVITE                     │
│                                              │
│   ESTUDO SISTEMATIZADO DE ESPIRITISMO        │
│                                              │
│   A PARTIR DE ................./20.....      │
│   --- 5ªS FEIRAS – 20 ÀS 21 H ---            │
│                                              │
│        INÍCIO DOS ESTUDOS DO LIVRO:          │
│   "SEXO E DESTINO" – (ANDRÉ LUIZ/ FRANCISCO CÂNDIDO │
│                         XAVIER E WALDO VIEIRA)│
└────────────────────────────────────────────┘
```

Homossexualismo, poligamia, divórcio, inibições físicas, crimes sexuais — todos estes temas são aqui analisados sob foco da Espiritualidade, em especial da Lei de Ação e Reação, culminando na certeza inamovível do grande Amor do Pai para com todos que não permite que uma única ovelha do Seu redil se perca, em especial as transviadas.

O mais impressionante nesse abençoado livro é que o Autor declara, de início, referir-se a acontecimentos reais.

ESTUDO SISTEMATIZADO DE ESPIRITISMO

PROGRAMA: Dezembro/2005 a Julho.2006
Livro: "Sexo e Destino" (André Luiz/Francisco Cândido Xavier e Waldo Vieira)

Aulas Semanais	Assunto	Expositor/a
Primeira Parte		
1ª – 01. Dez. 05	Início dos estudos: Comentários sobre a obra "Prece no Limiar", de Emmanuel Breves comentários de André Luiz Distribuição dos resumos aos frequentadores Cap. 1	
2ª – 08. Dez. 05	Cap. 2	
3ª – 15. Dez. 05	Cap. 3	
4ª – 22. Dez. 05	Cap. 4	
29. Dez. 05	Confraternização de NATAL	
5ª – 05. Jan. 06	Cap.5	
6ª – 12. Jan. 06	Cap.6	
7ª – 19. Jan. 06	Cap. 7	
26. Jan. 06	RECAPITULAÇÃO: Temas do mês: Perguntas e respostas	

Aulas Semanais	Assunto	Expositor/a
8ª – 02. Fev. 06	Cap. 8	
9ª – 09. Fev. 06	Cap. 9	
10ª – 16. Fev. 06	Cap. 10	
23. Fev. 06	RECAPITULAÇÃO: Temas do mês: Perguntas e respostas	
11ª – 02. Mar. 06	Cap. 11	
12ª – 09. Mar. 06	Cap.12	
13ª – 16. Mar. 06	Cap.13	
14ª – 23. Mar. 06	Cap. 14	
30. Mar. 06	RECAPITULAÇÃO: Temas do mês: Perguntas e respostas	
Segunda Parte		
15ª – 06. Abr. 06	Cap. 1	
16ª – 13. Abr. 06	Cap. 2	
17ª – 20. Abr. 06	Cap. 3	
27. Abr. 06	RECAPITULAÇÃO: Temas do mês: Perguntas e respostas	

Aulas Semanais	Assunto	Expositor/a
18ª – 04. Mai. 06	Cap. 4	
19ª – 11. Mai. 06	Cap. 5	
20ª – 18. Mai. 06	Cap. 6	
25. Maio. 06	RECAPITULAÇÃO: Temas do mês: Perguntas e respostas	
21ª – 01. Jun. 06	Cap. 7	
22ª – 08. Jun. 06	Cap. 8	
23ª – 15. Jun. 06	Cap. 9	
24ª – 22. Jun. 06	Cap. 10	
29. Jun. 06	RECAPITULAÇÃO: Temas do mês: Perguntas e respostas	
25ª – 06. Jul. 06	Cap. 11	
26ª – 13. Jul. 06	Cap.12	
27ª – 20. Jul. 06	Cap.13	
28ª – 27. Jul. 06	Cap.14 ENCERRAMENTO DOS ESTUDOS DA OBRA	

OBSERVAÇÕES:

1. Os nomes dos Expositores(as) são divulgados a cada bimestre;

2. Resumo do Livro "SEXO E DESTINO":

– Entregue no início dos Estudos (Dezembro/2005), aos participantes.

– Os interessados retardatários deverão solicitar cópia ao Responsável pelo Curso.

3. Por se tratar de estudo sistematizado, de obra específica, rogamos aos expositores que, em suas apresentações, seja enfatizado o Capítulo em foco.

(Local e data)

_____

(Responsável pelo Estudo)

A sinopse deste livro, em particular, vai acompanhada de um fluxograma sobre Instituições Espirituais, Famílias, Espíritos (encarnados, desencarnados, e vertentes de alguns em vidas passadas).

Esse fluxograma precisou ser elaborado para facilitar o estudo, devido à intensidade de envolvimento entre os personagens principais.

Opinamos que onde este livro vá ser estudado o grupo providencie a ampliação desse fluxograma, ofertando visão para todo o grupo, de forma que os participantes possam acompanhar o desenrolar dos acontecimentos, visualizando as múltiplas interrelações entre os personagens.

(Isso, durante todas as exposições/ estudos).

Rogando licença aos amigos, por arranhar a boa conduta, que recomenda evitar citações autobiográficas, deixo registrado que, dos incontáveis livros que até hoje li nesta existência, este, seguramente, figura num hipotético rol dos cinco que elegi como os mais abençoados. (Eurípedes Kühl)

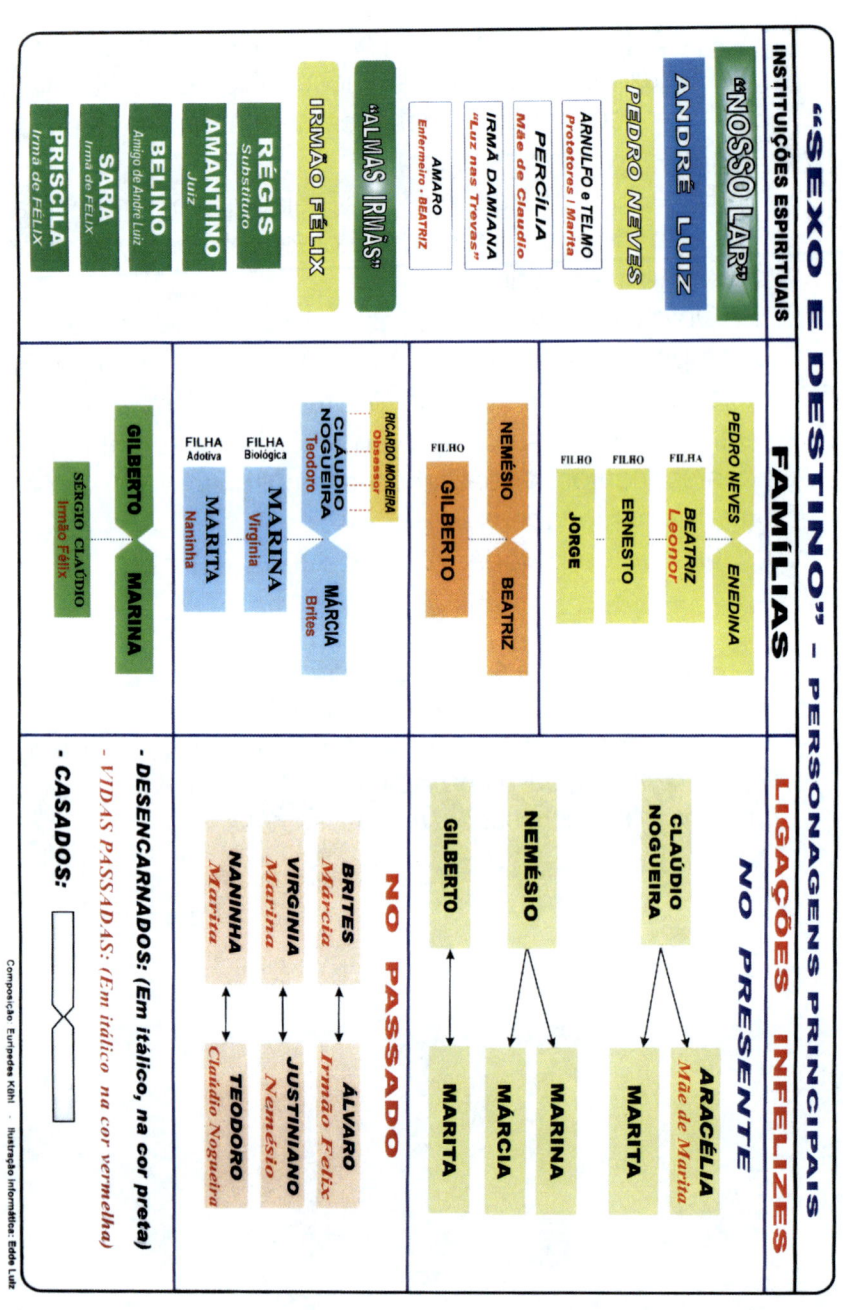

"SEXO E DESTINO" – PERSONAGENS PRINCIPAIS

INSTITUIÇÕES ESPIRITUAIS

"NOSSO LAR"

ANDRÉ LUIZ

PEDRO NEVES

ARNULFO e TELMO
Protetores / Marita

PERCÍLIA
Mãe de Claudio

IRMÃ DAMIANA
"Luz nas Trevas"

AMARO
Enfermeiro - BEATRIZ

IRMÃO FÉLIX

"ALMAS IRMÃS"

RÉGIS
Substituto

AMANTINO
Juiz

BELINO
Amigo de André Luiz

SARA
Irmã de FÉLIX

PRISCILA
Irmã de FÉLIX

FAMÍLIAS

PEDRO NEVES — ENEDINA

FILHO JORGE
FILHO ERNESTO
FILHA BEATRIZ *Leonor*

NEMÉSIO — BEATRIZ

FILHO GILBERTO

CLÁUDIO NOGUEIRA *Teodoro*
RICARDO MOREIRA *Obsessor*

FILHA Adotiva MARITA *Naninha*
FILHA Biológica MARINA *Virginia*
MÁRCIA *Brites*

GILBERTO — MARINA

SÉRGIO CLAÚDIO *Irmão Félix*

LIGAÇÕES INFELIZES

NO PRESENTE

CLÁUDIO NOGUEIRA → ARACÉLIA *Mãe de Marita*
→ MARITA

NEMÉSIO → MÁRCIA
→ MARINA

GILBERTO → MARITA

NO PASSADO

BRITES *Márcia* ↔ ALVARO *Irmão Félix*
VIRGINIA *Marina* ↔ JUSTINIANO *Nemésio*
NANINHA *Marita* ↔ TEODORO *Cláudio Nogueira*

- DESENCARNADOS: (Em itálico, na cor preta)
- *VIDAS PASSADAS: (Em itálico na cor vermelha)*
- CASADOS:

Composição: Eurípedes Kühl · Ilustração informática: Edde Luiz

ESTUDO SISTEMATIZADO DE ESPIRITISMO

Coleção "ANDRÉ LUIZ"
Livro: "SEXO E DESTINO"   (André Luiz/ Francisco Cândido Xavier - Waldo Vieira)

TÍTULO: "SEXO E DESTINO" – (Duas Partes, com 14 capítulos, cada – 357 páginas)
AUTOR: Espírito ANDRÉ LUIZ (pseudônimo espiritual de um consagrado médico que exerceu a Medicina no Rio de Janeiro)
PSICOGRAFIA: FRANCISCO CÂNDIDO XAVIER e WALDO VIEIRA (concluída em 1963).
EDIÇÃO: Primeira edição em 1963, pela Federação Espírita Brasileira (Rio de Janeiro/RJ).
Neste trabalho estamos consultando a 11ª edição/1985. Em 2006 foi lançada a 29ª edição, do 411º ao 412º milheiro de exemplares.

NOTA: Em 2003, na Bienal do Livro do Rio de Janeiro, a FEB anunciou que a obra NOSSO LAR alcançou a expressiva marca de 1,5 milhão de exemplares (!).

Comemorando tão expressiva marca, a Federação Espírita Brasileira reeditou, com nova diagramação e capa, a coleção dos 13 (treze) livros de André Luiz com psicografia de Francisco Cândido Xavier e Waldo Vieira, tratando de "A Vida no Mundo Espiritual".

O presente livro teve essa 1ª edição especial (2003) de 10.000 exemplares.

PRECE NO LIMIAR: Espírito EMMANUEL.
INTRODUÇÃO (1ª Parte): O próprio Autor Espiritual (ANDRÉ LUIZ).

RESUMO – CAPÍTULO A CAPÍTULO
1ª PARTE – PSICOGRAFIA DE WALDO VIEIRA

CAP. 1

André Luiz reflete sobre os desdobramentos subsequentes da desencarnação e registra que "o nosso passado remoto descansa nos porões da memória". Na nova situação (desencarnados) surgem angústias e conflitos até que nos acomodemos e aspiremos nova reencarnação, para renovação e começo. Tais reflexões surgiram ao reparar que um companheiro seu em "Nosso Lar" (NL), trabalhador infatigável no auxílio ao próximo, humilde e lúcido, agora se mostrava arredio e desencantado. Esse amigo apresentava grandes angústias, por motivos familiares.

ANDRÉ LUIZ - é Autor Espiritual. Permaneceu no Umbral por oito anos. Recolhido ao "Nosso Lar" (Cidade Espiritual acima do Rio de Janeiro), depois de algum tempo, por méritos, obteve permissão para repassar para o plano físico os aprendizados que colheu.

E assim, sob a tutela do Espírito Emmanuel e outros benfeitores espirituais, aproximou-se do médium Francisco Cândido Xavier, iniciando sublime apostolado.

Estava há quinze anos em "Nosso Lar" quando tomou conhecimento desta narrativa, baseada em fatos reais. Repassou-a aos médiuns citados alguns anos depois.

PEDRO NEVES/15 (d) – Advogado, caridoso, companheiro de André Luiz em "Nosso Lar". Surge angustiado em face a problemas com familiares encarnados que deixou há 40 anos.

> ENEDINA/16 (d) – Esposa de Pedro Neves. Desencarnou por leviandade e desvarios.
> JORGE e ERNESTO/17 – (e) Filhos de Pedro Neves e Enedina.
> BEATRIZ/18 – (e) – Filha de Pedro Neves e Enedina. Alma afetuosa, enferma, em processo de desencarnação. É casada (com Nemésio).

vascolejar | 16 | (verbo) agitar (um líquido em um vaso);
revolver, agitar; perturbar;
tafulices | 16 | (subst.fem.) – elegância e exagero
no trajar; festividades;

CAP. 2

Uma doente, prestes a desencarnar, relembra a infância e a morte do pai, a quem tanto ama. Encontramos aqui mais uma referência à Medicina do futuro: os diagnósticos serão muito mais precisos, pois o exame alcançará também o perispírito do doente (Como já mencionamos a Apometria em outras sinopses, não o faremos aqui).

Os Espíritos têm condições de auscultar a vida dos desencarnados; estes, por indução daqueles, revelam suas telas mentais, como se estivessem se autobiografando.

> AMARO/20 (d) – Médico que assiste Beatriz, amparando-a.
> FÉLIX ("Irmão FÉLIX")/20 e 37 (d) – Espírito evoluído. Diretor de Instituto Espiritual em NL. Tem longa experiência médica. Protetor familiar (no lar de Cláudio Nogueira).
> MARINA/22 (e) – Jovem. Contadora. Amante de Nemésio (marido de Beatriz). Vive em dicotomia passional entre o amante e o filho dele.

anamnese | 23 | (subst.fem.) – reminiscência, recordação;

CAP. 3

Somos acompanhados de perto pelos desencarnados aos quais nossa vida e nossos atos se entrelaçam.

Obs – Sugerimos leitura de "O Livro dos Espíritos", de Allan Kardec: questão n° 459.

Um marido situa a amante como enfermeira da esposa doente. O sogro (desencarnado há 40 anos!) testemunha esse doloroso quadro, pelo qual se desespera e sofre.

NEMÉSIO/28 (e) – Tem 60 anos. Marido de Beatriz. Amante de Marina.
OLÍMPIA/29 (e) – Pessoa pobre, empregada do casal Nemésio e Beatriz.

CAP. 4

O marido infiel é sincero com a amante; porém a amante é calculista.

O Autor espiritual, em certo ponto da narração, reconhece que se concentrando no casal de amantes, em censura e expectativa maliciosa, agravou-lhes o apetite sexual. Isso nos mostra que até mesmo Espíritos já trilhando o bem não podem se entregar à curiosidade enfermiça... (*)

Há um drama envolvendo a amante que, quase arrependida, não sabe que decisão tomar. Surge inesperadamente, no cenário doméstico, um Espírito evoluído que André Luiz tem a impressão de conhecer.

(*) André Luiz confessa remorso por essa sua atitude imprópria. Fica para nós sublime lição de humildade, lição maior até mesmo que o próprio ensinamento de tal procedimento inconveniente.

CAP. 5

Um Espírito protetor realiza diagnóstico de doença

em encarnado. Ao toque fraterno de um Espírito elevado o encarnado descerra as cortinas da mente e se autobiografa: estando enfermo descuida da saúde, buscando apresentar-se qual moço e capaz à amante, "moderno e dinâmico". Entrega-se a modernidades e afrodisíacos, que agravam seu estado físico. Grande lição: não aprovar o desequilíbrio moral de ninguém, mas jamais recusar medicação ao doente!

CAP. 6

A ação de Espíritos trevosos (verdadeiros vampiros, hipnotizadores) expõe terríveis consequências para o ser encarnado que com eles sintoniza. Aliás, a hipnose é tema complexo, mas a responsabilidade não é título transferível: é individual, como o livre-arbítrio de cada um.

A vigilância e a prece, recomendadas por Jesus, constituem poderosa defesa espiritual a repelir formas--pensamento infelizes, arremessadas por encarnados ou desencarnados.

Amparo de exceção: ocorre quando o Plano Maior produz medidas especiais que causam aflições e dores a determinadas pessoas, com merecimento, objetivando livrá-las de queda em desastres morais.

Os responsáveis pelas guerras responderão por suas decisões. Colherão amargos frutos.

CLÁUDIO NOGUEIRA/51 (e) – Pai de Marina. Há um obsessor (desencarnado) junto dele, em tempo integral, instigando-o a consumir bebidas alcoólicas e praticar relações sexuais espúrias.

---

chocarrice | 50 | (subst.fem.) – gracejo atrevido;

CAP. 7

É exposta a dor de uma adolescente que aos onze anos fica sabendo, pela mãe adotiva, que não é sua filha biológica. Inocente e pura, sofre tremendas consequências por responsabilidade dessa mãe adotiva, que apenas tem consideração e cuidados pela outra jovem da casa – esta, sim, filha biológica. Não bastasse aquela ser desconsiderada no lar em que cresceu, começa a trabalhar e é vítima de assédio sexual por parte de mais de um colega. Tem amor pelo namorado, mas a irmã adotiva também o ama.

MARITA/60 (e) – Jovem (20 anos), bela, franzina. Filha adotiva de Cláudio Nogueira.

MÁRCIA/61 (e) – Mãe adotiva de Marita (e biológica de Marina). Esposa de Cláudio Nogueira. Extremamente calculista.

ARACÉLIA/61 (d) – Mãe biológica de Marita. Suicidou-se, jovem ainda, quando a filha nasceu. Era empregada no lar de Cláudio Nogueira e Márcia.

GILBERTO/75 (e) – Filho de Nemésio e Beatriz. É namorado de Marita, mas mantém relacionamento também com Marina.

---

plaquê | 66 | (anéis de) – (subst.masc.) – metal da cor do ouro;
avalentoada | 69 | (adj.) – mostrando-se valente;

CAP. 8

Fica bem caracterizado que o momento da desencarnação pode ser alterado. Aqui, o foi. A "possessão partilhada" ocorre quando dois Espíritos, um encarnado e outro desencarnado, enrodilham-se reciprocamente, em plenitude de sintonia, ambos com idênticos propósitos, infelizes.

Exposição do desencanto subsequente a licenciosidade, o que quase sempre acontece, quando o sexo fica sem governo e a irresponsabilidade faz companhia aos desatinos.

> *JUSTA/97 (e) – Doméstica, trabalha na casa de Márcia e Cláudio Nogueira.*

agaloava | 80 | (do verbo agaloar: glorificar, enaltecer);
cordura | 80 | (subst.fem.) – qualidade de cordato;
esbarrondara-se | 90 | (do verbo esbarrondar:
romper, desmoronar);
rezingando | 96 | (do verbo rezingar: falar entre
dentes e de mau humor);

CAP. 9

O capítulo relata diálogo entre cônjuges que não se toleram, ambos disfarçando sentimentos. Mostra ainda a insensatez das entregas sexuais, movidas apenas pela busca do prazer — sexo pelo sexo. A filha, de equivocado procedimento sexual, ao invés de ser orientada e advertida pelos pais, que conhecem tal situação, é usada por eles em seus próprios tristes propósitos.

CAP. 10

A prece de uma filha (encarnada) e em dificuldades existenciais traz-lhe à presença o Espírito da mãe que, embora suicida, vem amparada por Espírito bondoso e assim consegue ajudar essa filha. A ideia fixa, principalmente às vésperas do sono, quase sempre conduz o Espírito, desdobrado, ao alvo mentalizado. Em seguida , o despertar brusco de um desdobramento inconscientemente buscado, traz sérios prejuízos.

telha vã | 116 | [o certo é telha-vã] – (subst.fem.) –
telhado sem forro;

CAP. 11

É permanente o auxílio do Plano Maior, até mesmo quando o atendido (encarnado) teima em buscar objetivos que não lhe farão bem. A paciência é virtude exemplificada pelos bons Espíritos, que não condenam aquele que fica alheio ao bem que está recebendo e se mantém em ideia fixa, negativa. O pior tipo de obsessão, por desvario afetivo, causa psicose grave, em que o enfermo da alma gosta de tal desequilíbrio. Ficamos sabendo que, por vezes, a benefício de tal psicótico, a Espiritualidade, em caráter providencial, promove-lhe doença que exija leito, para desfazer os quadros mentais que vem elaborando.

PERCÍLIA/124 (d) – Espírito protetor (Ficaremos sabendo que é mãe de Cláudio Nogueira).

CAP. 12

O Autor espiritual informa que requereu concessão de estágio, para observações e estudos, por dois anos, em instituto dedicado à reeducação, via psicologia sexual. Um pai (desencarnado) que ama a filha prestes a desencarnar recebe permissão para estagiar no mesmo instituto de refazimento onde ela será recolhida, tão logo deixe a veste física. Um outro pai (adotivo), desvaira-se em infeliz paixão pela filha (adotiva) e arma situações traiçoeiras, sempre em companhia e com assessoria competente de obsessor, que praticamente o governa.

CRESCINA/137 ("madame Crescina") (e) – Alcoviteira. É proprietária de casa para encontros escusos.

CAP. 13

Descrição de como um Espírito, pela vontade, modifica sua aparência.

Somos informados de como se opera a "osmose fluídica" (quando um Espírito vampirizador, simultaneamente, se alimenta daquilo que o encarnado está a ingerir).

Presenciamos a grande dificuldade que um Espírito Protetor encontra em ajudar alguém, impedindo uma infâmia. As quedas de consciência, provocadas pela liberação dos instintos sexuais inferiores, gerando dor, expõem graves condutas no passado daquele que assim age, projetando-lhe pesados débitos a serem resgatados no futuro. Tal crime se agrava quando ficamos sabendo que constitui grande desrespeito a Espíritos protetores, familiares ou não das vítimas, testemunhas invisíveis e sofridas de tais maldades, conscientemente projetadas.

RICARDO MOREIRA/147 (d) – Obsessor inseparável de Cláudio Nogueira.
FAFÁ/151 (e) – Porteira na "pensão" de Crescina.

CAP. 14

Espíritos amigos promovem vários ajustes e desencadeiam providências, objetivando impedir um suicídio, inclusive com aplicação de "acupuntura magnética do plano espiritual". O sacrifício de um orientador espiritual (desencarnado), em atividade nas Esferas Superiores, no afã de ajudar uma jovem encarnada, não encontra ressonância nem mesmo a partir dela própria. Mas a força do amor é suprimento infalível para os momentos tristes, superando quaisquer dificuldades, por maiores que sejam!

CORA/160 ("dona Cora") (e) – Amiga de Marita e cliente da loja em que ela trabalha.
NÉLI/163 (e) – Amiga de Marita. É colega dela. Trabalham na mesma loja.
SALOMÃO/164 (e) – Farmacêutico. Bondoso. Espírita.

lia | 162 | (do cálice) – (subst.fem.) – borra [aqui, no sentido figurado: conhecer todos os detalhes];

2ª PARTE – PSICOGRAFIA DE FRANCISCO CÂNDIDO XAVIER

CAP. 1

O amparo espiritual é revestido por características e processos insuspeitados, como por exemplo: um benfeitor espiritual busca auxílio para alguém, prestes a desencarnar em um acidente, justamente junto ao obsessor que participara dos fatos que culminaram em tal situação. A moratória junto ao corpo físico à beira da morte é aqui aplicada e justificada como bênção a favor de muitos.

As providências médicas de Espíritos amigos nos deixam comovidos e gratos a Deus.

O arrependimento sincero de obsessor e encarnado que juntos supliciaram alguém, mostra uma das mais sublimes emoções, como exemplo da dor do remorso, ao lado da disposição pela reconstrução do malfeito.

ZECA/176 (e) – Lixeiro que reconheceu a vítima de um atropelamento (Marita) e telefonou para a família.
SELMA/179 (e) – Amiga de Márcia.

anoxemia | 180 | (subst.fem.) – ausência de oxigênio no sangue;
pilriteiro | 180 | (subst.masc.) – arvoreta ornamental
[tem espinhos grossos e compridos];

CAP. 2

São deprimentes as disposições de Espíritos sem moral que se acercam de moribundos. O fato de um obsessor se transformar em protetor põe à mostra que o Amor está presente no coração das criaturas humanas, bastando ser despertado.

Por outro lado, a indiferença da mãe diante da tragédia com filha adotiva lembra, advertindo-nos quanto ao futuro, como o ser humano elege o egoísmo como companheiro de várias jornadas.

Lição primorosa para médiuns passistas de enfermos: antes, solicitar permissão do médico que esteja cuidando do doente, para evitar melindres e/ou dissabores familiares.

> *AGOSTINHO/191 (e) – Médium passista. Cliente no Banco em que trabalha Cláudio.*

CAP. 3

Sublime narração do despertar do Espírito para as verdades eternas!

A Doutrina dos Espíritos, de que o "O Evangelho Segundo o Espiritismo" registra tantas claridades espirituais, é benção incomparável para dissipar dúvidas e alicerçar robustamente a fé em Deus! O réprobo, ao mudar seu padrão vibratório para melhor, desliga-se automaticamente do obsessor. E o obsessor alijado, logo busca outro "porto encarnado" onde atraca sua tirania.

> *ARNULFO e TELMO/199 (d) – Auxiliares espirituais em apoio a Marita.*

gargalheira | 201 | (subst.fem.) – coleira com que se prendiam os escravos

CAP. 4

O remorso, mesmo imposto por ação de obsessor, causa inimaginável agonia. Um obsessor de alguém, induzindo-o a prejudicar a outrem que ama intensamente, quando percebe o mal que causou, muda de proceder: deixa aquele que está obsidiando e se devota inteiramente a amparar o objeto de seu amor sincero.

ditérios | 206 | (subst.masc.) – ditos satíricos, troças;
crenas | 214 | (subst.fem.) – espaço entre os dentes de uma [roda] peça dentada;

CAP. 5

Novamente, problemas resultantes do remorso: obsessão, doenças físicas...

Num velório, o desrespeito de encarnados enseja o mesmo a desencarnados.

O Plano Espiritual assiste ao desencarnante com méritos, isolando-o do assédio nefasto, tanto do clima entre encarnados, quanto dos desencarnados. A morte da esposa, que há muito estava enferma, é tratada de forma irresponsável pelo marido. Idosos, ambos, mas ele, amante enredado em despropositada paixão pela jovem noiva do próprio filho.

Brummel | 223 | (BRUMMELL, George Bryan – 1778-1840) = Nobre inglês, tão apurado no vestir que se tornou árbitro da elegância.

CAP. 6

Os benéficos resultados da autorreforma são aqui proclamados, como sublime convite a todos nós, para que nossos esforços por renovação moral sejam permanentes.

A invigilância, contudo, produz maus resultados, quais nós difíceis de serem desatados.

Diálogos educados e socialmente irrepreensíveis, algumas vezes encobrem conchavos pecaminosos a sucederem-se em cascata.

CAP. 7
A excelsitude do perdão, sob sugestão de Espíritos amigos, quando acatada por uma vítima que reconhece o remorso de quem a atingiu, traz harmonia à sua alma, qual perigosa labareda sumariamente apagada por providencial extintor. O moribundo envolvido nas benesses do perdão sincero que concede, antes mesmo da morte, já passa a antever cenas de paz do Plano para o qual vai partir. A confissão e reconhecimento de culpa constituem sublime postura diante da vida, ensejando ao criminoso a bendita oportunidade do recomeço. Veemente lição, mostrando os grandes prejuízos que a eutanásia traz para o doente terminal, mesmo em agonia.

CAP. 8
Quando os descaminhos se multiplicam, ao arrepio da fidelidade conjugal, crises de proporções indomáveis arrastam os cônjuges ao abismo, levando de roldão outros familiares, se invigilantes todos! Nesses eventos, infelizes, Espíritos vampirizadores adentram na alma e na vida dos imprudentes que deixaram entreabertas as portas que guardam o tesouro da paz.

CAP. 9
A tarefa da renovação íntima só pode ser bem avaliada pela Espiritualidade.
O Instituto "Almas Irmãs", sob direção do Irmão Félix, destina-se aos necessitados de reeducação sexual. Ali

estão matriculados cerca de 5 a 6 mil alunos que em salões de aula distintos, estudam matérias: Sexo e amor, Sexo e matrimônio, Sexo e maternidade, Sexo e estímulo, Sexo e equilíbrio, Sexo e medicina, Sexo e evolução, Sexo e penalogia, etc. Estatística de aproveitamento nas reencarnações dos egressos naqueles cursos mostra que; 18%: vitoriosos; 22%: melhorados; 26%: muito imperfeitamente melhorados; 34%: onerados por dívidas lamentáveis e dolorosas.

Na Espiritualidade o sexo é tido como atributo divino!

A homossexualidade e as anormalidades sexuais são delineadas sempre como oportunidades de melhoria. O capítulo oferta ainda lições sobre "desencarnação precoce" e "reencarnação de emergência", bem como as possíveis alterações quanto ao dia determinado para a desencarnação. Tais alterações, em razão da interferência dos interessados, podem transformar a própria situação para melhor ou pior.

OBS: Este capítulo engloba tantas sublimes lições sobre o sexo que convidamos à sua leitura, em clima de reflexão mais demorada.

BELINO ANDRADE/266 (d) – Amigo de André Luiz. Em atividade no "Almas Irmãs".
RÉGIS (Irmão Régis)/270 (d) – Substituto eventual do Irmão Félix no "Almas Irmãs".
DAMIANA ("Irmã Damiana")/271 (d) – Grande protetora de Espíritos sofredores, situados nas regiões sombrias.
SARA e PRISCILA/274 (d) – Irmãs de Beatriz.

---

almenara | 271 | (subst.fem.) – facho ou farol, acesos no alto das torres ou dos castelos

CAP. 10

Situações de encarnados e de Espíritos a reencarnar, com processos ligados ao sexo, são analisados na Espiritualidade, por dois juízes e por um conselho de dez orientadores, que atendem aos envolvidos em tais processos.

Reflexões e orientações sobre o divórcio e a poligamia.

Explanações sobre créditos e débitos (morais) e como o Plano Maior vela por todos, mas tem condições de auxiliar mais aos que guardam merecimento.

As graves consequências do aborto são aqui analisadas.

AMANTINO/280 (d) – Juiz no "Almas Irmãs".
JOVELINA/286 (d) – Mãe que roga amparo para filha internada em manicômio.
IRIA VETRI/286 (e) – A filha de Joselina. IRIA provocou aborto seis vezes.

CAP. 11

No Plano espiritual verbo e pensamento são construtores incomparáveis.

O inimigo gratuito, tanto quanto aquele que agride, invariavelmente é doente da alma.

É dificílima a atitude do perdão no justo momento da injúria ou da agressão física, ou ambas simultaneamente, contudo, essa é a postura daqueles que verdadeiramente já conseguem vivenciar alguns ensinamentos de Jesus.

A Espiritualidade se desdobra em providências abençoadas no sentido de reajustar, numa família, os Espíritos que se debatem em crises por contendas, disputas físicas ou emocionais. Além da correção, o mal não merece qualquer outra conotação.

denastrados | 308 | (adj.) – sem nastro; soltos [nastro: fita estreita de algodão, linho, etc.];

CAP. 12

A paixão por alguém já comprometido não pode ser evitada, mas não lhe dar curso é decisão que o bom senso recomenda e o reto proceder exige. Aquele que se entrega a sentimentos não correspondidos e duela com a própria vida, ameaçando findar com ela via suicídio, bem demonstra que não respeita ao próximo, a si mesmo e menos ainda a Deus.

A insânia de um apaixonado desvairado é geradora de tragédias que só o Amor de Deus pode desanuviar, gerando bem desse mal e ofertando novas oportunidades de progresso moral ao infeliz causador de males, ao próximo e a si mesmo.

ádito | 321 | (da memória) - (subst.masc.) – câmara secreta; lugar recôndito;

CAP. 13

A culpa faz a alma do devedor arder em remorsos, cuja melhor terapia é o engajamento dele em serviços a benefício do próximo.

Vemos aqui interessantíssima informação: um homem desencarna ao ser atropelado por um inimigo e ao ser socorrido no Plano espiritual, poucos dias depois, solicita permanecer por mais algum tempo junto do plano terreno, auxiliando justamente esse inimigo e a esposa infiel, além de outros familiares. É atendido, sob condição de trabalhar com aplicação no cumprimento de suas promessas, do contrário, tal crédito será cassado.

Conhecemos o impressionante benefício e as vantagens da dor para o culpado.

Quase sempre o Espírito desencarnado não reúne equilíbrio para visitar a família terrena, mormente se em crises. O capítulo oferta exemplo de alerta: há a descrição de um atendimento em que o Espírito desencarnado passa por tratamento sonoterápico, sob narcoanálise, com vistas a serem apagadas recordações da existência física recém-finda.

OBS: Neste capítulo, um Espírito desencarnado, dementado, é submetido a cauteloso tratamento para recordar-se de alguns fatos apenas da existência anterior à que acabou de findar. Nessas recordações, encontraremos alguns personagens de então, citados no decorrer desta obra:

– Leonor (BEATRIZ), casada com Domingos; ficou viúva e casou-se novamente com Justiniano (NEMÉSIO);

– Álvaro (Irmão FÉLIX) – filho do casal Leonor-Domingos; apaixonou-se por Brites e foram amantes;

– Brites(MÁRCIA), casada com Teodoro (CLÁUDIO NOGUEIRA);

– Virgínia (MARINA) – filha do casal Brites-Teodoro, tornou-se amante de Justiniano;

– Mariana de Castro "Naninha"(MARITA), viveu maritalmente com Teodoro.

CAP. 14

Um Espírito que tenha transgredido as Leis de Deus, causando mal a muitos, ao desencarnar se vê diante de uma turma de obsessores que pretendem utilizá-lo, para novas maldades. Não suportando, enlouquece e assim é mantido sob decisão de Juízes espirituais, isso se configurando numa bênção, já que os referidos obsessores não poderão se comunicar com ele, nem dele se valerem. Mais do que nunca, emerge a lição do quanto a reunião de Espíritos num grupo familiar, para reajustes ou auxílio, é uma das maiores bênçãos divinas.

Passado e presente se encontram em sublime lance que não citaremos, deixando ao leitor a alegria e a emoção que a leitura lhe trará.

SÉRGIO CLÁUDIO/352 (e) – Tem quatro anos. É o Irmão Félix, ora reencarnado.

E A VIDA CONTINUA...
13 CAPÍTULO

Este livro apresenta o retrato espiritual da criatura ao desencarnar e demonstra que a vivência dos habitantes no Além está relacionada com sua condição mental.

Em 26 capítulos, numa linguagem romanceada, relata a história de personagens reais que, desencarnados, deparam-se com o amparo dos amigos espirituais. Estes os incentivam à renovação pelo estudo e trabalho, preparando-os para rever sua vida e desvendar as tramas do passado, permitindo-lhes traçar novas diretrizes de conduta.

Esta obra nos ensina a prática do autoexame na certeza de que a vida continua além da morte, ajustada às leis de Deus, plena de esperança e trabalho, progresso e realização.

No "Prefácio" o Espírito Emmanuel informa que os personagens citados são reais, "cujos nomes foram naturalmente modificados, para não ferir corações amigos na Terra".

```
┌─────────────────────────────────────────────┐
│                    CONVITE                    │
│                                               │
│   ESTUDO SISTEMATIZADO DE ESPIRITISMO         │
│                                               │
│   A PARTIR DE ................../20.....      │
│   --- 5ªS FEIRAS – 20 ÀS 21 H ---             │
│                                               │
│         INÍCIO DOS ESTUDOS DO LIVRO:          │
│   "E A VIDA CONTINUA..." – (ANDRÉ LUIZ/ FRANCISCO │
│                           CÂNDIDO XAVIER)     │
└─────────────────────────────────────────────┘
```

Aqui são encontradas informações úteis sobre o panorama que o Espírito encontra quando volta da existência física para a Espiritualidade.

A narrativa tem foco maior justamente com a experiência de seres de diferentes vivências, credos, méritos e débitos morais.

Amigos espirituais pacientes e fraternais possibilitam a cada Espírito egresso do corpo físico, em razão do merecimento, vislumbrar o autorretrato, para compreender que aquilo que somos é diretamente proporcional ao que tenhamos feito e de como tenhamos vivido até o momento considerado.

A obra desperta no leitor um invencível autoexame, conduzindo a narrativa de forma que possa ser elaborada, por aquele que quiser, uma prévia muito aproximada da continuidade da vida e do que aguarda àquele que faz a grande viagem.

ESTUDO SISTEMATIZADO DE ESPIRITISMO

PROGRAMA: Agosto/2006 a Março/2007
Livro: "E a Vida Continua..." (André Luiz/ Francisco Cândido Xavier)

Aulas Semanais	Assunto	Expositor/a
1ª – 03. Ago. 06	Início dos estudos: Comentários sobre a obra Distribuição dos resumos aos frequentadores Cap. 1 – Encontro inesperado	
2ª – 10. Ago. 06	Cap.2 – Na porta da intimidade	
3ª – 17. Ago. 06	Cap. 3 – Ajuste amigo	
4ª – 24. Ago. 06	Cap. 4 – Renovação	
31. Ago. 06	RECAPITULAÇÃO: Temas do mês: Perguntas e respostas	
5ª – 07. Set. 06	Cap.5 – Reencontro	
6ª – 14. Set. 06	Cap.6 – Entendimento fraternal	
7ª – 21. Set. 06	Cap. 7 – Informações de Alzira	
28. Set. 06	RECAPITULAÇÃO: Temas do mês: Perguntas e respostas	

Aulas Semanais	Assunto	Expositor/a
8ª – 05. Out. 06	Cap. 8 – Encontro de cultura	
9ª – 12. Out. 06	Cap. 9 – Irmão Cláudio	
10ª – 19. Out. 06	Cap. 10 – Evelina Serpa	
26. Out. 06	RECAPITULAÇÃO: Temas do mês: Perguntas e respostas	
11ª – 02. Nov. 06	Cap. 11 – Ernesto Fantini	
12ª – 09. Nov. 06	Cap. 12 – Julgamento e amor	
13ª – 16. Nov. 06	Cap.13 – Tarefas novas	
14ª – 23. Nov. 06	Cap. 14 – Novos rumos	
30. Nov. 06	RECAPITULAÇÃO: Temas do mês: Perguntas e respostas	
15ª – 07. Dez. 06	Cap. 15 – Momentos de análise	
16ª –14. Dez. 06	Cap.16 – Trabalho renovador	
17ª – 21. Dez. 06	Cap.17 – Assuntos do coração	
28. Dez. 06	Congraçamento de NATAL e ANO NOVO	
18ª – 04. Jan. 07	Cap. 18 – O retorno	

ROTEIRO DE ESTUDOS DAS OBRAS DE ANDRÉ LUIZ

Aulas Semanais	Assunto	Expositor/a
19ª – 11. Jan. 07	Cap. 19 – Revisões da vida	
20ª – 18. Jan. 07	Cap. 20 – Trama desvendada	
25. Jan. 07	RECAPITULAÇÃO: Temas do mês: Perguntas e respostas	
21ª – 01. Fev. 07	Cap. 21 – Retorno ao passado	
22ª – 08. Fev. 07	Cap. 22 – Bases de novo porvir	
23ª – 15. Fev. 07	Cap. 23 – Ernesto em serviço	
22. Fev. 07	RECAPITULAÇÃO: Temas do mês: Perguntas e respostas	
24ª – 01. Mar. 07	Cap. 24 – Evelina em ação	
25ª – 08. Mar. 07	Cap.25 – Nova Diretriz	
26ª – 15. Mar. 07	Cap. 26 – E a Vida Continua...	
22. Mar. 07	RECAPITULAÇÃO: Temas do mês: Perguntas e respostas	
29. Mar. 07	Reflexão sobre toda a obra de ANDRÉ LUIZ: "A VIDA NO MUNDO ESPIRITUAL"	

OBSERVAÇÕES:

1. Os nomes dos Expositores(as) são divulgados a cada bimestre.

2. Resumo do Livro "E A VIDA CONTINUA..." :

- Entregue no início dos Estudos (Setembro/2006), aos participantes.

- Os interessados retardatários deverão solicitar cópia ao Responsável pelo Curso.

3. Por se tratar de estudo sistematizado, de obra específica, rogamos aos expositores que, em suas apresentações, seja enfatizado o Capítulo em foco.

(Local e data)

_____

(Responsável pelo Estudo)

ESTUDO SISTEMATIZADO DE ESPIRITISMO

Coleção "ANDRÉ LUIZ"
Livro: "E a Vida Continua..." (André Luiz/ Francisco Cândido Xavier)

IDENTIFICAÇÃO

TÍTULO: "E a Vida Continua..." – (26 capítulos – 244 páginas)
NOTA: Este é o último livro da coleção "A Vida No Mundo Espiritual", representada por treze obras, todas publicadas pela Federação Espírita Brasileira.

AUTOR: Espírito ANDRÉ LUIZ (pseudônimo espiritual de um consagrado médico que exerceu a Medicina no Rio de Janeiro)
PSICOGRAFIA: FRANCISCO CÂNDIDO XAVIER (concluída em 1968).
EDIÇÃO: Primeira edição em 1968, pela Federação Espírita Brasileira (Rio de Janeiro/RJ).
Neste trabalho estamos consultando a 7ª edição/1978. Em 2006 foi lançada a 31ª edição, do 355º ao 360º milheiro de exemplares.

NOTA: Em 2003, na Bienal do Livro do Rio de Janeiro, a FEB anunciou que o livro NOSSO LAR alcançou a expressiva marca de 1,5 milhão de exemplares (!).
Comemorando tão expressiva marca a Federação Espírita Brasileira reeditou, com nova diagramação e capa, a coleção dos 13 (treze) livros de André Luiz com psicografia de Francisco Cândido Xavier e Waldo Vieira, tratando de "A Vida no Mundo Espiritual"!

O presente livro teve essa 1ª edição especial (2003) de 5.000 exemplares.

PREFÁCIO: Espírito EMMANUEL.

HOMENAGEM: Do autor espiritual, pelo primeiro centenário do livro A GÊNESE, de Allan Kardec (1868-1968).

RESUMO – CAPÍTULO A CAPÍTULO

CAP. 1 – ENCONTRO INESPERADO

Abrindo a leitura nos é apresentada a personagem principal da obra: a jovem senhora Evelina Serpa, internada numa estância climática de repouso (Poços de Caldas/MG), pois há algum tempo sofreu aborto terapêutico e logo depois, bastante enferma, aguarda intervenção cirúrgica. Seu estado de saúde é grave e somente a cirurgia acena com alguma perspectiva de cura. O marido não lhe tem mais afetividade, inclusive é amante de jovem solteira, inteligente e vivaz. É na estância climática que conhece um homem (Ernesto Fantini), mais velho que ela, com quem estabelece empatia, de imediato, e de quem torna-se amiga, e mais que isso, confidente. Assim como ela, Ernesto também é enfermo grave, com o mesmo diagnóstico.

EVELINA dos Santos Serpa/11 (e) – Filha única, 26 anos. Órfã de pai aos dois anos. Casada, enferma, aguarda cirurgia para enfermidade grave.

Dr. CAIO Serpa/12 (e) - Marido de Evelina. Advogado, 30 anos. Tem amante.

ERNESTO Fantini/14 (e) – Doente. Casado. Também aguarda cirurgia para enfermidade insidiosa e rara, semelhante à de Evelina.

---

crisíaca | 12 | (adj.) – situação de crise, alteração sobrevinda

no curso de uma doença;
tálamo | 13 | (subst.masc.) – leito conjugal;
à matroca | 15 | (loc.adv.) – ao acaso; à toa;
de qualquer maneira;

CAP. 2 – NA PORTA DA INTIMIDADE

Em caminhada descontraída nas dependências da clínica, Ernesto passeia com Evelina e transmite-lhe muitos conceitos filosóficos sobre a morte.

Ele estuda obras espiritualistas e ela é católica, devotada. Entre ambos desponta amizade profunda e respeitosa — têm grande afinidade. Há interessante comparação entre o homem encarnado e uma charrete, puxada por cavalo e manobrada por cocheiro: a charrete seria o nosso corpo físico, o animal o corpo espiritual (o perispírito, que modela e sustenta a vida física) e o cocheiro, o Espírito.

Sobressai do capítulo o respeito devido a todas as religiões. Conhecendo-se há pouco tempo, entre os dois desponta certeza vaga, íntima, de que já tinham se encontrado, sem contudo atinar onde e quando.

desfastio | 20 | (subst.masc.) – falta de fastio, apetite – bom humor, jovialidade;

CAP. 3 – AJUSTE AMIGO

"O suicídio e o crime são atos de delírio", proclama Ernesto a Evelina, em tom algo misterioso. Ela, por sua vez, sente-se responsável indireta pelo suicídio de Túlio, antigo namorado e, por isso, passa a sofrer complexo de culpa. Declara que a "confissão" não lhe ofertou a paz buscada. Ernesto deixa entrever que também carrega problemas graves. Prossegue o diálogo fraternal entre os dois, versando sobre a vida após a morte (inclusive Ernesto cita Shakespeare: Os infelizes não possuem outro medicamento que não seja a esperança, a propósito da dúvida de Evelina se após a morte pode-se reencontrar as pessoas queridas). Ambos prometem que se morrerem procurarão reencontrar-se "na outra vida", se Deus permitir.

> TÚLIO Mancini/26 (d) – Foi noivo de Evelina. Evelina tem como certo que ele cometeu suicídio quando ela o deixou e se casou com outro (Caio Serpa).

CAP. 4 – RENOVAÇÃO

A ideia da morte, muitas vezes, toma conta da mente do enfermo às vésperas de cirurgia, bem como uma série de pensamentos para aplicação na vida, caso sobreviva.

Sabendo que Evelina passaria por cirurgia grave, que segundo os médicos tinha poucas chances de ser exitosa, Caio, o marido, não obstante ter uma amante, desdobra-se em carinhos e atenção para com a esposa. De fato, concluída a cirurgia (ablação de tumor), os médicos informam ao marido que a paciente tem apenas poucos dias de vida. Atendendo ao pedido da esposa, o marido a leva a passeio no local preferido de ambos nos tempos do namoro e noivado; lá (no bairro Morumbi/ SP), comovido, experimenta remorso devido à sua infidelidade. Ao beijá-la com sofreguidão e com ternura, repassa à esposa a impressão de sentir por ela imenso amor, deixando-a plena de ventura. No dia seguinte a paciente entra em crise. Na madrugada, morre.

> BRÍGIDA/34 (e) – Mãe de Evelina.
> AMÂNCIO/34 (e) – Marido de Brígida (padrasto de Evelina).

perlaram-lhe | 33 | (lágrimas na face) – (verbo) – dar forma ou
aparência de pérola; tornar como que revestido de pérolas;
repiquetes | 34 | (subst.masc.) – ladeira íngreme;
(...); [bras. – recaída de doenças]

CAP. 5 – REENCONTRO

A paciente desperta num quarto espaçoso, com duas janelas mostrando o céu. Não consegue explicar a amnésia que a visita e que a custo vai sendo eliminada, com lembranças fugazes: volta no tempo; revê toda a sua vida; vê o pai, que morrera quando ela tinha dois anos; depois, vê a si mesma flutuando sobre o próprio corpo; depois, sente sono invencível. Logo pensa nos familiares e não entende porque nenhum estava ali. Sente-se completamente saudável. Nenhuma dor, contudo, identifica-se num hospital. Sente fome. Chama a enfermeira e solicita a presença do seu marido. Recebe a visita de um médico que a informa de que não seria oportuno reencontrar parentes por agora, pois estava em "assistência de ordem mental". O médico recomenda que não se fixe, nem nos parentes, nem na doença, pois isso provocaria recidiva dos respectivos sintomas. Solicita um livro sobre Jesus e recebe o Novo Testamento. Testando a veracidade da recomendação médica, relembra do marido, dos pais e da doença, cujos sintomas, dolorosos, retornam em minutos. É prontamente atendida pela enfermeira e pelo médico que, sem reprimendas, socorrem-na com calmantes e injeção que ele próprio aplica, em determinada região da cabeça (!). A paciente repousa longas horas e alimenta-se ao acordar. Fica uma semana em repouso total. Vai ao pátio, em passeio, onde pessoas desconhecidas se encontram em conversação alegre. É agradavelmente surpreendida ao reencontrar-se com aquele senhor com o qual conversara, nas termas de Poços de Caldas...

Irmã ISA/39 (d) – Enfermeira em uma dependência do "Instituto de Proteção Espiritual" (instituição hospitalar de uma cidade espiritual, destinada a atender Espíritos desencarnados).

NOTA: A partir deste ponto nomearemos esse Instituto pelas iniciais "IPE".

atreita | 43 | (adj.) – sujeita a; propensa;

CAP. 6 – ENTENDIMENTO FRATERNAL

Os dois Espíritos recém-desencarnados (Evelina e Ernesto) reencontram-se no mesmo ambiente da Espiritualidade e comentam desconhecer há quanto tempo estão ali, julgando ser uma instituição hospitalar psiquiátrica. Há um natural ressentimento pela ausência de familiares, que não podem visitá-los e nem deles receber notícias. Onde estão internados há uma piscina contendo "água tenuíssima", para tratamento hidroterápico obrigatório, sendo os banhos medicinais sempre precedidos de raios à cabeça. Isso, em todos os "doentes". Aliás, todos eles apresentam melhoras sensíveis após imersão naquelas águas.

Uma paciente entra em crise por saudades de familiares e é atendida bondosamente.

Os dois internos interrogam uma paciente que há mais tempo está ali, solicitando informações sobre aquele estranho local. Ela diz que alguém já comentou que "ali todos estão mortos e que não mais habitam a Terra...". Tal resposta causa mal-estar aos dois Espíritos que fizeram a pergunta.

chasquear | 49 | (verbo) – dizer chascos a; zombar de; escarnecer;

CAP. 7 – INFORMAÇÕES DE ALZIRA

Outras perguntas à mesma paciente ficam sem resposta, pois ela própria abriga muitas dúvidas. Ante a suspeita de que ali é um manicômio a paciente informa que não é: na verdade, é uma cidade com cerca de cem mil habitantes, existindo residências, escolas, instituições diversas, templos, indústrias, veículos, distrações. Nessa cidade os prédios são como talhados em jade, cristal e lápis-lazúli. A paciente narra visita que fez a uma casa de família desconhecida para ela, onde ouviu música, ao piano, mas passou mal ao saber que aguardavam alguém vindo da Terra (então ela não estava na Terra?). Paira no ar a suspeita de que ali todos vivem uma outra vida, pois há padres que, simultaneamente, são médicos, professores, cientistas e operários. Todos prestam serviços de socorro espiritual, em nome de Jesus.

ALZIRA Campos/53 (d) – Paciente internada no "IPE" e que há dois meses "espera pela alta".
Irmã LETÍCIA/53 (d) – Enfermeira no "IPE".
Irmão NICOMEDES/56 (d) – Dono da casa visitada por Alzira. É pianista. Reside com a filha.
CORINA/56 (d) – Filha de Nicomedes. Aguarda a chegada da mãe, que desencarnará breve.
Celusa TAMBURINI/58 (d) – Internada no "IPE". Tem consciência da sua desencarnação.

---

lápis-lazúli | 56 | (subst.masc.) – pedra azulada, azulite;
[lazurita – mineral azul-ultramar];

CAP. 8 – ENCONTRO DE CULTURA

Evelina e Ernesto, internados no "IPE", ainda não se

convenceram de que não mais estão no mundo material, a despeito das preciosas informações recebidas sobre telepatia, ali corriqueira, entre afins. Baseiam essa descrença no fato de verem árvores e flores e da não visita dos parentes desencarnados (avós). Por isso, não acreditam que "estejam mortos". Além disso, questionam "quem paga a conta?" da sua internação ali.

Assistem a um "encontro de cultura espiritual", sob o tema "Da existência na Terra", no qual são abordadas questões referentes à matéria e aos átomos, energia e luz, além de reflexões sobre a evolução do Espírito, com base na fé e na reencarnação. Por fim, recebem lição clara sobre a morte, sendo esclarecidos de que "cada individualidade, após largar o carro físico, encontra emoções, lugares, pessoas, afinidades e oportunidades", conforme vivenciou a existência terrena.

> *Irmão CLÁUDIO/63 (d) – Mentor no "IPE". É ele quem realiza a conferência no encontro.*

escabelo | 61 | (subst.masc.) – banco com espaldar, comprido e largo;

CAP. 9 – IRMÃO CLÁUDIO

Explicações lógicas sobre a vida física e a vida espiritual: a matéria densa se resume a energia radiante condensada e dia chegará em que o homem compreenderá que a matéria é luz coagulada – substância divina, sugerindo a presença de Deus. O Plano Espiritual pode ser chamado de "outra vida", "outro lado", "região extrafísica" ou ainda "esfera do Espírito", contudo apresentará aos que nele habitam impressões de acordo com seus recursos sensoriais.

Tanto quanto na Humanidade, no Plano Espiritual há infinitos graus de inteligência e de conduta moral, havendo locais compatíveis para cada categoria de Espíritos que lá aportam pela morte física.

NOTA: À época da primeira edição (1968) consta que aproximadamente 150.000 pessoas morriam por dia, na média flutuante de 100 por minuto. Decorrente desse fato, o Autor espiritual declara "nada fácil padronizar as situações dos Espíritos desencarnados".

Quanto às construções do Plano Espiritual, elas ocorrem também pela ação humana (projeção temporária das criações mentais), dessa forma utilizando matéria em outras condições.

Espíritos que, quando encarnados, foram católicos fervorosos, mantendo-se no Plano Espiritual descrentes da desencarnação são respeitados, mas submetidos a tratamento especializado, visando auxiliá-los à compreensão da continuidade da vida.

CAP. 10 – EVELINA SERPA

No "IPE" existem atendentes, fichários, arquivos e até aparelhos diversos para registro do pensamento (!). Ali, os pacientes recebem proteção, cobertura socorrista e depois, reajustamento, se necessário. As palestras entre o psiquiatra e o analisado são filmadas, pois pelas perguntas deste são providenciadas as adequadas condições de permanência dele no mundo espiritual. Alerta vigoroso é feito quanto à realização de cultos religiosos (preces, cânticos, novenas e rituais litúrgicos) sem a vivência dos ensinos de Jesus. No Instituto os atendidos são analisados, fichados e a partir daí acompanhados em suas atividades e procedimentos.

Evelina, diante de irrecusáveis comprovantes, rende-se por fim à realidade: já não mais está no plano terreno. Essa realidade é-lhe reforçada ao pensar em Jesus, "o sublime morto". Ela, então, narra fatos graves de sua última existência terrena.

Instrutor RIBAS/76 (d) – Médico, psiquiatra, em atividade no departamento assistencial do "IPE".
Irmão TELMO/76 (d) – Atendente no "IPE".

CAP. 11 – ERNESTO FANTINI

São dadas explicações sobre a perda transitória da memória das vidas passadas, imediatamente após o nascimento na Terra ou logo após a morte. Aliás, a reencarnação dos Espíritos ainda não sublimados desponta como recurso inevitável ao progresso moral.

"A Justiça Eterna funciona na consciência de cada criatura, determinando que a responsabilidade seja graduada no tamanho do conhecimento". No Plano Espiritual o Espírito ainda não evoluído manterá a identificação da última existência física (nome, imagem, idade, etc).

O culpado, mesmo sendo culto, após a desencarnação, se demorará em ambiente infeliz, mas ao qual voluntariamente se prende, por afinidade com quantos lá estejam e com os quais vivenciará angústias e tormentos. Tal é o mecanismo das Leis Divinas. Todos nós, após a desencarnação, temos oportunidade de sermos levados a cursos preparatórios de entendimento, visando reencontro e reajustes com aqueles que magoamos.

Após um assassinato, a vítima (o desencarnado)

esteve a fustigar o criminoso (encarnado) por vinte anos, até que tal criminoso desencarnasse também. Esse criminoso é Ernesto Fantini.

Um Espírito mentor faz referência à sua culpa, semelhante a de Ernesto.

CAP. 12 – JULGAMENTO E AMOR

Nos arredores da cidade/lar onde se localiza o "IPE" estão acomodados milhares de Espíritos infelizes, porém devidamente assistidos pelo Amor Divino. No "Templo da Nova Revelação", consagrado ao culto a Jesus, Ernesto, Evelina e muitos outros hóspedes daquela cidade de regeneração e refazimento ouvem a comovente e ilustrativa palestra de um bondoso sacerdote, comentando o autoencontro do Espírito, após a morte:

– todos os títulos ou disfarces terrenos desaparecem no Plano Espiritual, assim cada Espírito ali se mostra como é na verdade;

– atitudes e palavras põem a descoberto os sentimentos e os pensamentos que abrigamos;

– muitos são os Espíritos que, não mais necessitando da reencarnação, volvem ao plano físico para auxílio ao próximo, e não para resgate.

NOTA: Essa informação é um verdadeiro alerta para que ninguém, diante de alguém em reencarnação aparentemente de sofrimento regenerativo, de pronto diagnostique ser expiação, pois pode estar diante de um heróico Espírito missionário.

rancho | 93 | (subst.masc.) grupo de pessoas em passeio, marcha, jornada ou trabalho
liliácea | 93 | (subst.fem.) planta de uma só folha embrionária, geralmente muito longa e com flores de seis pétalas. Exemplos de algumas espécies de liliácea: lírio, flor-de-maio, tulipa, etc.

CAP. 13 – TAREFAS NOVAS

Caravaneiros da "cidade-lar", sob direção de Cláudio, do "Instituto de Ciência do Espírito" realizam visita semanal às regiões infelizes, para levar assistência aos Espíritos ali estacionados. Ernesto e Evelina, como convidados, fazem parte dessa caravana. São densas e sombrias aquelas paragens. Nelas estão milhares de moradores, todos desequilibrados. Embora muitos deles sejam de vigorosa inteligência, são pervertidos. Obtemos neste capítulo noções claras sobre as Leis da Vida e o livre-arbítrio: causa e efeito, ação e reação — Justiça Divina —, com exemplos fortes da vida, no Plano Espiritual, daqueles que se fixaram no orgulho, no egoísmo, na simulação, no gozo das honrarias, das paixões e das mordomias terrenas. Porém, gloriosamente, alguns dos habitantes dessas planícies umbralinas são Espíritos sem tal débito, que nelas permanecem residindo, para ajudar a familiares ou a amigos transviados. São heróis da caridade!

Espíritos arrependidos de seus erros requerem nova reencarnação com dificuldades limitativas (defeitos físicos, barreiras mentais, etc).

Ocorre pungente encontro de dois Espíritos enredados por passado infeliz (Evelina e Túlio).

> *AMBRÓSIO e PRISCILA/101 (d) – Casal de guardiões na fronteira da "cidade/lar" com zonas infelizes.*

debuxava | 106 | (do verbo debuxar – fazer o desenho de) – desenhava

CAP. 14 – NOVOS RUMOS

No Plano Espiritual a telepatia se instala espontânea entre Espíritos afins.

Um Espírito perturbado (Túlio), tido por encarnados como suicida, na verdade foi assassinado (por Caio) e mantinha firme propósito de vingança. Foi atendido bondosamente por assistentes espirituais, mas tinha ideia fixa na ex-noiva (Evelina); a sensualidade desse Espírito levou-o a assediá-la, ao reencontrá-la no Plano Espiritual, também desencarnada. Evelina quase se envolveu, mas foi protegida em razão da sua disciplina moral e pelo poder da oração, que neutralizou tal agressão enfermiça, equivocadamente tida por Túlio à conta de paixão.

NOTA: Destacamos aqui, aos doutrinadores nas reuniões mediúnicas, a prudente recomendação de que junto a alguém que tenha desencarnado e que o desconheça, tal ilusão não pode nem deve, de pronto, ser desmanchada. O interessante é que aqui, tal prudência/caridade, ocorre justamente no Plano Espiritual.

CAP. 15 – MOMENTOS DE ANÁLISE

Diante do desequilíbrio de alguém próximo a nós, nossa consciência precisa ser consultada e ouvida, devido a possibilidade de termos contribuído para isso.

Para Evelina, auxiliar a regeneração de Túlio é tarefa que marcará sua própria regeneração.

A maioria dos seres humanos transita pelo bem e pelo mal, em momentos pendulares: de pensamentos nobres para impulsos inferiores, de impulsos evolutivos aos vigorosos apelos da retaguarda da animalidade. No sexo, força sublime para a criatividade, encontra-se o homem oscilando da poligamia à monogamia, daí emergindo a necessidade de vigilância moral de cada um sobre si mesmo. Assim, "o destino é a soma de nossos próprios atos, com resultados certos".

Aqui são enfeixados oportunos conselhos de como reparar faltas, cometidas principalmente no campo dos sentimentos, ou nos sensíveis domínios do coração. Afinidade ou prejuízo causado a alguém constituem forças irresistíveis de aproximação dos envolvidos.

ilaquear | 124 | (verbo) – enredar; enlaçar; enlear; prender; fazer cair em logro; enganar; embaçar;

CAP. 16 – TRABALHO RENOVADOR

É auspiciosa a informação de que na Espiritualidade há "colégios de estudos preparatórios de mais altas ciências do Espírito", versando sobre: evangelização, reforma íntima, sintonia mental, afeição, agressividade, autocontrole, obsessão, reencarnação.

Recebem tais conhecimentos os Espíritos que se mostram dispostos à renovação.

No hospital para tratamento de enfermos da alma há compartimentos para eles, construídos com material isolante de vibrações menos dignas.

Desencarnado, um Espírito que providenciara recursos para a sobrevivência doméstica da sua família, caso ele faltasse, usufruía tranquilidade quanto a isso, embora visitado pungentemente pela saudade dos familiares. O capítulo nos esclarece que acontece um lugar-comum moral entre os recém-desencarnados: a saudade dos entes queridos, encarnados. Mas, eis preciosas advertências sobre esse fato: entre o desencarnado e aqueles que deixou na Terra levanta-se "o muro das vibrações diferentes" e aí, a saudade, quase sempre, é a companheira daquele que fez a grande viagem; e quando desencarnados retornam pela primeira vez em visita mais ou menos rápida ao cenário terrestre, muitas podem ser as mudanças que veem e encontram; em alguns casos, grandes são as falências na ordem afetiva, da parte daqueles com os quais conviveu.

Se lições e apelos à melhoria de atitudes não surtem efeito no Espírito desencarnado e fixado em ideias infelizes, um dos remédios mais eficazes é a reencarnação, para novo começo, porém, com dificuldades e desajustes pela frente.

ELISA e CELINA/131 (e) – Respectivamente, esposa e filha de Ernesto Fantini.

ditirambos | 130 | (subst.masc.) – canto coral de caráter apaixonado;
   [p.ext. - composição lírica que exprime entusiasmo ou delírio];
      poesia dedicada a Baco [Baco: deus do vinho];
abúlico | 135 | (adj. e subst.masc.) – que ou aquele que sofre de
   abulia, que não tem ou quase não tem vontade;

CAP. 17 – ASSUNTOS DO CORAÇÃO

O verdadeiro amor de casados transforma-os em noivos outra vez, quando distantes um do outro. E isso vale também para a separação pela morte física de um deles. Encontrar o amor ideal é como encontrar ouro ou diamante, após o exaustivo labor nas minas ou no garimpo. Contudo, quando alguém que ama não é correspondido e até mesmo recebe indiferença ou desafeto, o seu amor unilateral assemelha-se a crédito cancelado, causando mágoa, desencanto, desilusão.

O amor tem base fundamental na afinidade. O casamento supõe afeição, não apenas vida conjugal.

Casamentos a princípio ajustados, mas que logo se tornam uniões de suplício expõem encontro de duas almas recapitulando lances do passado. O burilamento só acontecerá se houver compreensão, respeito mútuo, trabalho constante e espírito de sacrifício, de uma ou ambas as partes.

Se houver rompimento, com interrupção do processo reparatório, o responsável não terá se livrado do desconforto, apenas transferido para o futuro a imperiosa necessidade de reconstrução.

Porém, se há amor, aquele que ama prossegue amando e sendo amado, mesmo após a desencarnação, própria ou do cônjuge — ou de ambos. Assim, quando a morte no mundo interrompe a união conjugal de duas criaturas que se amam, essa união pode ser reatada no Plano Espiritual.

Cada reencarnação deve ser considerada como mudança de série na Escola da Vida.

CAP. 18 – O RETORNO

Somente após dois anos da desencarnação Evelina e Ernesto recebem autorização para retornar ao plano terrestre, para visitar familiares, por vinte e quatro horas. Ela encontra o ex-marido com a amante e sofre com isso, sentindo-se esquecida por ele. Essa amante é a mesma de quando ela ainda estava encarnada. O marido (Caio) se mostra irrefletido, sarcástico, infiel e volúvel.

Na visita ao antigo ambiente terreno (cidade de São Paulo), Ernesto descobre que sua filha (Vera Celina) é a rival de sua grande amiga (Evelina). Sim: Caio e Vera são amantes há longo tempo.

Os reajustes que a reencarnação oferta são aqui enunciados com sabedoria, lógica e amor.

VERA Celina/150 (e) – Jovem com a qual o marido de Evelina (Caio) amasiou-se ao ficar viúvo. É filha de Ernesto Fantini.

lipotimia | 148 | (subst.fem.) – síncope; desfalecimento; desmaio; vertigem;

balda | 151 | (de autocrítica) - (adj.) – falha; inútil; carecida;

CAP. 19 – REVISÕES DA VIDA

O retorno (primeira visita) do desencarnado aos familiares quase sempre o surpreende. O reencontro entre inimigos, sejam encarnados ou desencarnados, traz sempre fortes lições de como os erros saem caro aos que os cometem. Os quadros obsessivos que se instalam a partir de um assassinato são de inimagináveis consequências, desastrosas, desequilibrantes e doloridas. Laços que se formam por causa de um crime são inevitavelmente terríveis e de dificílimo desate. Desate esse, que só o perdão pode ofertar.

Lição forte e sempre atual para os pais: não basta atender às necessidades materiais dos filhos — é fundamental ofertar-lhes companhia, apoio constante e amor.

Ao final do capítulo encontra-se utilíssima lição aos médiuns psicógrafos ou autores, estes, encarnados ou desencarnados: frases desairosas ou de desvario cruel, principalmente com referência a detalhes sexuais, não são detalhadas numa narrativa; nesse caso, o silêncio deve imperar na escrita, em nome da caridade.

> DEDÉ (Desidério dos Santos)/161 (d) – Ex-noivo de Evelina. Ernesto Fantini matou-o, por ciúmes. Agora Dedé é obsessor de Elisa (a viúva de Ernesto). É fortíssima a vinculação Dedé-Elisa.

úsnea | 162 | (subst.fem.) – gênero de liquens [vegetais] tintoriais; penugem;

CAP. 20 – TRAMA DESVENDADA

A Lei de Ação e Reação tem ação permanente, para

todos, em todas as dimensões de tempo e espaço. Ninguém se furta da obrigação de quitar débitos e reconstruir o que tenha destruído. O capítulo expõe o perigo da obsessão consciente e por amor (!).

Novamente é enfatizada a responsabilidade paterna na criação dos filhos, ressaltando que não basta o apoio material: muito mais importante é a afeição e o compartilhamento nas várias situações que a vida apresenta.

Há inesperadas revelações neste capítulo, as quais deixo de registrar aqui, para não roubar aos leitores da obra a estonteante surpresa que provocam sobre vinculações de almas.

AMÂNCIO/168 (e) – Companheiro de caçada de Ernesto e Dedé. Foi o verdadeiro assassino de Dedé.
BRÍGIDA/170 (e) – A esposa de Dedé, com a qual Amâncio se uniu, após matar o marido dela.

profligava | 165 | (do verbo profligar) – lançar por terra; abater, prostrar, destruir, derrotar;
prosápia | 166 | (subst.fem.) – progênie, linhagem; altivez, orgulho, soberba;
balázios | 168 | (subst.masc.) – balaços; grande bala; tiro de bala;
alimária | 170 | (subst.fem.) – animal irracional, cavalgadura, animália; pessoa estúpida e grosseira.

CAP. 21 – RETORNO AO PASSADO

Informa-nos o Autor espiritual que o mar é fonte de emanações nutrientes a desencarnados enfermos. A evolução espiritual desperta, nos que vão à frente do progresso moral, a deliberação caridosa de regressarem aos palcos nos quais se situam os que eles amam e que ainda se mostram necessitados, assim agindo para prestar-lhes o apoio possível.

Mais uma vez a reencarnação desponta como bênção divina, inapreciada pela maioria das famílias, eis que seus mecanismos proporcionam refazimentos e reajustes sem conta.

NOTA: O capítulo cita a "Praia do Mar Casado", na cidade do Guarujá. Essa praia oferece um deslumbrante fenômeno natural diário (talvez há milhões de anos!), que é o mar ser dividido por uma montanha que se ergue a partir da ponta da praia e avança para o mar: a parte dividida das águas do mar faz a volta na montanha, após o que, duas praias são formadas, uma anteposta à outra; à maré cheia, as águas de uma praia, vindas do outro lado da montanha, rodeando-a e subindo de nível, vão ao encontro das águas da outra praia, ao sopé da montanha, águas essas que por sua vez também sobem de nível e vêm abraçá-las: quando os dois mares "se casam" suas águas transformam a montanha numa ilha. Na maré baixa, desaparece a ilha e de novo temos montanha e duas praias. No dia seguinte, tudo se repete.

bracaiás | 181 | (subst.fem.) – sinônimo de jaguatirica [onça pintada, pequena];

CAP. 22 – BASES DE NOVO PORVIR

Vemos aqui o caso de uma médium que embora lúcida torna-se obsessa, passando a sofrer de "mediunidade torturada" que lhe provoca quadro de enfermidade física sem diagnóstico médico.

Quando alguém subtrai posses de outrem de forma indevida, ao invés de amealhar bens, na verdade estará contraindo dívidas. E a Lei de Ação e Reação exercerá os ajustes necessários para que o culpado se reabilite, o que acontecerá inexoravelmente, pelo arrependimento ou pelos processos infalíveis da Justiça Divina. Até mesmo um criminoso recebe bênçãos pelo bem que semeia, não obstante sua dívida exigir quitação, pelas Leis de Deus.

Novamente encontramos neste capítulo a narração de uma moratória de vida física, com objetivo de dissolver desequilíbrios e de acomodar adequadamente, em clima de perdão, os envolvidos em crime: réu e vítima.

CAP. 23 – ERNESTO EM SERVIÇO

O capítulo adverte com relação aos desarranjos causados a outrem por aqueles que, sendo titulares de determinados encargos, ostentam tais rótulos (maridos-legendas, pais-legendas, filhos-legendas, administradores-legendas), sem contudo, atender às obrigações inerentes a eles.

É citado o caso de marido que não deixa faltar nada no reduto doméstico, mas se esquece de compartilhar os problemas da esposa e a educação dos filhos. É que "o dinheiro não faz o serviço do coração".

Não basta a presença física no lar: importante mesmo é entrelaçar-se espiritualmente com toda a família, dividindo atenção, dialogando, ouvindo as dificuldades, alegrando-se com as vitórias, ajudando a ser encontrada solução para os problemas.

Humildade, humildade: abençoada chave que funciona "com acerto na solução dos maiores enigmas". É descrito comovente entendimento entre dois desencarnados, um, criminoso, e o outro, a sua vítima. Há séria exortação para os encarnados, relativa à necessidade imperiosa da tolerância e do perdão, por maior que seja a mágoa ou ofensa recebida. O cristão autêntico ama, serve, desculpa.

baldões | 198 | (subst.masc.) – ofensas; impropérios;
comburia | 204 | (verbo comburir: queimar;
combustar) – queimava;
escalavrado | 207 | (adj.) – esfolado, arranhado,
golpeado; danificado;

CAP. 24 – EVELINA EM AÇÃO

O capítulo encerra proveitosa doutrinação entre desencarnados: a filha (amorosa, lúcida e gentil) esclarecendo o pai, concretado em vingança e obsessivamente fixado na posse da mulher que ama, a qual, acabando de falecer, não pôde ter seu perispírito apartado dos despojos físicos, por férrea imantação desse obsessor ao qual está algemada, fluidicamente.

É de indescritível beleza espiritual o lance da libertação de ambos: obsedada e obsessor passam a ser assistidos pelos Espíritos bondosos.

E, como simples referência, só ao final deste capítulo, que também já aproxima a série da sua finalização, é que vemos o Autor espiritual (André Luiz) fazer uma primeira alusão à sua presença em todos os acontecimentos narrados.

Irmão PLOTINO/208 (d) – Benfeitor em serviço no "IPE"

ensôfrego | 208 | (adj.) – tornado sôfrego; açulado; excitado;

CAP. 25 – NOVA DIRETRIZ

Introspecção. Autoexame. Balanço da própria existência. Tais as lições que este capítulo nos apresenta. A sugestão é extremamente oportuna, para todos nós. É de grande efeito a influência que um Espírito desencarnado projeta (no caso, Evelina, a ex-esposa, sobre a mente de seu viúvo, Caio, induzindo-o a se casar com a amante(!), Vera). E tal indução expõe compreensão e desapego, por parte de quem a realiza, uma vez que a intenção é beneficiar os envolvidos na ação.

Tamanha é a força do amor que em poucos instantes um bom conselho, dado de coração, consegue modificar beneficamente toda uma carreira, até então, de desvarios e irresponsabilidades.

CAP. 26 – E A VIDA CONTINUA...

Antes de reencarnar, um Espírito é trazido ao futuro lar, para se harmonizar com aqueles que o receberão como filho. Quando há problemas entre o reencarnante e o pai, aquele não é aproximado deste, pois isso talvez invalidasse o projeto reencarnatório, como, por exemplo, irrompendo aborto "espontâneo". Na gestação tal reencarnante é mantido em "sono terapêutico". Isso porque o Plano Espiritual espera que, após o nascimento, no palco terreno e na intimidade do lar, pai e filho aparem as arestas, transformando culpa em resgate, ressentimento em amor.

Detalhe interessante: dois Espíritos que têm diferença de idade entre si reajustam a forma perispiritual, de maneira que, mecanicamente, harmonizam e equiparam a aparência.

Notas dão conta das diferentes situações maternas (físicas e mentais) nas gestações, segundo a condição evolutiva do filho que irá nascer: de tranquilidade ou de dificuldades, de sossego ou de problemas, de ajustamento ou de complicações.

Embora o desenvolvimento fetal em diversos graus represente sono terapêutico para o reencarnando, nem sempre este passa pela inconsciência total.

NOTA: Como fecho de tantas sublimes lições, o capítulo demonstra que decididamente não há o "acaso", particularmente nos casos de filhos adotivos, vez que a adoção apenas cumpre programação espiritual. E, como sempre, a benefício dos envolvidos.

MARIANA/237 (e) – Casada, pobre, tuberculosa, mãe de quatro filhinhos. Aceitou (em desdobramento, pelo sono) ser mãe de um reencarnando, destinado pelo Plano Espiritual para ser adotado, em cujo lar de idosos havia necessidade de haver reajuste.
JOAQUIM/239 (e) – Marido de Mariana. Também está doente...

Os prazeres
da alma

uma reflexão sobre os potenciais humanos

FRANCISCO DO ESPÍRITO SANTO NETO

ditado por **HAMMED**

Filosófico | 14x21 cm | 214 páginas

Elaborado a partir de questões extraídas de "O Livro dos Espíritos", o autor espiritual analisa os potenciais humanos - sabedoria, alegria, afetividade, coragem, lucidez, compreensão, amor, respeito, liberdade, e outros tantos -, denominando-os de "prazeres da alma". Destaca que a maior fonte de insatisfação do espírito é acreditar que os recursos necessários para viver bem estão fora de sua própria intimidade. A partir deste contexto, convida o leitor a descobrir-se no universo de qualidades que povoa sua natureza interior.

As dores da alma

FRANCISCO DO ESPÍRITO SANTO NETO *ditado por* **HAMMED**

Filosófico | 14x21 cm | 216 páginas

O autor espiritual Hammed, através das questões de 'O livro dos Espíritos', analisa a depressão, o medo, a culpa, a mágoa, a rigidez, a repressão, dentre outros comportamentos e sentimentos, denominando-os 'dores da alma', e criando pontes entre os métodos da psicologia, pedagogia e da sociologia, fazendo o leitor mergulhar no desconhecido de si mesmo no propósito de alcançar o autoconhecimento e a iluminação interior.

Entre em contato com nossos consultores e confira as condições.
Catanduva-SP 17 3531.4444 | boanova@boanova.net

ROTEIRO SISTEMATIZADO

para estudo do livro "O Evangelho Segundo o Espiritismo"

14x21 cm | 440 páginas | Estudo das Obras Básicas
ISBN 85-86470-37-6

Esta obra propõe um direcionamento para o estudo do Evangelho e a unificação do conteúdo interpretativo das palavras de Jesus, garantindo assim que todos os envolvidos nessa tarefa - dirigentes e participantes - estudem o mesmo assunto sob uma ótica comum. Constitui uma contribuição importante para todos aqueles que querem facilitar sua transformação íntima ou aprimorar-se espiritualmente.

Francisco do Espirito Santo Neto
ditado por Lourdes Catherine e Batuíra

Filosófico | 14x21cm | 224 páginas

Os autores pretendem nos auxiliar a ter um bom relacionamento com nós mesmos, para que possamos lidar melhor com as personalidades difíceis que encontramos em nossa esfera familiar, no ambiente profissional e social, facilitando e aperfeiçoando nossa convivência.

FÁBULAS DE

LA FONTAINE

UM ESTUDO DO COMPORTAMENTO HUMANO

Francisco do Espirito Santo Neto ditado por Hammed

Conta-se que Fénelon, compreendendo a simplicidade dos gênios gregos, igualmente admirava a espontaneidade e naturalidade das fábulas de La Fontaine pela despreocupação com o estilo e com o pedantismo humanista, em uma época em que a corte francesa prezava a arrogância cultural e a erudição rebuscada. Fénelon, quando soube do seu falecimento, escreveu:

66 Com ele morreram o espírito alegre e as risadas felizes... 99

Disse Voltaire a respeito das Fábulas:

66 Eu desconheço um livro que seja tão abundante em beleza e encantamento, adaptado ao povo e ao mesmo tempo a pessoas de gosto refinado. Acredito que, de todos os autores, La Fontaine... é para todo tipo de espírito e para qualquer época. 99

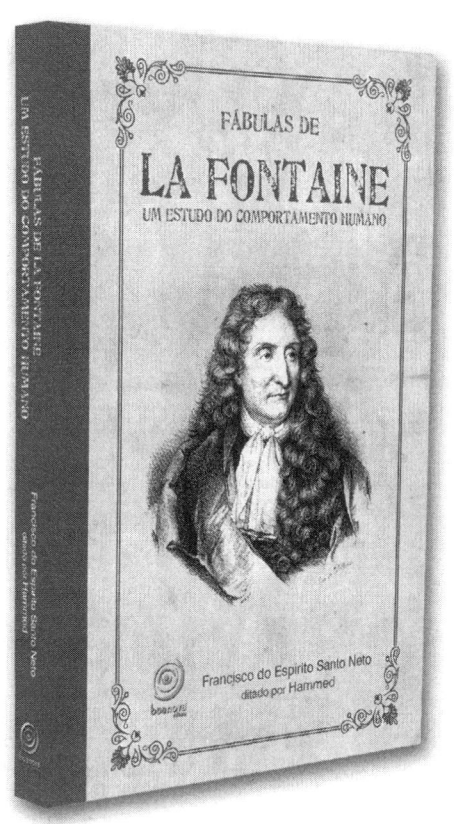

NOVA EDIÇÃO | NOVA CAPA
NOVO PROJETO GRÁFICO

Filosófico | 16x23 cm | 224 páginas

Editado anteriormente com o título:
La Fontaine e o comportamento humano

Levamos o livro espírita cada vez mais longe!

 Av. Porto Ferreira, 1031 | Parque Iracema
CEP 15809-020 | Catanduva-SP

 www.**boanova**.net

 boanova@boanova.net

 17 3531.4444

 17 99777.7413

Siga-nos em nossas redes sociais.

@boanovaed   boanovaeditora

CURTA, COMENTE, COMPARTILHE E SALVE.
utilize #boanovaeditora

Acesse nossa loja   Fale pelo whatsapp